J'ÉCRIS COMME JE VIS
de Dany Laferrière
Entretien avec Bernard Magnier
est le cent quarante-troisième ouvrage
publié chez
LANCTÔT ÉDITEUR

J'ÉCRIS COMME JE VIS

du même auteur

Comment faire l'amour avec un Nègre sans se fatiguer, 1985, Montréal, VLB éditeur; 1999, Paris, Le Serpent à plumes.

Éroshima, 1987, Montréal, VLB éditeur; 1998, Typo.

L'odeur du café, 1991 (prix Carbet de la Caraïbe, 1991), Montéal, VLB éditeur.

Le goût des jeunes filles, 1992, Montréal, VLB éditeur.

Cette grenade dans la main du jeune Nègre est-elle une arme ou un fruit? 1993, Montréal, VLB éditeur.

Chronique de la dérive douce, 1994, Montréal, VLB éditeur.

Pays sans chapeau, 1996, Outremont, Lanctôt éditeur; 1999, Paris, Le Serpent à plumes.

La chair du maître, 1997, Outremont, Lanctôt éditeur; 2000, Paris, Le Serpent à plumes.

Le charme des après-midi sans fin, 1997, Outremont, Lanctôt éditeur; 1998, Paris, Le Serpent à plumes.

Le cri des oiseaux fous, 2000, Outremont, Lanctôt éditeur; 2000, Paris, Le Serpent à plumes.

Dany Laferrière

J'ÉCRIS COMME JE VIS

Entretien avec Bernard Magnier

LANCTÔT ÉDITEUR
1660 A, avenue Ducharme
Outremont (Québec)
H2V 1G7
Tél. : (514) 270.6303
Téléc. : (514) 273.9608
Adresse électronique : lanedit@total.net
Site Internet : www.lanctotediteur.qc.ca

Photo de la couverture :
Sato & Cleveland

Coloration de la photo :
Martine Doyon

Maquette de la couverture :
Stéphane Gaulin

Mise en pages :
PAGEXPRESS

Distribution :
Prologue
Tél. : (450) 434.0306 / 1.800.363.2864
Téléc. : (450) 434.2627 ou 1.800.361.8088

Distribution en Europe :
Librairie du Québec
30, rue Gay-Lussac
75005 Paris
France
Téléc. : 43.54.39.15

Nous remercions le ministère du Patrimoine canadien et le Conseil des arts du Canada de l'aide accordée à notre programme de publication. Nous remercions également la SODEC, du ministère de la Culture et des Communications du Québec, de son soutien.

© Les éditions La passe du vent
© LANCTÔT ÉDITEUR et Dany Laferrière, 2000
Dépôt légal — 4e trimestre 2000
Bibliothèque nationale du Québec
ISBN 2-89485-153-7

Pour Maggie,
mon témoin capital.

Entre le printemps et l'été 1999, Dany Laferrière a été l'hôte, pendant quelques mois, d'une résidence d'écrivain en France, à Grigny, dans le Rhône. C'est à cette occasion que ce livre a été conçu.

Bernard Magnier est journaliste. Il collabore à diverses revues et radios. Il dirige la collection «Afriques» aux éditions Actes Sud.
Il a coordonné les anthologies et recueils suivants :
L'Afrique noire en poésie (avec P. Ngandu Nkashama), Gallimard, Folio Junior, 1986.
Paris-Dakar : autres nouvelles, Paris, Souffles, 1987.
La parole nomade, Montréal, Hurtubise HMH, 1995.
Poésie d'Afrique au sud du Sahara, Paris, Unesco/Actes Sud, 1995.
À peine plus qu'un cyclone aux Antilles, Cognac, Le Temps qu'il fait, 1998.

Bernard Magnier : Bon, Dany Laferrière, es-tu un écrivain haïtien, québécois, canadien, caraïbéen, américain ou français ?

Dany Laferrière : Je suis du pays de mes lecteurs. Quand un Japonais me lit, je deviens un écrivain japonais.

Dialogue impromptu
avant d'entrer dans le vif du sujet
(mais c'est cela le vif du sujet)

Bernard Magnier vient d'arriver dans l'appartement bien ensoleillé où je dors, mange et écris depuis près de quatre mois. Une petite cuisinière, un réfrigérateur, un téléviseur et une machine à écrire. Le divan-lit se trouve sous la fenêtre. De la fenêtre, je vois les canards en train de batifoler dans un petit étang et ce bougon de jardinier traverser le parc à grandes enjambées. Bernard est arrivé de Paris pour me rencontrer à Grigny, dans la banlieue lyonnaise où je suis en fin de résidence d'auteur.

J'ai trouvé dans la petite bibliothèque quelques livres d'entretiens mystérieusement placés là pour me mettre un peu dans le bain. Ce n'est pas mon genre de regarder chez les autres. J'aime n'en faire qu'à ma tête.

— Café ?
— Oui.

Bernard boit lentement son café pendant que je feuillette distraitement les livres (on ne sait jamais). Borges dit ici qu'il préfère la conversation à l'entretien. Je me demande où se trouve la différence. Le but me semble le même : dialoguer avec quelqu'un en espérant divertir une troisième personne (le lecteur). Borges est peut-être assez blasé pour ignorer le lecteur, moi, je ne le peux pas. Je décide d'accepter le fait qu'il se tient silencieusement dans un coin de la pièce.

— Je suis toujours inquiet, fais-je savoir à Bernard Magnier, quand je tombe sur un livre d'entretiens qui commence par le début. Je sens que je vais devoir me taper toute une vie, me demandant si j'aurai la force d'aller jusqu'au bout. Moi, je préfère entrer de plain-pied dans la vie d'un type. Là. Direct. Dans le présent. Je suis prêt à écouter son histoire, mais d'abord je veux savoir comment il va, et ce qu'il fabrique au moment même où il est en train de nous raconter son histoire. Est-il fatigué, ennuyé, excité, heureux ou au bord du suicide ? Il déroule sa vie devant moi, alors que j'aimerais lui demander des choses plus simples, plus quotidiennes.

— D'accord, fait Bernard avec cette légère moue dubitative qui lui est propre... Comment ça va alors ?

— Bien. Étrangement calme.

— Pourquoi « étrangement » ?

— Bon, c'est quand même un peu angoissant d'avoir à raconter sa vie. J'ai l'impression, comme dirait mon ami Saul Bellow (prix Nobel 1976, je le sais puisque c'était l'année de mon arrivée à Montréal), d'être invité à mes propres funérailles.

— Cela commence bien, je viens d'apprendre que tu aimes citer les auteurs et que tu es un peu superstitieux, du moins pour les dates...

— C'est vrai que je retiens une date uniquement si cela a un rapport avec ma vie personnelle.

— Bon, je vois que ça va vite. Pour moi c'est très simple, je veux simplement tout savoir sur cet accord qui semble exister entre ton œuvre et ta vie.

J'éclate de rire.

— C'est l'affaire d'une vie, ça... Bon, on garde le « tu ». Je sais que le « vous » fait plus professionnel, mais moi, je suis le contraire du professionnel.

Quart de sourire de Bernard.

— Pour écrire ces dix livres en quinze ans, tu as quand même dû t'astreindre à un dur régime.

— Oui, mais ce n'était pas pour devenir un écrivain professionnel.

— Et c'était pour quelle raison ?

— Je voulais me lire... Cela peut sembler étrange, mais j'ai écrit ces livres pour savoir vraiment ce que je faisais de ma vie.

— C'est exactement ce rapport profond qui semble exister entre ta vie et ton œuvre qui m'a donné envie de te rencontrer pour ces entretiens.

— Il faut que je te dise que j'ai beaucoup réfléchi avant ton arrivée. J'ai paniqué un peu à l'idée de ces entretiens. C'est difficile à croire que j'en sois déjà là.

— Là où ?

— À raconter ma vie. J'ai commencé à écrire il y a à peine vingt ans, c'est-à-dire hier. Dès qu'on te demande de raconter ta vie, c'est que, d'une certaine façon, tu es déjà de l'autre côté.

— Mais c'est ce que tu as toujours fait dans tes livres.

— Dans mes livres, je raconte à la fois ma vie réelle et ma vie rêvée... Je crée ma vie au fur et à mesure que je la vis.

— Ce qui veut dire, concrètement ?

— Dans un livre, la vie semble toujours plus excitante, alors je tente de faire entrer cette intensité dans ma vie quotidienne.

— Ce sera difficile alors de dissocier chez toi la part réelle de la part rêvée.

— En effet.

— Crois-tu possible de connaître au moins la part réelle de ta vie ?

— Je ne sais pas... Tout ce que je sais c'est que, pour moi, écrire et vivre ne font qu'un.

— Tu vis donc pour écrire.

— Pas du tout. Je veux dire que cela fait partie de ma vie comme n'importe quoi d'autre. Il n'y a pas de distance. Je n'écris pas pour me construire une personnalité. J'écris comme d'autres nagent. Je sais nager, mais je peux passer des années sans aller à la mer. Je peux passer même le reste de ma vie sans nager. Cela ne m'empêche pas de savoir nager, tu vois...

— Tu pourrais te passer de l'écriture ?

— Oui. Totalement. Je peux facilement faire autre chose.

— Je t'ai vu feuilleter tout à l'heure des livres d'entretiens. Est-ce un genre de livre que tu aimes ?

— Pas plus que cela. Sauf quand il s'agit de quelqu'un qui m'intéresse vraiment.

— Qui, par exemple ?

— Avec moi, c'est toujours les mêmes : Borges, Gombrowicz, Baldwin, Montaigne.

— Montaigne n'a pas fait de livre d'entretiens !

— Non, mais ce n'est pas loin. C'est le premier à avoir tenté de se mettre à nu de cette manière.

— T'est-il arrivé de lire le livre d'entretiens de quelqu'un que tu ne connaissais pas ?

— Rarement.

— J'espère que les lecteurs seront plus curieux dans ton cas.

— Oh, le lecteur fait ce qu'il veut.

— Quand il t'arrive de lire le livre d'un inconnu, comment t'y prends-tu ?

— Alors j'ouvre le livre vers le milieu, je lis quelques pages pour voir si ce qu'il raconte me touche d'une manière ou d'une autre, ensuite, je vais directement à la fin parce que j'aime bien savoir si on signale quelque part que l'auteur est mort.

— Pourquoi ?

— Je me sens plus à l'aise avec un écrivain déjà mort. C'est toujours angoissant un auteur vivant qui nous raconte sa vie. Les morts ont plus de pudeur que les vivants.

— Le lecteur peut commencer à lire un livre où il veut, mais tu es bien d'accord que le livre, lui, doit avoir un début.

— Dommage... Si on mettait le début au milieu et qu'on commençait par la fin...

— Tu n'aimes vraiment pas les débuts.

— C'est ma hantise dans la vie. J'aime quand cela n'a ni commencement ni fin. En fait, j'aime le chaud présent de l'indicatif.

— Mais le passé...

— Mon présent est un concentré de passé et de futur. Je suis en tout temps moi-même. Vivant. C'est mon vieil ami Walt Whitman qui dit à propos de son livre *Feuilles d'herbe* que celui qui touche ce livre touche un homme. C'est ainsi que j'écris. C'est ainsi que je vis. J'écris comme je vis.

AVANT D'ÉCRIRE

BERNARD MAGNIER : *Pour commencer, peut-on parler de ce qui a précédé l'écriture ?*

DANY LAFERRIÈRE : Mais j'ai toujours écrit, surtout quand je n'écrivais pas encore. Pour moi, c'est avant qu'on est écrivain. Au moment où on commence à écrire, c'est déjà fini. Écrire, c'est une façon de regarder les autres et soi-même.

Et le fait même d'écrire ?

On se regarde en train de regarder les autres. On a déjà un style bien avant d'écrire.

Est-ce si sûr ? Et puis, il faut le travailler ce style.

Si on n'a pas de style, le travail ne sert pas à grand-chose. On dépense autant d'énergie pour faire un mauvais livre que pour en faire un bon.

On y reviendra. J'aimerais qu'on démarre au cœur même de la question identitaire. Je remarque que, dans tes livres, tu dissertes souvent à propos du nom du narrateur, de son nom caché, de ce nom qu'il ne doit pas révéler sous peine de se trouver en danger... En danger sur un plan mystique dans L'odeur du café, *ou sur un plan plus politique dans* Le cri des oiseaux fous...

Je dois confesser que Dany Laferrière n'est pas mon vrai nom. Mon nom exact est Windsor Klebert Laferrière. C'est aussi le nom de mon père. Et c'est pour me protéger qu'on m'a donné le prénom de Dany. Mon père était un journaliste et un homme politique assez impétueux. Il n'avait peur de rien. N'oublie pas que nous sommes en Haïti, au tout début du règne de François Duvalier. Mon père s'est opposé assez tôt à Duvalier. La dictature tropicale (le mot *tropiques* ne se réfère pas uniquement aux arbres verts et aux fruits juteux) n'épargne pas les fils des pères rebelles. Le père bien souvent prend le maquis mais, si on ne parvient pas à le trouver, la meute ramasse le fils. Pour Duvalier, le fils (même quand c'est un enfant de quatre ans comme moi à l'époque de son arrivée au pouvoir) est identique au père. Il est appelé à jouer plus tard le même rôle que le père. Dans mon cas, il s'agit d'une symétrie tragique. François Duvalier a exilé mon père, et Jean-Claude Duvalier m'exilera vingt ans plus tard. Père et fils, présidents ; père et fils, exilés. Je portais donc un nom trop dangereux, d'autant qu'il était identique à celui de mon père. Tout cela s'est passé à mon insu, puisque ce n'est que fort tard que j'ai su pourquoi on m'avait appelé Dany alors que ce n'est pas ce nom qui figure dans les actes officiels. Naturellement, cet incident a eu une certaine influence sur mon travail d'écrivain. Dans mes livres, le narrateur n'a jamais une identité propre : soit il n'a pas de nom, soit il porte un nom qui ressemble visiblement à un pseudonyme.

Comme Vieux Os.

C'est ma grand-mère qui m'appelait Vieux Os. C'est une vieille expression haïtienne pour dire qu'on ne compte pas se coucher avec les poules. Ma grand-mère et moi, on avait l'habitude de rester tard la nuit sur la galerie à admirer les étoiles. Ma grand-mère était plutôt intéressée par les constellations mais, moi, j'étais complètement fasciné par les étoiles filantes. Aujourd'hui encore, mon cœur bat toujours plus vite à voir une étoile filante. Ma grand-mère savait que j'adorais ces moments.

Par deux fois, dans les dix livres qui forment cette autobiographie américaine, le narrateur s'appelle Laferrière. Dans Le cri des oiseaux fous, *qui raconte la dernière nuit du jeune narrateur de vingt-trois ans au moment où il quitte Haïti, et dans* Pays sans chapeau, *qui relate son retour en Haïti après près de vingt ans vécus à l'étranger...*

C'est vrai, il retrouve son nom dans les moments critiques. À mon avis, il y a deux grands moments chez un voyageur — et tout être humain est un voyageur d'une certaine manière —, c'est le moment du départ et c'est celui du retour.

Je ne parlerai pas de ton œuvre tout de suite. Je voudrais rester dans ce moment d'avant l'écriture.

N'oublie pas que tout est entremêlé chez moi.

D'OÙ VIENS-TU, DANY ?

Alors, essayons de démêler l'écheveau. D'où viens-tu ? Es-tu né à Port-au-Prince ou à Petit-Goâve ? On n'arrive pas bien à le savoir en lisant tes livres.

Je suis né à Port-au-Prince, mais j'ai passé mon enfance à Petit-Goâve, une jolie petite ville de province coincée entre cette montagne passablement déboisée (je passais mes après-midi à regarder les paysans faire du feu sur le flanc du morne) et la mer turquoise des Caraïbes. Petit-Goâve était un endroit tranquille et économiquement autonome jusqu'à l'arrivée de Duvalier. Mes grands-parents maternels y vivaient, avec ma mère et mes tantes. Il n'y avait presque pas d'hommes dans cette maison, à part mon grand-père et mon oncle Yves. Quant à ma famille du côté paternel, je ne l'ai presque pas connue. Je sais que mon père vient des

Barradères, mais je ne connais pas le nom de sa véritable mère. On me faisait rêver autrefois en parlant des Barradères comme de la Venise d'Haïti. Il paraît qu'on y circule en pirogue. Les maisons sont sur pilotis dans cette petite ville côtière souvent exposée aux cyclones. Quand je pense à mon père, j'imagine toujours un petit garçon presque nu dans une pirogue. Cette image vient d'une carte postale que j'avais vue dans mon enfance. Mon père est arrivé à Port-au-Prince assez jeune, avec sa mère adoptive, afin de poursuivre ses études au lycée Pétion, où, plus tard, il enseignera l'histoire.

Et ta mère ?

C'est une jeune fille de province. Il faut l'imaginer durant les années 50, à Petit-Goâve. Ma mère est d'une pudeur et d'une discrétion si extrêmes que, encore aujourd'hui, je ne sais pas l'année exacte de sa naissance. Il faut dire que cela ne me viendra jamais à l'esprit de le lui demander. Je n'ai jamais osé lui poser la moindre question indiscrète. Tout ce que je sais d'elle, je l'ai appris en la regardant vivre. Je ne connais aucune anecdote à propos de ma mère. Par contre, je sens aisément sa joie secrète et sa douleur profonde. Et je peux reconnaître n'importe où le parfum de son corps.

Et ta famille ?

Ma mère est une Nelson. C'est un des noms importants de Petit-Goâve. Mon grand-père fut maire de Petit-Goâve, puis officier d'état civil. Il tenait le registre des actes officiels. Je passais des heures à le regarder faire. Les paysans endimanchés arrivaient très tôt le matin pour faire enregistrer légalement leurs enfants. Souvent, ils donnaient à leurs nouveau-nés des noms étranges tirés de la Bible ou des manuels d'histoire et de géographie. Je me blottissais dans un coin du bureau pour observer, en silence, cette cérémonie que présidait avec une très grande gravité mon grand-père. Son père, Charles Nelson, un grand spéculateur en denrées, avait fait fortune dans le café. C'est un nom qui doit venir d'Angleterre ou de la Jamaïque. Ce Charles Nelson, mon arrière-grand-père, avait eu plus de soixante enfants avec un nombre incalculable de paysannes de la région. En tant que spéculateur, il a dû voyager beaucoup dans les villages environnant Petit-Goâve afin de rencontrer les grands cultivateurs de café. Un homme dans la force de l'âge, voyageant seul et avec beaucoup d'argent sur lui, devient rapidement le point de mire des femmes. Il y a aussi une autre raison, plus prosaïque, pour expliquer cette nombreuse descendance. Dans une pareille situation, on tombe aussi dans le collimateur des brigands et des assassins. Et personne pour surveiller vos arrières. Quand on a une femme avec des enfants dans le voisinage, comme il s'est arrangé pour le faire, alors on fait partie d'un clan, et d'une certaine manière il devient plus difficile de vous attaquer. Ajoutons aussi que plus tard ces enfants, devenus adultes, pourront défendre sur place vos intérêts. C'est ce qu'on appelait, dans le langage de ces rudes spéculateurs, faire coup double.

Ces frères et sœurs se connaissaient-ils ?

C'est le problème. J'entendais souvent ma grand-mère conseiller aux hommes de la famille, surtout à ceux qui voyageaient beaucoup dans la région, souvent dans la zone des Palmes, de faire attention à ne pas se mettre en ménage avec une de leurs sœurs. C'était la grande peur de mes oncles et grands cousins. Alors, chaque fois qu'ils rencontraient une fille, il fallait revoir soigneusement l'arbre généalogique pour savoir si un certain Charles Nelson n'était pas passé dans les environs. «Après tout, comme disait mon oncle Borno, on n'est pas de la race des cabris», ces animaux sexuellement aveugles qui n'hésitent pas à s'accoupler entre parents très proches. Malgré tout, j'ai entendu dire qu'il y avait eu des erreurs. Un de nos cousins s'étant mis en ménage avec sa demi-sœur, cette femme était si belle et si gentille que, même quand on lui eut expliqué la situation, il avait décidé de continuer malgré tout à vivre avec elle. La famille les avait tenus un moment à l'écart, mais devant leur détermination elle avait dû céder. J'ai toujours été secrètement d'accord avec eux. Moi si romanesque, j'avais l'impression, pour une fois, d'avoir dans ma propre famille une histoire d'amour qui pouvait rivaliser avec celles de Dumas et de Zévaco que je dévorais, la nuit, avec une lampe de poche sous le drap.

Et ton grand-père ?

Mon grand-père était un rude travailleur. Mon arrière-grand-père avait trop d'enfants pour pouvoir laisser un héritage substantiel à chacun d'eux. Il a résolu le problème à sa manière : seules ses filles obtiendront quelque chose de la petite fortune familiale. Les hommes, pas même un lopin de terre. Pas même une poule noire, comme on disait à l'époque. Donc les filles ont hérité. « Les hommes n'ont qu'à travailler », lançait mon aïeul en crachant par terre. Mon grand-père aimait rappeler qu'il n'avait rien quand il avait épousé ma grand-mère, une jeune femme des environs de Zabo, une des sections rurales de Petit-Goâve.

Et c'est cette femme, Da, qui est une figure centrale dans certains de tes livres ?

Oui, elle apparaît souvent dans mes livres. Elle s'est installée en figure centrale dans deux de mes récits d'ailleurs (*L'odeur du café* et *Le charme des après-midi sans fin*), des livres qui racontent mon enfance, cette période heureuse de ma vie que j'ai vécue sous sa large jupe, et elle est encore présente dans à peu près tous mes autres livres. C'est certainement la plus forte influence de ma vie. C'est une femme de petite taille avec un port altier (elle se tient facilement debout sur ses ergots), un visage très avenant, toujours illuminé par un franc sourire, et un courage indomptable. Je me souviens du jour où la ville était occupée par des tontons-macoutes. On vivait sous la terreur. Les gens s'étaient barricadés derrière leur porte. Des tontons-macoutes passaient dans la rue avec un homme enfermé dans un sac qu'ils battaient sans ménagement. Au mépris de tous les dangers, ma grand-mère avait ouvert sa porte pour affronter les bandits, comme elle les appelait. Finalement, ils ont lancé le sac avec l'homme dedans sur notre galerie. Ma grand-mère a traîné l'homme dans la maison et l'a soigné toute la nuit. Vers l'aube, ses frères sont venus le chercher.

Elle avait un grand sens politique...

Je crois plutôt qu'elle avait un sens aigu de la justice. Elle détestait de toute son âme ceux qui écrasaient les petits. Et là on est au cœur du problème haïtien : dans ce pays, le plus démuni trouve toujours un chien galeux à qui donner un coup de pied. Elle s'engageait beaucoup dans la vie sociale. C'est elle qui a construit pratiquement de ses propres mains la maison familiale du 88 de la rue Lamarre. Ils venaient de se marier, et ils n'avaient pas un sou. Ma grand-mère s'est serré la ceinture, avec pour unique nourriture un morceau de sel qu'elle plaçait sous sa langue pour ne pas tomber d'inanition. Elle a porté durant des années, m'a-t-elle raconté, la même robe noire. Elle faisait croire à tout le monde qu'elle portait le deuil de ses parents, morts depuis déjà longtemps.

Pourquoi une robe noire ?

Parce qu'une seule suffit. On ne peut jamais savoir combien de robes noires vous avez. Ce fut une période vraiment difficile. Finalement, ils se sont installés dans leur nouvelle demeure et ils ont commencé à avoir des enfants. Les choses n'allaient pas trop mal. Mon grand-père a fait construire une dizaine de maisonnettes dans la cour arrière afin de recevoir les paysans qui venaient lui vendre du café en gros et qui ne pouvaient faire le voyage du retour le même jour. Des familles entières de paysans descendaient des montagnes environnant Petit-Goâve. Ils arrivaient, précédés de leurs mulets chargés de sacs de café. Notre cour, pendant cette période de l'année où l'on récoltait le café, était toujours pleine de gens (des enfants en grand nombre) et d'animaux. Je dormais souvent à la belle étoile avec les autres garçons. Après avoir passé notre temps à jouer à cache-cache, à nous battre, ou à rire sans raison, on tombait brusquement comme des mouches. Mes pauvres cousines pendant ce temps étaient étroitement surveillées par de vigilants chaperons payés à cet effet. Je me souviens de l'un d'eux, un certain Djo, un type vraiment pourri, qui inventait des histoires dégoûtantes sur elles pour faire croire qu'il faisait bien son travail. Les femmes s'occupaient de faire à manger (d'énormes chaudières remplies de malanga, d'ignames, de bananes vertes et de gros morceaux de porc) tandis que les hommes et les femmes âgées fumaient la pipe (une petite pipe en terre cuite rouge) en se remémorant les rencontres inquiétantes avec des êtres étranges qu'ils avaient faites en voyageant de nuit. Il m'arrivait de passer la nuit entière, surtout pendant les périodes de grandes vacances, bien installé contre le flanc chaud d'un mulet, à écouter ces histoires de loups-garous à vous faire dresser les cheveux sur la tête. Ce sont peut-être les moments les plus heureux de mon enfance.

Pour mon grand-père, un cyclone pointait déjà à l'horizon. C'était la dégringolade du prix du café sur le marché international. Mon grand-père venait de commander un tracteur à Chicago et il dut annuler la commande. Je me souviens que, pendant toute mon enfance, on recevait ces grandes enveloppes jaunes contenant des catalogues de modèles de tracteurs venant de Chicago. Dès que le catalogue arrivait, mon grand-père le retirait de son enveloppe pour m'envoyer acheter du pain chez Mozart. Il fallait mettre le pain dans l'enveloppe. J'étais totalement fasciné par ces énormes tracteurs jaunes. Mon grand-père avait fait construire un hangar près de la maison familiale qui devait servir de garage pour le tracteur. On n'a jamais eu ce tracteur mais le petit hangar n'a pas été démoli.

Et Da, comment a-t-elle fait face à cette époque difficile ?

Presque chaque matin, ma grand-mère se levait en se demandant avec quel argent elle allait envoyer la bonne au marché. Et chaque jour c'était la même angoisse. Elle s'asseyait sur la galerie avec, comme d'habitude, sa grande cafetière à ses pieds (elle aurait préféré passer une journée en prison plutôt que de boire une tasse de café froid). Elle passait ainsi la matinée à attendre que quelqu'un qui lui devait de l'argent vînt à passer, ou qu'une de ses filles lui envoie de l'argent de Port-au-Prince. J'ai toujours vu ma grand-mère en train d'attendre calmement que le vent tourne dans sa direction. Souvent, n'importe où dans le monde, quand je me sens trop nerveux, je ferme les yeux et l'image sereine de ma grand-mère assise sur sa galerie m'apaise.

L'EXIL DU PÈRE

Parlons maintenant de ton père, ce rebelle.

Mon père a étudié au lycée Pétion, où il devait enseigner plus tard. Très jeune, dès l'âge de dix-sept ans, il s'est impliqué dans la politique. Avec d'autres camarades, ils ont monté un syndicat, celui des tanneurs.

Quel âge avait-il quand tu es né ?

Il était très jeune, le début de la vingtaine. C'était un jeune journaliste fougueux, très sensible à l'injustice. Il fut, pas longtemps, maire de Port-au-Prince à l'âge de vingt-cinq ans. C'est le plus jeune maire de l'histoire de cette ville. Ensuite, il a été sous-secrétaire d'État au commerce et à l'industrie. Plus tard, il a eu une brève carrière de diplomate, notamment comme consul à Gênes et à Buenos Aires. Tout cela dans un laps de temps assez bref, puisqu'il a commencé son exil avant l'âge de trente ans et qu'il y est resté jusqu'à sa mort.

Qu'est-ce qui a motivé cet exil ?

Il était le chef d'un minuscule parti (Le Peuple souverain) qu'il avait fondé avec d'autres jeunes gens de l'époque. Ils étaient très dynamiques, très idéalistes et ils s'exprimaient dans un langage assez violent. Mon père était assurément le plus agressif d'entre eux. Ils circulaient en groupe dans une vieille voiture cabossée. Ils étaient très jeunes, mais leur enthousiasme en imposait. On était à la fin du mandat du président Magloire. Une période assez agitée allait suivre. Les institutions semblaient fragiles face à l'appétit féroce des militaires. L'armée faisait et défaisait les gouvernements. Plus tard on m'a raconté que mon père pouvait débarquer avec son équipe de jeunes têtes brûlées dans les ministères en traitant certains employés de ronds-de-cuir et en imposant à leur place, séance tenante, ses hommes à lui. Ce n'est pas ainsi qu'on se fait des amis dans un pays où la corruption s'est installée depuis presque le début. C'est une autre des raisons qui ont contraint mon père à quitter le pays : les riches commerçants avaient l'habitude généralement, pour renverser un gouvernement, de stocker les marchandises (la farine, le riz, l'huile) dans des dépôts cachés en province avant de fermer les magasins du centre-ville de Port-au-Prince. Et c'est ainsi que le pays s'est souvent retrouvé dans une situation de disette artificielle. Alors mon père, en tant que sous-secrétaire d'État au commerce, était allé à la radio pour dénoncer un tel état de choses. Jusque-là, c'était encore de bonne guerre. Mais, avec sa fougue coutumière, il avait ajouté que si les commerçants refusaient de mettre à la vente les produits de première nécessité, le peuple avait le droit de piller les magasins. Il avait oublié qu'il avait une fonction officielle. C'était irresponsable. Il s'était attaqué à la puissante bourgeoisie commerçante, le secteur le moins productif de la bourgeoisie haïtienne, celle qui vit de contrebande tout en refusant de payer ses taxes. Ils ont vite exigé sa tête. Mon père a dû quitter précipitamment le pays pour ne plus jamais y revenir.

Ce devait être très dur, un exil pareil, pour un si jeune homme.

Effroyablement dur, d'autant qu'il avait l'impression d'avoir un destin politique dans son pays. En fait, ce fut un météore. Mais sa trace est restée vive dans la mémoire de ceux de sa génération et surtout de ses étudiants. Encore aujourd'hui, plus de quinze ans après sa mort, régulièrement, je rencontre des Haïtiens, à Montréal, à New York, à Paris ou à Port-au-Prince, qui se souviennent de lui et m'en parlent avec fièvre.

Et ta mère, dans cette tourmente ?

Ma mère est restée en Haïti. J'ai décrit son drame dans *Le cri des oiseaux fous*, où, au moment de mon départ précipité d'Haïti, elle a dû sûrement se rappeler que mon père était parti dans les mêmes conditions, vingt ans auparavant. Ma mère est restée là-bas, elle. Je n'ose imaginer la souffrance de cette femme, si jeune au moment du départ de mon père.

Que lui est-il arrivé ? A-t-elle été inquiétée après le départ de ton père ?

Non, parce que ma mère est quelqu'un de très discret. Elle a conservé pendant un certain temps son emploi (elle travaillait aux archives de la mairie). Ma mère et mon père sont des gens totalement opposés. Mon père est explosif, impatient, impétueux, tandis que ma mère est douce, pudique, discrète. Si mon père entre dans une pièce, tout le monde va le savoir à la seconde de son arrivée, alors que ma mère peut passer des heures à côté de vous sans que vous vous aperceviez de sa présence. Les contraires doivent bien s'attirer puisque ma femme et moi formons un couple du même genre. Je suis irrémédiablement attiré par la lumière et le monde tandis que ma femme ne se trouve à l'aise que dans la pénombre et l'intimité. C'est étrange comment, selon ma mère, sans avoir longtemps connu mon père, j'ai le même caractère que celui-ci. J'ai exactement les mêmes mains, et la même voix aussi. Mais surtout, toujours selon ma mère, on a la même attitude devant la vie. Un effrayant appétit de vivre.

Tu n'as jamais revu ton père ?

Je ne l'ai vu qu'une fois. À ses funérailles. Naturellement, j'ai tout de suite vérifié pour les mains. Ma mère m'en avait parlé. Et j'ai eu l'impression étrange d'être en train de regarder mes propres mains.

De son vivant, tu ne l'as jamais revu ?

Quelques années auparavant, j'ai tenté de le voir à Brooklyn, où il vivait seul dans une minuscule chambre, mais il a refusé, ce jour-là, de m'ouvrir.

Il savait que c'était son fils ?

Oui, je m'étais identifié. Au début, il ne disait rien mais, sachant qu'il y avait quelqu'un derrière la porte, et comme j'insistais pour qu'il me reçoive, il a fini par me hurler de sa chambre qu'il n'avait plus d'enfant puisque Duvalier avait transformé en zombis tous les Haïtiens.

Une sorte de reniement ?

Je me rappellerai toujours cette voix forte et un peu rauque, la voix d'une bête traquée jusque dans sa propre tanière. Il était venu se coucher là pour mourir... Alors il devait se demander pourquoi le passé continuait à le poursuivre ainsi sans relâche.

Donc, il t'a renié ?

Non, il avait simplement perdu la tête. L'exil l'avait rendu fou.

L'ÉCOLE HAÏTIENNE

Comment s'est passée ta vie en Haïti après le départ de ton père ?

J'étais trop jeune pour comprendre la situation. J'avais quatre ans à l'époque. Ma mère m'a envoyé à Petit-Goâve, chez ma grand-mère. Je ne suis revenu vivre avec elle qu'au moment d'entrer au secondaire. Ma mère est quelqu'un de très orgueilleux. Malgré notre condition matérielle difficile, nous étions toujours proprement habillés, ma sœur et moi. Nous fréquentions de bonnes écoles, et nous mangions à notre faim. Conscient aujourd'hui de la situation financière réelle de ma mère à l'époque, je me demande avec étonnement comment elle a pu s'en sortir. Il faut dire que c'était le sort de beaucoup de familles de Port-au-Prince puisqu'un grand nombre d'hommes, parmi les plus compétents, avaient été exilés du pays par Papa Doc. Les femmes s'étaient, comme toujours, retrouvées seules du jour au lendemain avec un maigre salaire et des responsabilités immenses. Port-au-Prince comptait, à l'époque, deux écoles très prestigieuses où les familles bourgeoises envoyaient leurs fils (les filles allaient chez les sœurs du Sacré-Cœur ou à Sainte-Rose-de-Lima), c'étaient Saint-Louis-de-Gonzague et le collège Saint-Martial, mais mon père a toujours voulu que j'aille plutôt chez les frères du Sacré-Cœur où enseignaient des religieux canadiens-français. C'était la troisième voie : une école tout aussi compétente mais plus modeste. Mon père n'aimait pas trop l'ambiance bourgeoise qui régnait à Saint-Louis ou même à Saint-Martial (dirigé par les pères spiritains, pourtant plus libéraux que les frères de l'Instruction chrétienne à la tête de Saint-Louis). Mon père était déterminé à ce que son fils ne reçoive pas cette éducation bourgeoise, qui, d'après lui, vous éloignait du peuple. Mais les familles de la classe moyenne plaçaient leurs enfants dans ces écoles prestigieuses parce que, d'une part, l'éducation y était excellente, mais surtout à cause de leur fréquentation. On pouvait s'arranger pour avoir des amis riches avec qui on espérait plus tard faire de bonnes affaires.

L'enseignement en Haïti, à l'époque, était-il de type traditionnel ou calqué sur l'enseignement français, donc complètement en décalage avec la réalité haïtienne ?

On naviguait entre les deux. On n'avait pas grand choix. Une seule institution éditait les manuels haïtiens : la Maison Deschamps. Pour les cahiers, je crois que ma mère se les procurait au magasin L'Abeille. Pour avoir un véritable enseignement national, il aurait fallu avoir la possibilité de concevoir cet enseignement, de préparer les professeurs et d'éditer des manuels. Or, les manuels venaient pour la plupart de France. On pouvait prétendre à un enseignement à caractère national uniquement pour certaines matières : l'histoire et la géographie. La littérature haïtienne aussi. La littérature française occupait un large espace : Racine, Molière, Voltaire, Rousseau, Hugo, qu'on étudiait à fond, mais uniquement sur le plan biographique. En réalité, on lisait rarement en classe les œuvres de ces auteurs. En général, les écoles n'avaient pas de bibliothèque (à part Saint-Louis-de-Gonzague). Rares étaient les écoles secondaires, hormis le lycée Pétion, qui possédaient un laboratoire scientifique. Disons que l'aspect pratique de l'enseignement ne semblait pas intéresser l'État haïtien. On se contentait d'apprendre tout par cœur. Malgré tout, j'estime avoir reçu de l'école haïtienne une excellente éducation. N'ayant jamais fréquenté d'université, c'est cet enseignement reçu en Haïti qui constitue mon unique fonds.

Peut-on dire que cet enseignement a fait de toi un Haïtien ?

Il faut se rappeler que Haïti est un pays encore très fier d'avoir été la première république nègre du monde. Tous les jeunes Haïtiens le savent, et ils ont été élevés dans cette ambiance patriotique. Il y a la Fête du drapeau, la Fête de l'indépendance, la bataille de Vertières. Tous les Haïtiens, même ceux qui n'ont pas été à l'école, savent qu'on a jeté les Français à la mer pour devenir une nation indépendante le 1er janvier 1804. C'est inscrit dans l'âme haïtienne. Tout cela pour dire que, quand nous étudions Molière, Racine ou Voltaire, nous étudions simplement de grands écrivains et non des Français. Pour les Haïtiens, Corneille, avec ses accents de fierté, ses élans de courage, ses éclats de jeunesse et de noblesse, sa fièvre, est fondamentalement haïtien. Aucun doute là-dessus. Ce nationalisme constitue autant notre force que notre faiblesse. Notre force, parce qu'il nous empêche d'avoir l'âme servile. Notre faiblesse, parce que nous sommes toujours tournés vers le passé. C'est en vivant à l'étranger que j'ai remarqué l'importance de la culture haïtienne dans ma vie. Je ne ressens pas cette douleur constante, ce sentiment d'impuissance, que je constate chez les autres Noirs quand ils sont en face d'un Blanc. On a l'impression qu'il y a un problème, dans leur cas, qui n'a pas été réglé. Un problème de violence physique. Une terrible gifle qui n'a pas été rendue. Comme Haïtien, je sais qu'on a réglé ce problème il y a aujourd'hui près de deux cents ans. La grande souffrance des Nègres dans la colonie saint-dominguoise a été en grande partie vengée durant le massacre général des Blancs ordonné par Jean-Jacques Dessalines, général en chef des armées indigènes, dès le lendemain de l'indépendance nationale. Je peux donc converser calmement avec mon vis-à-vis blanc. Cela ne veut pas dire que tout va toujours bien. La preuve, c'est que je ne vivrai jamais en France. Non parce que je traînerais un vieil héritage colonial, mais simplement parce que je n'ai pas envie de perdre mon temps à discuter tout le reste de ma vie de questions relatives à la colonisation ou à l'identité. Pour tout dire, je n'ai rien à foutre de la créolité, du métissage ou de la francophonie. Je dois beaucoup à la société haïtienne d'avoir réglé bien avant que je ne vienne au monde un certain nombre de questions qui restent encore brûlantes pour d'autres.

L'IVRESSE DES MOTS

La question de l'identité n'est pas forcément liée au problème colonial...

Bien sûr, mais tout individu doit avoir un sol, un endroit où poser son pied. Si cet endroit n'existe pas, il aura des problèmes avec le reste. C'est pour cela que les pays se construisent des mythes. Il faut que l'individu puisse se réfugier quelque part où personne ne pourra le trouver, où il se sent chez lui totalement. Comme un animal dans sa tanière. Et ce refuge doit rester secret.

Ce refuge, pour certains, peut être la littérature.

Oui, mais même en rêve on a besoin d'un endroit pour s'ancrer. On aimerait croire qu'on n'est pas totalement dans le rêve. Quand j'étais très jeune, je lisais aisément Shakespeare ou Tolstoï, mais il me fallait, en même temps, une bonne mangue bien juteuse sous la main. Je passais mon temps à respirer profondément l'odeur des livres. J'aime ce qu'on peut toucher. Le corps. Je suis trop sensuel, trop physique, pour passer de l'autre côté du miroir comme ma bonne amie Alice le faisait sans hésiter.

Tu as quand même beaucoup lu durant cette époque ?

J'ai toujours beaucoup lu. Naturellement les plus grands écrivains. Et cela pour une raison très simple : je n'avais pas beaucoup de livres à la maison. Quand Da pensait qu'un livre pouvait trop m'impressionner, elle le cachait sous les draps, dans la grande armoire. Je connaissais sa cachette. Un jour que je me trouvais seul à la maison, tout le monde étant allé au carnaval, j'ai découvert par hasard *Climats,* d'André Maurois, sous une pile de serviettes blanches sentant la naphtaline, des serviettes réservées à de rares invités de marque mais, à part un sénateur édenté, je n'ai vu personne, durant toute mon enfance, se servir de ces serviettes. Et tout de suite après, derrière le lit, j'ai aussi découvert une bouteille de cocktail de cerises (un mélange explosif de cerises, d'eau-de-vie et de sirop d'orgeat). J'ai lu *Climats,* tout en buvant de cet alcool sucré. Ce fut, je crois, la plus merveilleuse lecture de ma vie.

Tu avais quel âge ?

Oh, neuf ou dix ans, pas plus.

Un cocktail de cerises et André Maurois à neuf ans, n'est-ce pas un peu précoce ?

On lisait ce qui nous tombait sous la main. Il y avait très peu de livres à la maison, à Petit-Goâve. Lire, dans ce cas-là, c'était comme aller à la pêche : on attrapait ce qu'on pouvait.

C'était une telle fête de tomber sur un livre. Je me souviens de ce sentiment si bouleversant. On n'avait aucune idée de ce qui se cachait entre les couvertures. Mon cœur battait si fort. Je serrais le livre contre ma poitrine. Ah, l'odeur du livre. Je le respirais au fur et à mesure de la lecture avant de tourner la page. Je pouvais traverser la ville pour aller lire chez des gens. Je me souviens d'un été que j'ai passé enfermé dans une petite chambre chez la mère de Simon, un imbécile fini de ma classe, parce que j'avais découvert un trésor dans son armoire : une tonne de romans-photos. J'aimais beaucoup cette technique si proche du cinéma que je connaissais à peine pour n'avoir été que deux ou trois fois au cinéma Faustin (le cinéma du lycée de Petit-Goâve). Il y en a un que je relisais constamment. Je m'étais totalement identifié à l'un des personnages de l'histoire. J'étais dans cette petite ville italienne, et ce qui m'a vraiment étonné, c'est que, en pénétrant chez ces gens qui vivaient dans la riche Europe, je découvrais qu'ils n'étaient pas plus riches que nous. Quelle surprise ! On parlait de la misère dans les romans de Hugo ou de Dumas que je lisais, mais c'étaient des mots, et les mots sont parfois si beaux qu'ils parviennent à nous faire oublier leur sens véritable. Le mot *misère* ne m'a jamais fait penser à la pauvreté. Là, je pouvais voir, toucher du doigt cette misère. Je voyais les objets, les vêtements, la cuisine, les chaises, le lait dans le verre, le sucre qu'on envoyait la jeune fille chercher chez la voisine, la honte sur le visage de cette adolescente obligée de mendier un peu de sucre auprès du voisin dont elle est amoureuse. Je voyais tout cela. Et dans ces romans-photos, c'était toujours une histoire de jeune homme riche qui rencontrait une jeune femme pauvre mais belle et honnête, tandis que ses parents voulaient qu'il épouse une fille de son milieu, qui se révélait toujours vaine, superficielle, snob et, finalement, méchante. Naturellement, à la fin, le couple parfait (le jeune homme et la jeune fille pauvre) se trouvait réuni dans un baiser. J'étais satisfait.

Y avait-il une bibliothèque publique à l'époque, à Petit-Goâve ?

Elle se trouvait en face de la mairie. J'y allais. Pendant un court laps de temps, tante Renée y a même travaillé. Je la trouvais toujours assise, sur la galerie de la bibliothèque, le dos appuyé contre le mur. Je n'y ai presque jamais vu personne durant tout le temps que je l'ai fréquentée. Il faut dire que la collection était assez étrange. Beaucoup de livres de philosophie, des revues spécialisées, des études critiques pointues. Il paraît qu'on les devait à un Petit-Goâvien qui avait vécu presque toute sa vie en France, et qui, au moment de mourir là-bas, avait tenu à faire don de sa bibliothèque personnelle à sa ville natale. Là où il nous aurait fallu Dumas, Maupassant, Hugo, Hemingway, Stevenson, Verne, Swift, enfin les classiques populaires, il nous avait refilé des recherches sur la mort, des textes de Blanchot, beaucoup de livres de poésie moderne. C'était étrange. Je m'y suis plongé tout de même tête baissée. Je n'avais que cela à me mettre sous la dent. Je me sentais comme quelqu'un qui se promène tranquillement et qui, soudain, tombe dans un trou noir pour se retrouver dans un autre univers. Ce qui me faisait des lectures totalement différentes de celles de mes camarades.

Blanchot à neuf ans !

Non, j'avais seize ans à ce moment-là. À l'époque, j'étudiais à Port-au-Prince, mais j'étais revenu pour les vacances d'été.

LE VOYAGE À PORT-AU-PRINCE

Tu avais déjà quitté Petit-Goâve ?

Bien avant de continuer mes études secondaires à Port-au-Prince, j'y allais durant les vacances d'été. J'aimais bien Port-au-Prince, mais je détestais le voyage. Un parcours qui aurait dû prendre une heure et demie durait de huit à douze heures, et cela dans des conditions affreuses. Voilà une des choses que j'ai toujours détestées en Haïti : le fait que la vie des gens ordinaires semble n'avoir aucune importance aux yeux de l'État. Les routes sont dangereuses, et rien n'est fait pour remédier à cette situation. Quand le camion grimpe péniblement le terrible morne Tapion, je ferme chaque fois les yeux en pensant à ce qui pourrait arriver si les freins venaient à lâcher. Et c'est arrivé au moins deux fois avec moi. J'ai entendu ce bruit sec suivi d'un vacarme de tous les diables. J'ai vu le camion en train de descendre le morne Tapion, les aides mécaniciens sautant du toit avec, dans les mains, d'énormes pierres qu'ils plaçaient sans arrêt devant les roues afin de ralentir sa course. Celui-ci, la première fois que cela est arrivé en ma présence, a franchi chaque fois ces obstacles, et le chauffeur n'a eu, finalement, d'autre recours que de donner un brusque tour de volant sur la gauche pour emboutir le camion contre un magnifique manguier. La deuxième fois, ce fut pire puisqu'on était à cette heure de pointe où les camions venant du sud arrivaient à toute vitesse derrière nous. Je ne sais pas par quel miracle on a été sauvés. On a longtemps dit que le chauffeur n'était pas seul. Une passagère a raconté qu'elle avait vu une femme en bleu assise sur le capot du camion. Pas besoin d'ajouter que c'était la Vierge, dont la couleur fétiche est le bleu. Da a décidé qu'il ne fallait plus que je risque ainsi ma vie sur cette route, aussi a-t-elle demandé à maître Auguste s'il pouvait m'emmener la prochaine fois dans sa belle chevrolet noire.

Un voyage dans des conditions plus calmes ?

Oui, mais Da commit alors la seule faute de goût de sa longue carrière. Maître Auguste avait dit à Da qu'il passerait me chercher après le déjeuner, vers neuf heures. Ma grand-mère m'a réveillé à trois heures du matin et, une heure plus tard, j'étais prêt pour le voyage. J'ai pris un bain glacé dans le grand bassin d'eau qui se trouvait près du garage du tracteur fictif. La dernière fois que je m'étais baigné ainsi à l'aube, c'était pour ma première communion. Da m'a habillé comme un petit prince. Je ne comprenais pas la raison d'une telle fébrilité. Je savais que cela avait un rapport avec le voyage en voiture. Je sentais confusément que Da avait tort. Ensuite, elle m'a recommandé de ne rien manger en route. Je n'avais jamais vu Da dans un pareil état. Enfin, maître Auguste est arrivé avec son fils Tony, et celui-ci portait, je me rappelle très bien, un jean, un simple t-shirt blanc et des espadrilles sales. J'étais en colère contre Da. J'avais envie de salir mon petit costume bleu. Je me suis réfugié dans un coin de la voiture et je n'ai adressé la parole à personne durant tout le trajet. Parce que je n'avais pris qu'une figue-banane, je me suis mis à vomir à l'entrée de Port-au-Prince. Je n'ai pas sali l'intérieur de la voiture, mais j'ai laissé une longue traînée jaune sur la carrosserie. Maître Auguste a tout fait pour me mettre à l'aise, mais j'étais malade de honte. La honte sociale. J'avais honte devant ces gens qui, parce qu'ils étaient fortunés, semblaient avoir plus d'aisance dans la vie que nous. Je venais de remarquer que Da, qui n'avait peur de rien ni de personne, avait tout à fait mal agi dans cette affaire. Des années plus tard, quand j'ai rencontré maître Auguste à Miami, chez son fils Tony, et que j'ai évoqué ce voyage humiliant, il n'en avait gardé aucun souvenir. De toute façon, maître Auguste est un homme si simple, si modeste, qu'une telle chose ne lui viendrait jamais à l'esprit : m'humilier. Il m'a simplement dit qu'il avait un énorme respect pour Da et qu'il était terriblement désolé d'apprendre sa mort. Quant à Tony, il se rappelait très bien le voyage et il m'a raconté que, à peine de retour à Petit-Goâve, il avait exigé de sa mère qu'elle lui fasse un petit costume bleu comme le mien. Voilà une chose troublante : trois personnes sont dans une voiture, et chacune d'elles a une version de l'histoire liée à sa sensibilité. Je m'étais réfugié dans ma tête, refusant de communiquer avec quiconque, tout en léchant ma blessure. Je m'imaginais tellement de choses. Je vois devant mes yeux cette voiture, et je ressens encore, malgré toutes ces années et ces explications, la brûlure de la honte.

UN UNIVERS FÉMININ

Et le reste de la famille, les oncles et les tantes ?

Ma grand-mère ne s'est jamais consolée de la mort de son fils aîné. Roger est mort à l'âge de six mois. Évidemment, ce n'était pas une mort naturelle. Quelqu'un que nous connaissions bien l'avait « mangé ». Une âme malfaisante, une personne qui fréquentait presque quotidiennement la famille, le parrain de mon oncle Yves. Il est un fait qu'on ne meurt jamais de mort naturelle en Haïti. Les puissances des ténèbres nous environnent. Je me rappelle avoir été grandement impressionné par une telle atmosphère. Quoique Roger soit mort à l'âge de six mois, j'en ai entendu parler durant toute mon enfance, et même au-delà. J'avais l'impression que Roger était toujours parmi nous et qu'on grandissait ensemble. Il était à la fois mon oncle (le frère aîné de ma mère) et mon compagnon de jeu. Il m'était impossible d'imaginer que ce n'était qu'un nourrisson.

Tu viens d'évoquer deux oncles dont on ne retrouve aucune trace dans tes livres. À te lire, on a plutôt l'impression que tu as vécu dans un univers totalement féminin.

Bien sûr, mais il y avait aussi mon grand-père, qui ne s'intéressait qu'aux tracteurs et qu'aux roses qu'il avait fait planter tout autour de la maison. C'étaient ses seules vraies passions. Il avait aussi une guildive près du cimetière où il faisait du tafia, un alcool de canne. Je me souviens d'un homme à la fois très doux et très brutal. Toujours assis à la même place, le visage impassible. Une fois par semaine, le samedi, il se rendait à la guildive. C'était un homme qui s'habillait de manière très élégante : canotier de paille de maïs, costume kaki et canne sculptée. Il marchait en lançant sa canne en avant, son chien derrière lui. Je connaissais très bien son parcours, puisque je devais faire le guet pour mes tantes. Je le suivais de loin pour voir où il se rendait, et je revenais en courant leur rapporter que mon grand-père était en ce moment en train de bavarder avec le notaire Loné, ou qu'il s'était arrêté à la loge maçonnique, ou enfin qu'il était cette fois bien rendu à la guildive. Quand il était à la guildive, on savait qu'il ne rentrerait que fort tard dans la nuit. Il était alors possible pour elles d'organiser, au salon, une petite fête, l'après-midi. Da et moi, on était les seuls à ne pas participer à la fête. Nous restions dans la cour, où on nous faisait quand même parvenir quelques boissons gazeuses et une substantielle tranche de gâteau.

À part ces trois ombres, ton grand-père et tes deux oncles, tout univers était en tout point féminin ?

Les hommes étaient d'une certaine manière absents de la vie quotidienne, de la vie réelle. Ils m'avaient laissé aux femmes. Je n'étais entouré que de femmes. Je dormais avec les femmes. J'étais cousu de femmes. Ma mère et ses sœurs. Ma mère étant la sœur aînée. Je suis le premier fils d'une maison où on se marie par ordre d'âge. Ma mère et mes tantes m'ont totalement gâté. Elles étaient magnifiques, très belles. J'adorais rester dans la chambre quand elles se préparaient pour aller danser au Lambi Club, une piste de danse située au bord de la mer. Les parfums, les tarlatanes, les rires, les confidences, les taquineries, les jupons, tout virevoltait autour de moi. J'étais au paradis.

Qu'est-ce qui distinguait ces jeunes filles les unes des autres ?

Elles étaient très différentes. Ma mère était très pudique, comme je l'ai déjà dit ; tante Raymonde était d'une folle extravagance ; tante Ninine me semblait la plus jolie ; tante Gilberte, certainement la plus gentille ; et tante Renée était d'une méticulosité maniaque. C'étaient les filles Nelson. Et dire que mon grand-père avait toujours rêvé d'avoir des garçons avec des bras forts, capables de l'aider dans le commerce du café.

Laquelle de tes tantes t'a le plus impressionné ?

Elles ont chacune quelque chose de spécial, une lumière particulière, mais c'est tante Renée qui m'apparaît, aujourd'hui que je peux voir cela avec une certaine distance, avoir eu la vie la plus étrange et la plus fascinante. Du moins quand on regarde cela avec un œil d'écrivain. Contrairement à tante Raymonde, qui se donne constamment en spectacle et que j'ai longuement décrite dans *Le goût des jeunes filles*, tante Renée est tout intériorité. Elle est restée vierge et n'a presque jamais travaillé de sa vie. Elle était très proche de ma grand-mère. Elles ont vécu ensemble sans presque jamais se quitter, sauf durant l'année où tante Renée a été se faire soigner de cette toux sèche qui ne la quittait plus, dans un sanatorium, près de Petite-Rivière de l'Artibonite. Je me souviens quand même qu'elle a travaillé au moins à deux reprises dans sa vie. Elle a enseigné aux enfants démunis, aux jeunes domestiques et aux orphelins, comme suppléante à l'école du soir du professeur Carriès. L'école se trouvait au bout de la rue Lamarre et, chaque soir, tante Renée passait un temps fou à se préparer pour se rendre à son cours. Comme elle parlait très rarement à la maison et d'une voix si fluette que j'étais toujours obligé de tendre l'oreille pour comprendre ce qu'elle voulait de moi, je me suis toujours demandé comment elle s'y prenait pour enseigner à une classe d'élèves dont certains étaient bien plus âgés qu'elle. Tante Renée me racontait l'histoire de ces élèves qui ne vivaient pas chez leurs parents comme moi, mais chez des étrangers à qui ils vendaient leur force de travail contre un repas et un endroit pour dormir, et qui arrivaient à l'école souvent épuisés après une dure journée de travail. Pourtant, selon tante Renée, ils se distinguaient de nous qui allions à l'école, qui vivions avec nos parents et qui n'avions rien d'autre à faire dans la vie qu'étudier, par leur féroce appétit d'apprendre. Cela émouvait beaucoup tante Renée et la poussait à se donner entièrement à sa classe. Dès qu'elle rentrait de son cours, vers dix heures du soir, elle commençait à préparer la classe du lendemain, avec sûrement autant de sérieux que ses chers élèves. Chaque fois qu'elle recevait son salaire (c'est moi qu'elle envoyait chercher l'enveloppe), elle me donnait toujours cinq centimes. On la disait pingre, mais elle surveillait de très près ses économies parce qu'elle ne gagnait presque rien dans cet emploi. Toujours assise à la même place, sur la galerie, pas loin de Da, sa vie pouvait sembler monotone à un observateur pressé. Rien de plus faux. C'était simplement un autre rythme.

Comment était-elle physiquement ?

Elle était blanche, aussi blanche qu'une Noire pouvait l'être sans être vraiment une Blanche. Cette phrase remonte à ma première lecture de Richard Wright ; je crois que c'est ainsi qu'il décrivait un de ses personnages. Que faire quand on tombe sur une phrase qui refuse pendant plus de trente ans de sortir de votre tête ? Dans ce cas, je crois qu'on peut la faire sienne. Elle est à moi maintenant autant qu'à ce bon vieux Dick Wright. Tante Renée avait, du moins dans mon enfance, ce visage aux traits finement dessinés, un corps assez frêle, des mains très délicates. Ma mère a les plus jolies mains des filles Nelson, mais c'est tante Renée qui a la plus belle chevelure et elle en est très fière. Une masse de cheveux noirs lui arrivant jusqu'à la taille, qu'elle passait d'ailleurs la journée à coiffer. Dès que le soleil commençait à descendre derrière les cocotiers des casernes jaunes, elle venait s'asseoir sur la galerie.

Et la vie s'est toujours déroulée de cette manière?

Non, il y a eu parfois des surprises. Un jour, un Américain, visitant Petit-Goâve, l'a remarquée et en est tombé instantanément amoureux. C'était un gros type en costume, tout en sueur, qui faisait partie d'une mission de l'Église protestante américaine. Ces Américains arrivaient toujours au début de juin et passaient leur temps à visiter les familles, à essayer de convertir les gens à la foi protestante et à soigner les malades. Nous autres de Petit-Goâve, à partir d'une heure jusqu'à cinq heures de l'après-midi, on se mettait à l'abri du soleil, dans la cour, sous un arbre ou une tonnelle. Il n'y a que les missionnaires protestants en quête de nouvelles âmes à convertir pour oser affronter le soleil à cette heure. Il a remonté la rue en soufflant comme un coq de combat qui revient de la gaguère. Il semblait au bord de la crise d'apoplexie. Par pitié, Da l'a invité à venir reprendre son souffle, un moment, sur notre galerie. J'étais fasciné par son énorme cou rouge complètement brûlé par le terrible soleil de trois heures. On lui a offert une chaise, un grand verre d'eau suivi d'une tasse de café. Le café des Palmes. Il l'a bu avec un sourire extatique. Il a tenté plusieurs fois en vain de nous expliquer quelque chose ayant trait à la qualité du café puisqu'il n'arrêtait pas, en parlant, de soulever sa tasse en direction de Da, mais le problème c'est que ni ma grand-mère, ni moi, ni tante Renée ne parlions anglais. On a fait venir un neveu de Da, Fritz Cerisier, qui, paraît-il, avait déjà enseigné l'anglais au lycée Faustin. Fiasco total. Après le départ de l'Américain, qui semblait vraiment épuisé de l'échange avec mon oncle Fritz, celui-ci nous a expliqué que ce Blanc était sûrement un paysan du sud des États-Unis puisqu'il avait eu quelque mal à comprendre son accent, et que celui-ci ne parvenait pas à le comprendre, lui, Fritz, alors qu'il s'exprimait dans le plus pur anglais d'Angleterre. Da réprimanda le cousin Fritz d'avoir utilisé l'anglais d'Angleterre pour parler à un Américain. Quelle bêtise ! Fritz eut beau expliquer à Da que c'était le meilleur anglais qui existe, Da avait maintenu qu'il était de son devoir de se faire comprendre par l'invité au lieu de chercher à l'impressionner. Et depuis, on parle de l'occasion manquée de tante Renée.

L'ÉCRIVAIN VU PAR SES PERSONNAGES

Que font ces femmes aujourd'hui ?

Seule ma grand-mère est morte. Ma mère et tante Renée vivent encore à Port-au-Prince. Tante Gilberte vit avec sa fille à Delmas, pas loin de Pétionville. Tante Raymonde et tante Ninine travaillent à Miami.

Que pensent-elles de tes livres qui évoquent leur existence ?

Elles m'en parlent très rarement. Je sais qu'elles ne sont pas toujours contentes de ce que je raconte, mais elles savent que je les adore. Tante Raymonde, elle, me dit volontiers ce qu'elle pense de mes livres, et ce n'est pas toujours positif. Elle m'apprend qu'elle lit mes livres dans l'autocar qui l'emmène au travail (elle travaille à l'hôpital Jackson de

Miami). Souvent elle rit, mais le plus souvent elle fronce les sourcils devant ce qu'elle appelle un mensonge éhonté. Et elle l'écrit au crayon rouge dans les marges de la page. Ce n'est pas une lecture, c'est un véritable dialogue. À la fin, elle m'envoie son livre maculé de ratures et d'interjections. Il aurait fallu que je lui demande de m'expliquer les choses avant de me mettre à écrire. J'ai beau essayer de lui faire comprendre que mon travail ne consiste pas à dire les faits mais plutôt à faire surgir l'émotion d'une situation, que pour moi c'est la vérité de l'émotion qui compte et rien d'autre, pour elle, je déforme la réalité. « À quoi bon écrire, me lance-t-elle sur un ton furieux, si c'est pour ne pas raconter les choses telles qu'elles se sont passées ? » Je lui réponds que je peins plutôt les choses telles que je les ressens, sachant bien que cela ne pourra en aucun cas la convaincre de mon intégrité. « Alors pourquoi mêler de vraies gens à ton cinéma ? » « J'ai besoin de ces personnes, tante Raymonde, j'ai besoin de leur énergie, de leur sensibilité, de leur caractère pour dire ma vérité profonde. » « En définitive, finit-elle toujours par conclure sur un ton presque méprisant, il ne s'agit que de toi, de ce que tu ressens, c'est uniquement ton affaire. » « C'est tout à fait cela ! m'exclamai-je chaque fois, il ne s'agit que de moi et c'est comme ça que j'ai une chance d'intéresser les autres. Plus j'écris proche de mon cœur, plus je risque de toucher à l'universel. »

Tu as l'impression qu'elle ne comprend pas tout à fait ton travail ?

Elle le comprend mais de manière confuse. Au fond, elle aurait aimé que je ne parle que d'elle, ou mieux que j'écrive sous sa dictée.

Pense-t-elle que tu es un véritable écrivain ?

Je ne pense pas qu'elle me voie sous un tel angle. Comme la plupart des gens qui me connaissent d'ailleurs.

Pour eux, ce que je fais ne saurait être de la littérature. Trop proche de leur réalité. Thérèse (un personnage du *Charme des après-midi sans fin*) est quelqu'un que tante Raymonde connaît depuis l'enfance, alors, pour elle, elle ne saurait être un personnage de roman. Pour quelqu'un comme elle, un vrai personnage de roman doit sortir directement de l'imagination de l'écrivain. Et si, pour elle, Thérèse est un être humain et non un personnage de roman, moi je ne saurais en aucun cas être un romancier. N'ayant jamais rencontré d'autres écrivains dans sa vie, elle pense qu'ils font tous différemment de moi. J'ai beau lui expliquer qu'on utilise des modèles, comme les peintres, elle ne me croit pas. Elle me conseille tout le temps de faire surgir mes personnages de mon imagination au lieu de les piquer dans la famille. Elle ajoute avoir été profondément vexée d'être décrite dans une robe grise qu'elle ne possède même pas. Tante Ninine m'a dit que tante Raymonde avait passé la nuit à chercher la robe grise fictive dans son armoire. Le lendemain matin, elle était blême de rage et de fatigue. Quand je lui ai expliqué, calmement, que la couleur de la robe n'avait pas d'importance et que c'est le mot *gris* qui m'intéressait parce que ça allait bien avec le rythme de la phrase, elle m'a jeté un regard noir. « D'ailleurs, les lecteurs ne pourront pas venir fouiller dans ton armoire pour voir si tu n'as pas une robe grise, tante Raymonde », lui ai-je dit, mais cela ne l'a pas calmée... Elle était au bord des larmes (tante Raymonde est très théâtrale), me reprochant d'avoir choisi de toutes les couleurs qui existent sur cette planète la seule couleur qu'elle avait toujours détestée. « Puisque tu m'as décrite dans cette affreuse robe grise, a-t-elle conclu sur un ton résigné, c'est ainsi que les gens vont toujours m'imaginer. » En un sens, elle a raison puisqu'il y a une légère vengeance derrière tout cela : je n'ai jamais aimé les couleurs voyantes que porte tout le temps tante Raymonde. A-t-elle senti mon animosité ? Connaissant sa sensibilité exacerbée, je crois que oui.

Et tante Renée ?

Tante Renée est quelqu'un de très secret. Elle passe sa vie à fermer les portes derrière elle. J'ai tout fait pour voir ce qu'il y avait dans son armoire, sans jamais y parvenir. C'est une vie fermée à double tour. Ce qui est étonnant, c'est que c'est elle qui m'a semblé la moins choquée par ma méthode. Elle est tout heureuse de voir son nom figurer dans un livre. Il faut dire qu'elle a été bibliothécaire.

Et ta mère, que pense-t-elle ?

Ma mère, une fois, de manière très discrète, m'a fait comprendre qu'elle ne sait quoi penser de mes livres. Elle éprouve à me lire une sensation proche de l'ivresse et du rêve : « C'est une sensation étrange et je ne sais si j'aime ou pas. On a l'impression d'être à Petit-Goâve alors que le paysage est celui de Port-au-Prince, on rencontre un inconnu et on croit le connaître, on croise quelqu'un que l'on connaît très bien et qui nous jette un regard d'étranger. Eh bien, avait conclu ma mère avec tout le tac imaginable, des fois je me sens comme perdue à te lire. » J'ai écouté bouche bée et j'en ai été bouleversé : ma mère venait de résumer de manière si précise ce que je crois être l'essence de mon travail.

Et qu'a-t-elle dit de la sexualité qui traverse, d'une manière ou d'une autre, tes livres ?

Précisément rien. Cela n'existe pas pour elle. Quand mon premier livre a paru, en 85, je lui en ai envoyé tout de suite un exemplaire. Je me souviens d'avoir passé la nuit à imaginer ma mère en train de lire un livre avec un pareil titre : *Comment faire l'amour avec un Nègre sans se fatiguer.* C'est aussi loin de ma mère qu'un poisson l'est d'une bicyclette. Eh bien, elle l'a lu, et j'ai reçu d'elle une jolie lettre. Ce qui m'a forcé à penser que le poisson n'est pas si éloigné de la bicyclette. Mais je n'ai senti à aucun moment qu'elle considérait mon livre comme un livre.

Elle le prenait pour quoi ?

Pour une longue lettre que je lui aurais adressée. Une lettre beaucoup plus vraie que celles que je lui écrivais de Montréal, où, en bon fils, je lui racontais mes progrès dans la société québécoise. Dans mes lettres, tout allait bien. Tous les principes qu'elle m'avait inculqués étaient respectés à la lettre. Et voilà qu'arrive ce livre de jeune barbare, sexe au vent, ratissant la ville, baisant les filles, mangeant du pigeon au citron, buvant du vin rouge, ne se coiffant jamais, se lavant peu, passant des nuits entières à lire ou à converser avec son ami Bouba. Ma mère en était horrifiée. Elle ne savait que croire, les lettres si gentilles que je ne cessais de lui envoyer en digne fils ou ce livre païen et paillard ? Finalement, elle a choisi de couper la poire en deux, certaines choses lui semblant vraies, d'autres beaucoup moins. Elle arrivait à comprendre que je ne me nourrissais pas trop bien, ou même que je n'allais pas si souvent que je le disais chez le coiffeur. Cela était dans ses cordes, elle pouvait l'intégrer dans son univers, mais ce qu'elle n'arrivait pas à accepter malgré tous ses efforts c'était l'article de l'alcool et celui des filles. Deux manœuvres étaient possibles : ou bien cela n'existait pas (son fils en train de boire ne serait-ce qu'un verre de mauvais vin avec des filles à moitié nues), ou bien ce n'était pas vrai. Je la soupçonne d'avoir utilisé les deux possibilités. La preuve, c'est que ma mère n'a jamais fait la moindre allusion aux jeunes filles qui pullulent dans *Comment faire l'amour avec un Nègre sans se fatiguer*. Franchement, il faut être une mère pour ne pas remarquer les filles dans un pareil bouquin.

Elle était quand même choquée ?

Bien entendu, elle s'attendait à un livre plus respectable, un livre qu'on peut montrer fièrement aux voisins et amis en disant : « Voilà ce que fait mon fils à Montréal. » Là, elle ne pouvait même pas prononcer à haute voix le titre du livre. Ma mère a changé d'opinion à propos de ma littérature quand le livre a commencé à rapporter un peu d'argent. Elle a tellement de responsabilités qu'elle a appris à vénérer l'argent. Si c'est de l'argent gagné honnêtement, alors c'est Dieu qui nous l'a envoyé. Quand j'ai tenté de lui expliquer que les meilleurs livres ne rapportent généralement pas un sou, elle m'a jeté ce regard totalement absent voulant dire que ce sont des considérations qui ne la concernent aucunement. Pour elle, un livre qui rapporte un peu de sous ne peut être mauvais. « Pourquoi les gens achèteraient-ils quelque chose qu'ils estiment mauvais ? » me demande-t-elle sur un ton un peu brusque.

Il y a donc eu des manifestations de mécontentement. Y a-t-il eu, de temps en temps, des requêtes pour que tu mettes, que tu ajoutes certaines choses dans tes livres ?

C'est l'affaire de tante Raymonde, qui est allée si loin dans cette direction que je lui ai finalement demandé pourquoi elle n'écrivait pas son propre livre. Dans une des petites scènes de *L'odeur du café,* j'avais écrit que j'avais volé la bicyclette de Naréus. Cela lui a fait si mal qu'elle a violemment biffé le mot honni. À la place du mot *volé,* elle a écrit dans la marge : « emprunté ». Une page déjà si barbouillée. Quand je vais la voir, elle me raconte toutes sortes d'histoires tout en précisant que je peux, sans restriction aucune, les utiliser dans mes livres. Je lui ai jeté qu'on ne fait pas un livre simplement avec des anecdotes, si amusantes soient-elles. « Et avec quoi fait-on un livre, monsieur ? » « Eh bien, avec sa sensibilité, sa capacité de pénétrer dans le cœur des autres, son sens de l'équilibre, son goût de la vie. » Mais elle n'en démordait pas, n'étant pas du tout le genre à lâcher facilement le morceau. Elle me rappelle certaines personnes dont la vie, d'après elles, semble si terriblement mouvementée, si pleine de rebondissements qu'on dirait un roman. Elles vous lancent toujours que, si vous racontiez leur histoire, vous deviendriez à coup sûr millionnaire.

LE TEMPS SELON TANTE RAYMONDE

Pour elle, un roman, c'est une belle histoire ?

C'est plus compliqué que cela. Un après-midi que j'étais passé la voir à Little Haïti (le quartier des Haïtiens à Miami), j'ai découvert qu'elle avait très bien compris la mécanique du temps dans le roman. Je lui ai annoncé que j'allais écrire un petit livre sur les funérailles de ma grand-mère. À voir toutes les filles de Da autour du cercueil, j'avais l'impression de tenir une histoire. Elle semblait enchantée à l'idée de la réunion des sœurs quand, brusquement, son visage s'assombrissant (une actrice consommée), elle me dit que je ne pouvais pas faire ce livre. « Et pourquoi, tante Raymonde ? » « La date... Tu as dit dans *Pays sans chapeau* que c'était la première fois que tu rentrais en Haïti et Da était déjà morte dans le livre. » « C'est tout à fait vrai, mais je ne prends pas très au sérieux ces histoires de date. » « Mais, me répondit-elle assez vivement, c'est impossible, les gens vont croire que tout le reste est faux. » « Je n'ai jamais prétendu non plus que c'était vrai, tante Raymonde. » « Tu dis souvent que les gens et les lieux sont vrais dans tes livres. » « Oui, mais pas les histoires, et puis je n'ai signé de pacte de vérité avec personne. » « Et ceux qui ont cru que tout ce que tu racontais était vrai ? » « Tante Raymonde, dès qu'on écrit, on tombe dans l'artifice. » Donc, tu ne ressens pas vraiment ce que tu écris ? » « Je ressens totalement chaque mot que j'écris, cela, je peux le garantir. » « En attendant, Vieux Os, je pense que tu ne peux pas faire ce livre. » « Donc, je ne peux pas livrer toutes ces émotions ressenties durant les funérailles de Da, à cause d'une question de date ? » Je réfléchis un moment. « Bon, voilà, tante Raymonde, c'est toi qui vas me raconter les funérailles de Da. Tu as été aux funérailles, n'est-ce pas ? Eh bien, maintenant tu me les racontes. » Son visage s'est illuminé. Le rôle de sa vie. Tout un livre à elle seule.

Tu avais trouvé en tante Raymonde une sorte d'alter ego ?

Absolument. J'avais l'impression qu'elle était passée derrière le miroir. De plus en plus, elle comprenait la mécanique de la création. Et c'est ce qui m'importait, au fond. Je préfère de loin parler littérature avec quelqu'un comme tante Raymonde qu'avec le plus brillant des critiques. Elle est dans mes livres, elle conteste le portrait que je fais d'elle, et comme elle a une connaissance du dedans de l'affaire on peut en discuter sans trop de préambules.

Que t'apportent ces discussions ?

Elle a fini, m'a-t-elle dit, par distinguer deux Dany. Il y a l'écrivain, qui l'impressionne parce qu'un livre c'est sacré pour elle, et il y a le petit chenapan qu'elle connaît depuis sa naissance, qui passe son temps à voler les vies des gens. Elle me lance cette dernière pique en éclatant de rire. Tante Raymonde est ainsi, on ne sait jamais sur quel pied danser avec elle.

Et tante Gilberte ?

Oh, tante Gilberte vivait avec sa fille, ma cousine Mitou, à cette époque, en 85. Elle a lu très vite mon premier livre. Pour tante Gilberte, je devais me tenir prêt à recevoir le coup de fil de ces messieurs de Stockholm.

Le Nobel ! (Rires.)

Pas moins que cela. Ce n'est pas forcément une opinion sur mes talents d'écrivain puisque tante Gilberte croit que quiconque écrit des livres finira par recevoir le Nobel un jour.

JE VOUS PRÉSENTE MA SŒUR

Il y a un personnage de ta famille complètement absent de tes livres. C'est ta sœur. J'ai appris que tu avais une sœur en lisant la dédicace du Goût des jeunes filles...

J'adore ma sœur. Elle est d'une nature profondément généreuse. Toujours souriante. Pourtant, elle n'a jamais quitté Haïti. Elle a connu des moments vraiment difficiles durant ces dernières années. La vie est impossible à Port-au-Prince, surtout quand on a des enfants. Cette ville est une véritable jungle, alors elle a peur pour eux. Mais ma sœur fait face à tout cela avec son large et généreux sourire. Il y a des gens comme ça que rien ne peut abattre.

Tu n'évoques aucune complicité d'enfance... parce que tu n'en as pas...

Presque pas. Ma sœur était restée avec ma mère à Port-au-Prince pendant que je vivais à Petit-Goâve avec ma grand-mère. Nous n'avons pas partagé ces petites complicités charmantes de l'enfance. On se retrouvait à Port-au-Prince durant les grandes vacances. J'avais sept ou huit ans ; elle avait un an de moins que moi. Je lui apportais la province, un monde peuplé de chevaux qui galopent la nuit sans cavalier, de sirènes se coiffant avec un peigne en or au bord de la rivière, de vaches qui parlent, et de diables (mes histoires lui faisaient peur et elle se cachait sous les draps). En échange, elle me donnait la grande ville avec son rythme effréné, ses bruits effrayants (les sirènes de pompiers et d'ambulances), ses fortes odeurs (l'odeur de l'asphalte de Port-au-Prince mêlée à celle de la gazoline, si différente de celle de la terre après une bonne pluie que j'aimais humer à Petit-Goâve). J'adorais les chroniques des voyous qui se battaient avec les gendarmes durant le carnaval. Elle me racontait aussi les films qu'elle avait vus, et je lui apprenais comment on pêchait les écrevisses, à l'aube, avec un panier de jonc à la rivière Desvignes. Deux univers complètement parallèles, celui de ma sœur et le mien. En même temps, je détestais quand elle se mettait en tête de tout m'expliquer comme si j'avais été un demeuré. Ma sœur, qui ne sortait presque jamais de chez elle, passait l'année à absorber une tonne d'informations sur tous les sujets concernant la vie sociale à Port-au-Prince dans le simple but d'étonner le petit provincial qu'elle pensait que j'étais (les gens de Port-au-Prince croient toujours qu'il ne se passe jamais rien en province). Je la soupçonnais même de grossir un peu les événements. De mon côté, je ne chômais pas non plus. Je me renseignais en lisant les journaux (le quotidien *Le Nouvelliste* arrivait avec une bonne semaine de retard à Petit-Goâve) sur ce qui se passait à Port-au-Prince pour ne pas avoir l'air d'un ahuri quand elle allait me débiter, et cela dès mon arrivée, son almanach des événements. Autant je connaissais son univers, du moins par ce que j'en apprenais de la presse, autant elle ignorait le mien. C'est l'avantage des provinciaux. C'est la même chose pour tous ceux qui vivent en marge. On sait tout sur l'autre, alors que l'autre ignore tout de vous. C'est le savoir des marginaux, des subalternes, des minoritaires et de tous ceux qui ne sont pas au centre. Dès qu'on doit apprendre, c'est qu'on n'y est pas. On n'est pas d'ici. On cherche une légitimité par l'esprit. On croit que, à force d'absorber des informations, on finira par y être. Finalement, on devient un être artificiel. On n'est plus de là-bas et on n'est pas d'ici.

C'est plutôt inconfortable...

Oui, mais c'est intéressant. C'est nouveau. De plus en plus de gens dans le monde se retrouvent dans cette situation. De nos jours, avec la circulation des informations (beaucoup plus intense que du temps où je lisais *Le Nouvelliste* pour me gorger d'informations sur Port-au-Prince), on peut rester à Port-au-Prince tout en recueillant assez d'informations, sur le Japon par exemple, pour prétendre être un Japonais. Plus besoin d'être de parents japonais ni de connaître le Japon pour s'identifier japonais.

Avec ta sœur, c'était une sorte de compétition qui a fini par devenir une complicité.

Elle m'a eu une fois. Ma mère nous avait emmenés, ma sœur et moi, voir une de ses bonnes amies. Durant tout le trajet, je n'arrêtais pas de lire à haute voix toutes les affiches commerciales que je voyais. Cela agaçait terriblement ma sœur. Finalement, j'ai jeté sur le ton blasé du connaisseur : « Ah, le collège Bird », mais j'avais prononcé Bird à la française. Immédiatement j'ai senti (une affaire de trois secondes, pas plus) que ce n'était pas la bonne prononciation, et je me suis tout de suite repris, mais c'était trop tard, l'oreille fine de ma sœur avait déjà enregistré mon erreur de prononciation. Et elle a été prise de fou rire. J'avais vraiment honte. J'étais blême de rage contenue. J'étais tellement vexé que je me suis mis à pleurer. Ma mère ne comprenait pas un tel orgueil. Elle essayait de me calmer mais sans succès. Dans ce genre de programmation à outrance, une seule erreur suffit pour vous renvoyer, la tête baissée, à votre univers originel.

UNE TERRIBLE INFIRMITÉ

Ton orgueil d'adolescent était piqué à vif!

Ce n'était pas simplement de l'orgueil. Ce sentiment de mieux connaître les mots que les choses m'a hanté pendant longtemps. Je veux connaître la vie, les choses. Je veux toucher de la main ce qui m'occupe l'esprit. Être un pur esprit me semble une terrible infirmité. J'ai pris la décision très tôt de ne parler que de ce que je connais, de ce qui est vivant, de ce qui bouge sous ma main. Plus tard, comme écrivain, mon grand drame a été de ne pas avoir une connaissance réelle de la bourgeoisie haïtienne. Je ne sais pas comment ils vivent, ce qui les agite ou les angoisse. Et ce n'est pas normal, pour un écrivain, d'ignorer totalement un secteur de la vie de son pays. Le riche est un matériau de travail aussi intéressant et aussi complexe que le pauvre. Et un écrivain qui ignore l'un au bénéfice de l'autre ressemble à un manchot qui serait fier de l'être.

Tu dis que le pauvre, comme matériau de roman, n'est pas différent du riche; alors, que représente pour toi l'engagement dans une cause?

Pas grand-chose. Pour ma part, j'ai déjà une cause. Elle occupe tout mon esprit. C'est le style. Ou plutôt parvenir à l'absence de tout style. Aucune trace. Que le lecteur oublie les mots pour voir les choses. Une prise directe avec la vie. Sans intermédiaire. Voilà ma cause. Ce genre de truc peut te bouffer toute une vie, tu sais.

Bien sûr, mais dans ce que tu racontes on perçoit quand même un certain sens des autres...

Les autres existent pour moi. Je n'aspire pas à changer leur vie. Je veux simplement les faire sourire, pleurer ou rire.

C'est déjà quelque chose...

C'est beaucoup pour celui qui rêve d'ouvrir des mondes imaginaires avec ces chétives bribes de vie réelle.

C'est étrange pour un écrivain qui vient d'un pays aussi chargé politiquement que Haïti!

Tout ce qui se publie sur Haïti joue sur le même registre. On commence par constater la misère, et ensuite on veut faire quelque chose, pour finir par accepter que les choses soient plus compliquées que cela. Bon, on ne lit pas uniquement pour s'apitoyer sur le sort d'un pays, même le plus dramatiquement agité. Il y a mille raisons pour lire comme pour écrire. Moi, la mienne, c'est pour vivre. Personne ne m'a demandé d'écrire, donc personne ne me dira quoi écrire. Peut-être même que personne ne s'en apercevra quand j'arrêterai d'écrire. Pour moi, c'est un exercice de liberté absolue avec des contraintes terriblement douloureuses. Comment écrire avec des mots en donnant l'impression qu'il n'y a pas que des mots sur la feuille de papier? C'est une obsession chez moi, comme tu l'as remarqué. C'est un *credo* que je psalmodie sur tous les tons. Vraisemblablement, je n'ai que cela à dire.

Non, je crois que tu as d'autres choses dans le ventre.

Viens les chercher alors.

On va essayer. Tu dis que tu écris dans la liberté, mais en réalité ton travail est profondément enraciné, comme on vient de le voir avec ta famille.

Ma famille est présente naturellement, mais la vraie création c'est le personnage de l'écrivain. Ce personnage de l'écrivain qui me permet de m'infiltrer partout, dans les vies les plus secrètes, dans les clubs les plus fermés, il me permet de traverser les classes sociales, les races et les territoires. Ce personnage n'est pas marié et n'a pas d'enfants alors que je suis marié et que j'ai trois enfants. Quand je suis assis devant ma machine à écrire, je suis un célibataire. Je n'ai qu'un lit de camp, une vieille Remington, une bouteille de rhum Barbancourt et une ville imaginaire. Les personnages de cette ville imaginaire ressemblent étrangement à ceux de la vraie ville mais, si on y regarde de près, ils peuvent être très différents aussi. Ce personnage d'écrivain me permet de voyager, et pour cela je dois me faire très, très, très léger. C'est un personnage sans racines.

JE SUIS UNE *ROCK STAR*

Je remarque que ce personnage est plus observateur qu'acteur...

Il est toujours un peu en retrait. C'est le même qui traverse tous mes romans. Il peut être tendre, cynique, violent, passionné, sec ou mouillé. C'est un être déroutant. Il est à la fois ce que je suis, ce que je ne suis pas et ce que j'aimerais être. La seule constante, c'est qu'il n'est jamais tout à fait au premier plan. Il peut l'être mais de manière détournée.

Comment cela?

Toujours en train de présenter un autre personnage. Dans *L'odeur du café*, Vieux Os présente Da, la grand-mère. Il attire l'attention sur la manière subtile que Da utilise pour lui enseigner la vie. Un enseignement sans discours. Une sorte de complicité.

Dans *Le goût des jeunes filles*, ce sont précisément les jeunes filles qui occupent toute la scène. Vieux Os est toujours présent, mais il paraît illuminé par le violent désir que suscitent en lui ces terribles jeunes filles, de véritables tigresses qui n'obéissent qu'à leurs propres règles dans une société à forte tendance machiste. Ces jeunes filles l'impressionnent mais pas sur le seul plan sexuel. Il admire leur façon de circuler dans la ville et dans la vie.

Dans *Comment faire l'amour avec un Nègre sans se fatiguer*, il fait le portrait de Bouba, son vieil ami avec qui il partage l'étroit appartement, dans le Quartier latin de Montréal. Bouba le fascine. C'est son complément. Lui, est toujours en mouvement, écrivant, mangeant, baisant, discourant, alors que Bouba ne quitte jamais son divan. Bouba pratique ce qu'il appelle la drague immobile, c'est-à-dire qu'il reste couché sur son divan à attendre que les filles viennent à lui. Tandis que Vieux Os arpente la ville en quête incessante de ces Miz dont il raffole, Bouba ne fait que boire du thé, lire le Coran et écouter du jazz. S'il reçoit des filles, il exige qu'elles soient au moins laides, car Bouba déteste la beauté. C'est Bouba, le personnage fascinant.

Et c'est le même scénario dans *Le cri des oiseaux fous*. Le narrateur n'a d'yeux que pour son ami journaliste, Gasner, qui vient de mourir, assassiné froidement par les sbires de Duvalier. Tout le livre est un long portrait de Gasner, de son humour noir, de son être profondément subversif.

Ainsi, dans les dix livres, ce personnage narrateur se tient toujours un peu à l'écart, pour regarder vivre les autres. Ce n'est pas un regard froid, il est plutôt admiratif. J'ai toujours été ainsi. J'ai toujours été comme Vieux Os, mais je peux être aussi Bouba. Il y a quelque chose sur quoi je n'insisterai jamais assez (de toute façon, les gens s'en foutent, leur idée est déjà faite là-dessus), c'est que le narrateur n'est pas forcément l'auteur. J'ai remarqué que, sur cette question assez banale pour ne pas dire usée, le lecteur le plus ordinaire (celui qui attend de l'auteur simplement une bonne histoire) n'est nullement différent du critique le plus sophistiqué. Les deux confondent le narrateur avec l'auteur. Ce n'est pas parce que l'auteur dit qu'il est le narrateur que c'est vrai. C'est peut-être souvent vrai, mais pas toujours. La frontière est mince, mais elle existe. Et cette fine ligne, c'est la liberté de créer.

Alors, pourquoi avoir choisi ce titre J'écris comme je vis *?*

D'abord, le lecteur, et encore plus le critique, ne sont pas obligés de marcher dans la misérable tentative de mystification de l'auteur, ses fragiles manœuvres de séduction. Ensuite, le titre est un peu plus ambigu que cela. L'auteur ne dit pas qu'il est le narrateur. Il dit très clairement qu'il écrit comme il vit. Maintenant, il faudrait savoir comment il vit et ce que vivre veut dire pour lui. J'ai toujours voulu être un écrivain pour que les jeunes filles surtout puissent me pointer du doigt dans la rue en chuchotant dans mon dos : « C'est lui, l'écrivain ! »

L'écrivain est peut-être un célibataire, mais l'auteur est marié et il a trois enfants. Pour quelqu'un qui écrit sur lui-même, leur absence est assez étonnante dans tes livres.

C'est vrai. Je ne suis pas encore arrivé là. En tant qu'écrivain, je me sens plutôt proche d'une *rock star*. La *rock star*, généralement, n'a pas d'enfants et n'est jamais chauve. Du moins, c'est l'image qu'elle veut donner d'elle-même. Limonov, un de mes écrivains préférés (dis-moi qui tu lis, je te dirai qui tu es), avait fait un bon portrait du rapport de la *rock star* avec son image dans une de ses nouvelles.

C'est assez étonnant : il y a chez toi un artiste qui entend se montrer nu, et de l'autre côté un type obsédé par son image.

C'est ma contradiction. C'est ainsi que cela se passe aussi dans ma vie. Je vis à Miami, dans une banlieue assez tranquille où l'école de mes enfants se trouve au coin de la rue. Mes voisins sont des gens sympathiques complètement obsédés par leur gazon, leur voiture et l'équipe de football locale. Dernièrement, j'ai surpris un de mes voisins en train de lire, un col blanc qui travaille pour l'administration de la ville, et il m'a avoué candidement que c'était le premier livre qu'il lisait depuis qu'il avait quitté l'école il y a vingt-cinq ans. Je n'ai pas osé lui dire que j'écrivais. Donc, il y a Miami, où presque personne ne sait que j'écris, et Montréal, où personne n'ignore que je suis un écrivain. Quand je suis à Montréal, je suis un écrivain connu. Les gens m'accostent dans la rue pour me parler de mes livres. Je cours les fêtes. Je suis constamment à la télé. Beaucoup de gens, au Québec, ne me connaissent que par la télé, alors que, à Miami, je suis constamment à la maison, passant mon temps à lire, à écrire, à m'occuper de ma femme et de mes filles, et cela pendant des mois. C'est une vie où vraiment il m'arrive de m'y perdre moi-même.

Ah bon...

Quand je viens de passer une longue période dans cette vie assez monacale que je mène à Miami, et que j'arrive à Montréal pour la sortie d'un nouveau livre, il me faut bien deux jours avant de savoir où je suis et ce que je fais là. À Miami, personne ne me connaît. À Montréal, le douanier me demande s'il y a un film sur le feu ou un nouveau livre à déclarer. Je sors dans la rue, et la première personne que je rencontre me sourit. Je ne suis pas en train de raconter comment je suis un homme connu, mais plutôt l'étrangeté de l'existence que je mène. De plus en plus, je remarque que je ne vais à Montréal que quand j'ai un livre qui sort ou si je reçois une invitation officielle d'un organisme. C'est très dangereux parce que, si ça continue, je vais finir par confondre Montréal avec la télé. Montréal prendra la forme d'un énorme téléviseur. Ce serait dommage parce que Montréal fait partie avec Petit-Goâve et Port-au-Prince des trois villes où je me sens totalement chez moi dans le monde.

Et Miami, où tu vis depuis dix ans ?

Miami n'existe pas vraiment pour moi. J'ai l'habitude de dire que je suis un homme en trois morceaux : mon cœur est à Port-au-Prince, mon esprit à Montréal, et mon corps à Miami. Miami, ce n'est pas une ville, c'est l'endroit où je vis avec ma famille et où j'écris mes livres. Tout ce que je sais vraiment de Miami, depuis dix ans que j'y vis, c'est l'arbre toujours vert qui se trouve dans l'encadrement de ma fenêtre. Quand je suis arrivé à Miami, j'étais épuisé par quatorze hivers montréalais. Pire que le froid, pour moi, il y a les arbres nus. Je peux tout supporter, mais pas de voir un arbre sans feuilles. En arrivant à Miami, j'étais épuisé comme écrivain. Je ne voulais plus écrire, ça ne m'intéressait plus. J'étais prêt à faire n'importe quoi d'autre. Un samedi matin, pour fuir le bruit que faisaient mes trois filles, je me suis réfugié dans la petite pièce du fond. Alors que j'ouvrais la fenêtre, mon regard est tombé, par hasard, sur ce magnifique arbre au feuillage si touffu que, je ne sais par quelle étrange aberration, je n'avais pas remarqué auparavant. Je suis allé chercher immédiatement ma vieille Remington et l'ai placée sous la fenêtre. Brusquement, le chant m'était revenu. J'ai écrit *L'odeur du café* en un mois. C'était comme un orgasme ininterrompu.

LES PREMIÈRES LECTURES

Maintenant que nous avons découvert (redécouvert) ta famille, peux-tu nous parler de tes premières lectures ?

Mon grand-père avait une guildive où il faisait une eau-de-vie assez rudimentaire (le tafia). La petite usine se trouvait près du cimetière de Petit-Goâve. Il avait l'habitude de nous réunir, mes cousins et moi, le samedi après-midi, pour nous entendre lire à haute voix. On lisait à tour de rôle, et ceux qui trébuchaient sur un mot recevaient séance tenante un coup de fouet. On passait la matinée à préparer nos textes. C'était un livre à couverture rouge avec ce titre d'une simplicité désarmante : *Lecture courante*. Et l'un des premiers textes qu'on y trouvait racontait l'histoire émouvante de la grappe de raisin. C'est une histoire conçue dans le but d'exalter l'amour familial. Le père offre une grappe de raisin à sa femme qui la donne à son fils qui la passe à sa sœur qui la rapporte au père, et la boucle est bouclée. C'était le genre de livre bourré de ce type d'histoires quelque peu moralisatrices. Un livre pour la famille ! Ensuite, j'ai découvert la magnifique comtesse de Ségur, que je continue à lire d'ailleurs. Mes filles l'adorent. Ma fille aînée a emporté avec elle, à l'université, tous les livres de la comtesse. Ensuite *Tintin*. Aussi Kipling. Mon premier vrai livre, c'est *Capitaines courageux,* de Kipling. Après l'avoir lu, j'ai su que je serais écrivain.

Pourquoi ?

Pendant tout le temps que je lisais ce livre, je n'arrêtais pas de me demander comment ce type s'était arrangé pour me donner l'impression que j'étais moi aussi sur le bateau avec ses personnages. J'étais vraiment intéressé à démonter ce merveilleux jouet pour en connaître le mécanisme. À en juger par l'effet que cela faisait sur moi, j'étais sûr de tenir dans mes mains le plus beau jouet du monde. On ouvre un livre. Les mots défilent sous nos yeux. Les images commencent timidement à surgir devant nous. Et, brusquement, c'est le décollage. Il n'y a plus de mots, plus de livre. Le voyage commence. On est sur le bateau au cœur de la tempête. Me voilà ébloui. J'ai connu l'ivresse avec *Climats* de Maurois, et la pure émotion sexuelle avec *L'amant de lady Chatterley.* Ce livre, je l'ai lu très jeune. Je me souviens que j'étais assis sur un petit banc sur la galerie, à Petit-Goâve, quand j'ai ressenti une étrange émotion (ma nuque étant devenue subitement raide) tandis que mon pénis se dressait brusquement, sans que je me sois touché, rien que sous l'effet des mots. J'ai eu un joyeux orgasme, puis, brusquement, une grande fatigue s'est emparée de moi. Ce livre, *L'amant de lady Chatterley,* m'a poursuivi très longtemps et a eu une influence certaine dans ma manière de voir la sexualité en tant qu'écrivain et, bien sûr, en tant qu'être humain aussi. Si on regarde attentivement la grande majorité des scènes sexuelles que je décris dans mes livres, elles tiennent toutes leur source dans ce vieux principe que l'attraction est plus forte quand on a en présence deux personnes de races ou de classes sociales différentes. Et, dans cette histoire, la femme doit être socialement supérieure à l'homme. Je remarque que, dans la plupart des cas, c'est la femme, beaucoup plus aventureuse, qui franchit la frontière pour pénétrer sur le territoire de l'homme. Souvent, c'est celui qui se trouve dans une situation sociale ou raciale inférieure (du calme!) qui tend le piège et attire l'autre sur son propre territoire. C'est normal, l'inférieur ne peut pas traverser la frontière du supérieur sans se faire repérer immédiatement par les gardes. On trouve bien cela dans les livres de D. H. Lawrence.

Où as-tu découvert Lawrence si tôt? Savait-on chez toi que c'était un livre censuré, interdit même par l'Église catholique?

On n'a pas la notion de censure morale en Haïti. J'ai toujours vu traîner à la maison, à Port-au-Prince, les livres du marquis de Sade. La censure est toujours politique chez nous. Et elle touche d'abord les livres de gauche (Lénine, Marx et compagnie), ensuite les romans qui font un portrait négatif de Duvalier (*Les comédiens,* de Graham Greene), enfin les écrivains qui ont traité les Haïtiens avec mépris (Morand, Bourget, Raspail). Morand, dans *Un hiver caraïbe,* a tenu un langage raciste sur les îles de la Caraïbe, dont Haïti. Le livre n'est pas mauvais, facile à lire, un carnet de voyage. Il m'a fait rire à plusieurs endroits, mais tout cela est gâché par un racisme si premier degré que c'en est étonnant, même de la part d'un Morand. Cela se passait vers 1930 et on voit pourquoi Morand allait si allégrement embrasser le nazisme. Les gens ne relèvent pas souvent le racisme de Morand en France parce que ce langage était assez courant à l'époque en Europe. Maintenant, on fait plus attention aux mots, sans rien changer à la nature des choses.

Tout livre raciste est-il censuré en Haïti?

Ce n'est pas de la censure officielle, les gens pensent que le raciste est un ennemi et sur ce point je partage l'avis de mes compatriotes. Il n'y a aucune raison de lire des insultes.

Mais tu les as lus, ces livres !

Oui, parce que je ne fais pas confiance aux gens quant à savoir si je dois lire un livre ou pas. Souvent, ils confondent la critique négative avec le racisme.

Comment peux-tu faire la différence ?

En lisant les autres livres de l'auteur en question pour savoir si c'est sa façon de voir le monde. Un type comme Naipaul n'est ni raciste ni antipatriotique. C'est un critique féroce. C'est ainsi qu'il regarde le monde. Il l'est autant à l'égard de l'Angleterre que des anciennes colonies anglaises. Ou même que de lui-même. Je pense certaines fois qu'on a tort, par exemple, en traitant de raciste cet écrivain américain William Seabrook, qui a écrit *The Magic Island*, en 1929 (paru en France en 1997, sous le titre *L'île magique : en Haïti, terre du vaudou*). Eh bien ! je le trouve magnifique. Je suis très sensible à son regard. Son Haïti, bien sûr, est imaginaire, et alors ? J'aime bien aller voir par moi-même.

Je te sens toujours avide de lectures...

La plus grande découverte, pour moi, ce fut celle de la bibliothèque. Pendant assez longtemps, je n'ai pas eu connaissance de l'existence de la bibliothèque, cette idée magique consistant à rassembler un grand nombre de livres dans un espace fermé. Dire qu'il y a un endroit où se trouvent exposés des milliers de livres. Je crois que c'est l'image la plus proche du paradis. Pour ma grand-mère, le paradis est une énorme cafetière, pour moi, ce sera la bibliothèque. Je ne fréquente pas souvent les bibliothèques, mais j'aime l'idée qu'elles existent. C'est une des raisons de mon amitié avec Borges. Je ne veux vraiment pas donner cette impression fausse que je suis un rat de bibliothèque ou quelque chose comme Borges ou Montaigne. Non, j'aime trop bouger pour cela. Le livre de poche emporte ma faveur.

Je lis partout. Et j'aime lire parmi les gens. À la maison, je lis dans mon lit très tôt le matin ou l'après-midi dans mon bain. Je peux lire le matin un nouveau livre ou tenter de faire la connaissance d'un nouvel écrivain mais, quand je suis dans mon bain, je ne fais que relire mes vieux copains, toujours les mêmes.

LES DÉBUTS FRÉMISSANTS

On reviendra à tes « vieux copains »... À quel moment les premières tentatives d'écriture viennent-elles ? Y a-t-il eu des poèmes d'adolescence ?

Aucun poème. Je n'ai jamais écrit de poème, ce qui est assez rare dans la culture haïtienne. On commence généralement par les lettres d'amour, qu'on tentera de convertir plus tard en poèmes. Et voilà qu'un mince recueil voit le jour. Morand dit que tout finit par un recueil de poèmes en Haïti. Bien vu. Le jeune auteur devient très vite un poète. S'il a du talent, il finira plus tard attaché culturel dans une ambassade quelconque. Mais c'est rarement de la poésie, sauf dans le cas d'un Davertige. Je crois qu'il y a eu un véritable malentendu sur cette question. Pour moi, la poésie est un art majeur qui exige beaucoup plus que du talent. C'est l'art d'un jeune dieu, comme Davertige ou Rimbaud, ou d'un homme revenu de tout au soir de sa vie, comme Borges ou Milton. Contrairement à l'imagerie lyrique, il faut regarder la vie avec un certain dédain pour atteindre à la poésie. Cela, je l'avais compris très tôt. On oublie souvent l'immense dédain de Rimbaud.

Des nouvelles, des petits textes ?

Oui, j'ai fait de petits textes, de minces bouquins que je n'ai pas gardés. Ils doivent être quelque part, dans l'armoire de ma mère. Mais il ne faut surtout pas demander à ma mère de te trouver quoi que ce soit. D'abord, il lui faut un temps fou pour trouver la clé de son armoire. Et chaque fois qu'elle fouille dans ce capharnaüm, elle s'arrête à chaque objet, étonnée de le retrouver (on dirait la rencontre de deux vieux amis qui ne se sont pas vus depuis belle lurette), avant de le déposer avec précaution dans un endroit si sûr qu'on peut parier qu'elle ne le reverra pas avant cinq ans. En ce moment, elle met l'armoire sens dessus dessous afin de retrouver au moins un de ces précieux cahiers de mes débuts. Naturellement, je finis par perdre patience. Mais je peux garantir que ces textes émergeront, un jour, de ces profondeurs océaniques où ils dorment tranquillement depuis plus de trente ans. Je crois sincèrement que ma mère peut enfouir tout l'Univers dans son armoire.

De quoi parlaient ces textes ?

Quand j'ai publié mon premier texte, je crois que j'avais douze ans. Je participais à un concours que le quotidien *Le Nouvelliste* avait lancé pour la Fête du drapeau. On avait demandé à tous les élèves une dissertation sur les héros nationaux. J'avais fait mon texte sur le vieux cordonnier qui habitait pas trop loin de chez moi. Pour moi, il était un héros aussi important que Jean-Jacques Dessalines, le fondateur de la nation haïtienne. Et ce texte avait été publié. Après, j'ai écrit de petites histoires amusantes, sarcastiques, sur la vie quotidienne. Je les lisais à tante Ninine, qui semblait les adorer. Ces textes aussi doivent se trouver dans l'armoire. Et aussi un mince récit à propos de la coexistence difficile de deux familles très nombreuses partageant un même toit. Le recueil s'intitulait *787, Grand-Rue*. La maison grouillait d'enfants qui semblaient ignorer la frontière tracée par les parents dans le but d'éviter cette trop grande promiscuité qui se termine généralement en pugilat. Un des personnages me ressemblait étrangement, et cette fille mince qui faisait partie de la famille opposée était le portrait craché de ma sœur. Ma sœur aimait beaucoup ces histoires, et tout de suite elle a voulu avoir le beau rôle. Chaque fois qu'elle lisait par-dessus mon épaule, elle exigeait que son personnage soit mieux habillé, mieux maquillé (elle venait de découvrir les capacités illimitées du maquillage), plus gentil, plus intelligent que tous les autres. Alors, on négociait. Plus elle était gentille avec moi (en me rendant de menus services), plus son personnage devenait conforme à ses désirs. Un jour que ma sœur avait été particulièrement malveillante avec moi, j'ai fait mourir son personnage. Son visage est devenu si blême que, pris de panique, j'ai déchiré la page. J'étais étonné de découvrir d'une façon si brutale la force de la chose écrite. Et de sentir le pouvoir du créateur. Cet événement m'a laissé très songeur, ce jour-là.

LA CULTURE AMBIANTE

Plus tard, d'autres lectures, d'autres auteurs vont marquer l'écrivain à venir?

Comme tout jeune écrivain haïtien, la rencontre avec l'œuvre de Jacques Roumain a été décisive pour moi. On commence par imiter *Gouverneurs de la rosée*, le chef-d'œuvre de Roumain, ce qui fait que, depuis sa parution après sa mort en 1944, la plupart des romans haïtiens se passent dans le milieu paysan. L'ironie, c'est que beaucoup de ces écrivains n'ont aucune idée de la vie paysanne. Roumain lui-même avait peint un monde sans grand rapport avec la vie réelle des paysans haïtiens. Mais l'écriture si séduisante, la langue (ce mélange savoureux de français et de créole) si chatoyante, l'esprit communautaire dans lequel baignent les personnages (le coumbite), si exaltant, le sacrifice de Manuel si émouvant, tout cela a contribué à faire de ce livre, bourré d'inexactitudes sur les habitudes paysannes, le grand roman haïtien. Aujourd'hui encore, je suis, comme chaque fois que je le relis, au bord des larmes. Il ne faut pas oublier l'immense générosité humaine qui traverse le livre. À la mort de Roumain, c'est un tout jeune homme, Jacques Stephen Alexis, qui s'avance sur le devant de la scène. Il publie un premier roman fracassant, *Compère général Soleil*, qui rompt brutalement avec la tradition du roman paysan. Son livre se passe à Port-au-Prince, mais le fond n'est pas loin de Roumain. Ils sont tous deux communistes et entendent faire comprendre au pouvoir fasciste la volonté de résistance des travailleurs. Roumain est plus discret, ce qui lui assure plus de longévité. Alexis a beaucoup de talent, mais il est trop fougueux pour résister à ce discours direct, en vogue dans les milieux de gauche de l'époque, qui donne à certaines pages de son livre un côté agit-prop. Roumain occupe le milieu paysan, Alexis s'installe à Port-au-Prince. Il reste un dernier espace libre : la province. Et c'est une femme, Marie Chauvet, qui va y installer son laboratoire. Ce ne sera, pour elle, ni l'union des paysans préconisée par Roumain, ni la syndicalisation générale dans le but d'apporter un changement décisif dans la vie ouvrière à Port-au-Prince qu'Alexis appelait de tous ses vœux, mais une sorte de lucidité terrifiante sur la question sociale haïtienne. Chauvet cherche à comprendre les origines profondes de la dictature de Duvalier et pour elle la cause ne se trouve pas uniquement dans le comportement agressif d'une classe moyenne avide de s'enrichir et assoiffée de pouvoir personnel. Chauvet, elle-même membre de la bourgeoisie haïtienne, n'hésite pas à pointer du doigt cette bourgeoisie totalement impliquée dans le processus de dégradation de la société haïtienne. Cela ne s'était presque jamais vu de la part d'un écrivain de cette classe depuis Fernand Hibbert et ses analyses au scalpel dans les minces romans qu'il jetait avec mépris sur le porche des maisons luxueuses du Port-au-Prince du début du siècle. C'étaient ces gens qui occupaient le haut du pavé quand j'ai commencé à lire des romans haïtiens.

D'où vient la conscience sociale de ces écrivains ?

Je dirais du marxisme. Roumain fut le fondateur du Parti communiste haïtien (PCH) et du Bureau d'ethnologie haïtienne. Il était, entre les deux Guerres mondiales, de toutes les batailles culturelles du pays. Il a ferraillé avec l'Église catholique, qui avait entrepris une sale guerre contre le vaudou. Roumain entendait protéger la culture populaire. Alexis, fondateur du Parti d'entente populaire (PEP) — un parti d'obédience marxiste aussi — et grand défenseur de la culture populaire avec son fameux manifeste *Prolégomènes pour un réalisme merveilleux*, fortement influencé par l'écrivain cubain Alejo Carpentier, poursuivait vaillamment la tradition de l'écrivain progressiste. Chauvet, elle, semblait moins intéressée par ce genre de combat. Elle voulait plutôt savoir ce qui poussait les Haïtiens à se vouer une telle haine, d'où venait cette folie meurtrière, pourquoi ce mépris viscéral des classes possédantes envers le peuple, et bien sûr les origines profondes de cette question de couleur. Pour Chauvet, cette société est malade et aucun discours politique (même le marxisme) ne pourra nous sauver si nous ne consentons pas à plonger au fond de nous-mêmes afin d'extirper les racines de ce mal. Je pense qu'elle n'allait même pas jusque-là. Elle se contentait, avec un style aiguisé, de trancher dans le vif de l'inconscient national.

Y a-t-il eu un événement ou un individu qui a pu susciter cette explosion d'écrivains si nouveaux dans la littérature haïtienne ?

Ah oui, cet homme s'appelle Jean Price-Mars, et le mouvement, dont il est à la fois le père et la conscience morale, c'est la négritude (le mouvement qu'il a instauré en 1928 avec la parution de son célèbre essai *Ainsi parla l'oncle*). Césaire, Senghor, Damas lui doivent d'avoir ouvert le chemin. Avant lui, le Nègre des anciennes colonies ne valait pas tripette, et ceci à ses propres yeux. Les Haïtiens avaient pratiquement renié leur origine africaine. On ne faisait que copier la France en tout et pour tout. Price-Mars est un infatigable travailleur qui a fait des recherches sur tous les sujets concernant la société haïtienne. Son livre (*Ainsi parla l'oncle*) a ouvert un espace complètement nouveau dans la culture haïtienne. Le champ, très vaste, de ses études englobe aussi bien la musique, la littérature, l'ethnologie, la psychologie, le vaudou, le protestantisme (Price-Mars vient d'une famille protestante très pieuse du nord du pays), la peinture, que l'ethnographie. Et plusieurs générations de chercheurs vont défricher ces nouvelles terres découvertes par le grand Price-Mars. Cela va se poursuivre jusqu'à l'apparition, au milieu des années 60, du groupe «Haïti littéraire» qui va mettre en question cette pratique culturelle.

En quels termes ?

Avec Duvalier, un adepte de cette école de pensée de Price-Mars qu'est la négritude, on va se retrouver à un carrefour. Et les questions vont pleuvoir. La négritude a-t-elle débouché sur la dictature ? Un dictateur noir est-il plus acceptable qu'un colon blanc ? Et ces jeunes gens de «Haïti littéraire» vont prendre tout de suite leurs distances avec le mouvement de Price-Mars. Il faut dire qu'il y a quand même eu Saint-Aude, la plus grande figure de la poésie haïtienne. Mais Magloire Saint-Aude se trouve à un autre niveau. Il est officiellement inscrit dans le groupe indigéniste Les Griots, alors qu'au fond il est à l'opposé de cette manière de voir et de sentir un peu limitée. Et le dernier clou dans le cercueil du mouvement des années 30, c'est René Depestre qui le plantera avec son essai : *Bonjour et adieu à la négritude*.

À propos de Depestre, que représente-t-il pour toi ?

Il se tient toujours à côté, jamais tout à fait avec un groupe. Pas trop loin non plus. C'est un clandestin. Voilà une chose qui me le rend proche. Il est aussi l'un des premiers à avoir osé parler de sexe de façon si naturelle. On l'a fait un peu avant, mais toujours sur un mode comique. Durand dans *Choucoune*, ou Roumer d'une manière trop gourmande à mon avis. Depestre est un peintre naïf, et c'est de ma part un grand compliment. Je le place à côté d'un Salnave Philippe-Auguste, dans la lignée du douanier Rousseau. Grand voyageur, brillant essayiste, poète lyrique, vrai gourmand de la vie, Depestre a tout pour me plaire. Mais c'est une partie de moi qui accueille Depestre. Son œuvre manque de nerf. Sa sexualité est trop premier degré et son style trop tropical. Tout cela manque de saine violence. Il donne certaines fois l'impression de ne pas savoir ce qui se passe véritablement dans la vie. Et puis aussi, ce lyrisme flamboyant tombe parfois dans la monotonie. J'ai une culture plus rap, plus graffiti. Depestre n'en reste pas moins, avec Jean-Claude Charles, l'écrivain haïtien dont je me sens le plus proche.

En quoi te sens-tu proche de Jean-Claude Charles ?

Certainement pas de tout Charles. Celui de *Manhattan Blues* et de *Free*, bien sûr. Pas le Charles parisien, accent pointu, pipe à la bouche. Plutôt celui qui est bourré de doutes, criblé de dettes, qui se sent traqué comme une bête. Ce Charles-là, c'est mon frère. Et chaque fois que cela lui arrive, il sort un livre majeur qui bouscule la torpeur dans laquelle sommeillaient les lettres haïtiennes et françaises. C'est un homme moderne, rapide, qui n'a pas le temps d'achever ses phrases, amateur de jazz et lecteur vorace de Chester Himes. Il vit entre deux villes (Paris et New York). Il nous devance toujours d'une tête. J'ai rêvé qu'il s'arrête un peu pour souffler et regarder en arrière. Paris vous demande de renier vos origines et de brûler vos vaisseaux et en échange vous propose la gloire et la solitude. New York fait pareil, mais en échange vous propose plutôt la fortune et la solitude. Ce n'est pas toujours une bonne affaire. Jean-Claude Charles et Jean-Michel Basquiat le savent maintenant (Basquiat, lui, a payé le plein prix). Il y a un autre Charles que je n'aime pas du tout, bien au fait des potins de l'édition parisienne, très dandy, un peu snob, reniant ses origines. Ce Charles-là n'a jamais rien fait de bon. Jean-Claude Charles est en ce moment au bout du rouleau, alors j'attends avec impatience son prochain livre.

Jean-Claude Charles est-il le seul écrivain contemporain à avoir tenté quelque chose de neuf dans la littérature haïtienne?

Non, quelqu'un est allé plus loin que lui, et cela bien avant lui. C'est un gros rougeaud avec une belle voix grave et forte et cette assurance à toute épreuve. Cela fait un certain temps qu'il attend qu'on lui reconnaisse le titre de champion poids lourd des lettres haïtiennes. Pour le moment, il est seul sur le ring à se frapper la poitrine comme un orang-outan qui cherche une mauvaise bagarre, mais personne n'a envie de se présenter en face de lui pour la simple raison qu'on n'est pas de taille. Que peut-on représenter face à l'auteur de *L'oiseau schizophone*? Cela ne m'étonnerait pas de me réveiller un matin en entendant le nom de Frankétienne à la radio venant de rafler le prix Nobel. Le seul aspirant sérieux au Nobel qu'on avait s'est fait avoir comme le dernier des imbéciles par les sbires de Duvalier, et c'est Jacques Stephen Alexis. S'il avait pu poursuivre son œuvre, il l'aurait certainement eu. Mais l'express Alexis est entré en gare à trente-neuf ans. Roumain, lui, a cassé sa pipe à trente-sept ans. Certains de nos écrivains sont morts très vieux, mais ce ne sont jamais les meilleurs (sauf Price-Mars, mort à plus de quatre-vingt-dix ans). Alors, on a Frankétienne et, celui-là, il entend vivre longtemps. Il doit être, en ce moment, en train de préparer un de ces livres qui sentent trop le laboratoire. Si Franketienne acceptait un jour d'écrire un roman que le commun des mortels, moi compris, pourrait déchiffrer, alors ce serait le réveil du monstre. Je le laisse avec ses grimoires et ses souris trop blanches de laboratoire en espérant qu'il se lassera un jour de ces jeux artificiels. « Franketienne, on veut notre *Guerre et paix* (pas moins) et je te sais capable de nous le donner. Franketienne, sache que, à part Joyce, il n'y a aucun grand écrivain illisible qui dure, alors arrête tes conneries et fais-nous ce livre qu'on attend de toi depuis presque trois décennies pour que le monde entier puisse parler de nous en d'autres termes que ceux de dictature et de pauvreté. Tu vois, Frank, je n'ai pas cité Depestre parce que j'ai l'impression qu'il n'a plus beaucoup de jus. Depestre n'a jamais eu assez de courage pour entreprendre une grande œuvre. Il peut bien tricoter de jolis romans que, soit dit en passant, je préfère à tes livres, mais c'est sur toi en définitive que je mise. J'ai dit tout à l'heure, Frank, que Alexis aurait été capable d'avoir le Nobel, mais ce n'est pas un écrivain que j'aime non plus. Il fait trop nouveau riche, tu comprends, tous ces adjectifs rutilants comme des sous neufs, toutes ces métaphores vraiment trop brillantes, tous ces morceaux de bravoure, bon, tout compte fait, du point de vue intellectuel, il donne l'impression constante de vivre au-dessus de ses moyens. Il avait un grand talent pour mystifier les gens, et je le crois capable de mystifier facilement ces paysans suédois qui forment le jury du Nobel. Alexis, c'est un jeune homme tout cousu de rêves. Et personne ne me contredira si j'affirme qu'il est le plus brillant écrivain haïtien qu'on ait jamais eu, mais il avait trop de problèmes avec la réalité pour trouver la force de fixer son œuvre au sol. Mais, toi, Franketienne, je vois quelque chose d'immense dans ton ventre qui semble ne pas vouloir encore sortir. On attend l'accouchement, car, comme disent les manifestants dans les rues de Port-au-Prince, trente ans, c'est assez. »

Et Émile Ollivier ?

Émile, c'est le bonheur de vivre. Voix basse, culture solide, complicité avec l'interlocuteur. Tout cela se fait avec élégance. Depuis quelques années, il semble en train de construire l'œuvre romanesque haïtienne la plus solide. Évidemment, tous ses livres ne sont pas de même niveau. Il est passé trop rapidement, à mon avis, d'écrivain inconnu à grand écrivain sans avoir été écrivain tout court, mais ce n'est pas sa faute si la rumeur a joué en sa faveur. Il a une voix chaude qui, quand elle est bien placée, peut faire des merveilles. C'est une voix qui plaît aux femmes. Il l'a travaillée longtemps aussi et lui a apporté, avec le temps, une certaine grâce nonchalante. Des fois, dans ses livres, par certaines tournures, on sent qu'Émile s'écoute écrire. Pour comprendre l'œuvre d'Émile Ollivier, il faut savoir qu'il est un excellent cuisinier. Comme il faut savoir aussi que Jean Metellus est fils de boulanger pour comprendre son œuvre. Dans un roman d'Émile Ollivier, les épices comptent énormément. La cuisson aussi, et elle se fait à feu doux. Le cuisinier n'est jamais loin des fourneaux. Il surveille. Il laisse le tout refroidir un moment avant de servir. Il ne mange pas, mais vous laisse le faire en se contentant de sourire au bout de la table.

As-tu des liens particuliers avec les écrivains plus jeunes ? Les suis-tu ? Es-tu attentif à ce qui est publié par les Haïtiens hors d'Haïti, mais aussi en Haïti ?

Une petite mise au point : je te réponds à propos de la culture haïtienne, mais en réalité je suis loin de cette notion. Au fond, je parle de ces types parce que je les connais bien, je connais aussi l'ambiance dans laquelle ils ont évolué. Mais quand je lis Alexis, je lis un écrivain avant de lire un Haïtien.

J'entends bien mais, pour terminer sur ce point, es-tu au courant de ce qui se passe dans la littérature haïtienne d'aujourd'hui ?

Pas assez car j'étais trop pris durant ces quinze dernières années avec mon propre travail. Je ne voulais rien savoir de ce qui s'écrivait autour de moi. Bon, il m'est arrivé d'en lire un peu. Quelqu'un me passe un bouquin, je le regarde. Quelqu'un m'envoie son livre, je le lis et je lui dis ce que j'en pense. Et je retourne à mon travail. Maintenant, je pense avoir un peu plus de temps pour regarder autour de moi.

Néanmoins, parmi les écrivains haïtiens, y a-t-il des titres, des noms que tu as repérés ces derniers temps qui te semblent intéressants ?

On peut ne pas aimer un écrivain tout en le trouvant intéressant. Lyonel Trouillot, par exemple. Il faut dire que c'est réciproque, lui aussi ne peut pas me blairer comme écrivain. Il n'arrive pas à me lire, et je n'arrive pas à le lire. Il y a des œuvres, en toute sincérité, qui sont allergiques les unes aux autres. Et cela peut se poursuivre jusqu'aux lecteurs. Les gens qui aiment mes livres, généralement, n'aiment pas ceux de Trouillot, et vice versa. Mais je lui reconnais un regard aigu et un univers propre. C'est tout ce dont on a besoin pour être un écrivain, je crois. Le reste est une affaire de goûts personnels. Mais, pour tout dire, je pense qu'il accorde une trop grande place à la folie et à la prostitution dans son travail. Des thèmes un peu éculés. Cela fait un peu vieux jeu. Et puis ce style trop dense, un peu lourd, très prétentieux en fin de compte. Enfin, tout pour me déplaire, mais cela ne veut pas dire qu'il ne soit pas un écrivain. Lui doit penser que je suis trop désinvolte et irresponsable. C'est comme ca, il y a des natures qui s'opposent.

Edwige Danticat, par sa proximité sur le continent américain ?

C'est vrai que son succès m'intéresse beaucoup. Son énergie aussi. Sa force de caractère. Une tête froide, ce qui ne veut pas dire qu'elle ne soit pas sensible à ce succès effrayant qui lui est tombé dessus avec son premier roman. La pire des choses qui puissent arriver à un jeune écrivain, et là je parle en connaissance de cause. Danticat est le seul écrivain haïtien avec qui j'entretienne une vraie correspondance. On s'écrit régulièrement. Je crois qu'elle est en train de poser les fondations de son œuvre, il faut la laisser en paix. Dans quinze ans, on verra. Pour le moment, peut-être qu'elle-même ne sait pas trop où elle en est. L'œuvre est dans un processus de macération. Elle a déjà publié trois livres assez dispersés, les deux prochains donneront déjà une idée de l'affaire. On sent qu'il y a quelqu'un derrière la porte en train de travailler, alors chut !

Yannick Lahens ?

C'est une des critiques littéraires les plus influentes en Haïti. On la sait capable de juger, d'apprécier une œuvre, mais elle n'a pas encore publié de livre décisif. Des textes dans des magazines et des quotidiens sur le rapport difficile entre l'exil et la littérature nationale (sur ce point elle prend une position très avancée par rapport à ceux qui veulent presque retirer la carte de citoyenneté aux écrivains vivant à l'étranger). Depuis deux ou trois ans, elle vient d'augmenter sa vitesse d'écriture tout en changeant de registre. Elle a publié de brefs récits, des nouvelles, mais, encore une fois, il faut attendre. Je n'ai pas beaucoup de choses à dire, sauf que son style agit comme une lame si finement aiguisée qu'on n'a pas l'impression d'avoir été blessé avant de voir apparaître le sang. Je n'aime pas comparer les gens, mais il y a du Chauvet dans cette manière. Ce ne serait pas rien d'avoir un nouveau Chauvet, on croise les doigts.

Enfin, Stanley Péan ?

Là où Péan est intéressant vraiment, c'est dans ce qu'il représente. Il est né au Québec. Il change constamment de pays, de lectorat, et même de style. C'est l'écrivain du *world beat*. Il peut travailler le matin sur un sujet haïtien pour une maison d'édition haïtienne, tout en corrigeant l'après-midi ce roman à l'intention des jeunes Québécois (c'est un des auteurs les plus appréciés des adolescents au Québec) et terminer le soir un recueil de nouvelles de science-fiction pour des lecteurs qui passent leur week-end sur la planète Mars. Tout cela a tellement décontenancé la critique haïtienne qu'elle ne sait vraiment pas où classer Péan. Péan et moi, on a un itinéraire assez semblable mais tout de même un peu différent. J'ai commencé par m'intéresser à la culture québécoise pour finir par écrire beaucoup plus de livres enracinés dans l'univers haïtien, alors que Péan a commencé par s'intéresser à la culture haïtienne pour finir par s'implanter de plus en plus profondément dans la culture québécoise. Il y a deux autres écrivains haïtiens auxquels il faut faire très attention : Gary Victor et Louis-Philippe Dalembert. Victor a déjà trouvé son style, ce qui lui manque c'est une certaine gravité pour balancer avec son sens comique inné. Dalembert, lui, se cherche encore. Il est assez solide, mais il n'a pas encore trouvé son angle. Il donne l'impression de quelqu'un qui n'a pas encore brûlé tous ses vaisseaux. Mais je ne veux pas parler de tout le monde, encore moins de cette manière hâtive. Il y a en ce moment beaucoup d'écrivains intéressants. C'est une bonne saison pour la littérature haïtienne. Est-ce que je peux faire une remarque ?

Vas-y...

Je remarque qu'on ne parle pas du tout de ma part québécoise, alors que le Québec fait partie intégrante de mon univers affectif et intellectuel.

Je voulais y venir un peu plus tard.

En France, on veut absolument que je sois un écrivain haïtien ou caraïbéen, parce que de ce fait je deviens plus facilement repérable sur le tableau postcolonial. On sait que, dès qu'on dit : « Écrivain caraïbéen de langue française », la référence coloniale se fait d'elle-même. Et moi, j'entends brouiller les pistes.

Alors, parlons de la part québécoise...

Le pays, comme la littérature, m'a donné la possibilité de vivre autre chose. Un vent frais dont des esprits moqueurs diront qu'il peut être glacé en février. Le voyage est intéressant quand on tombe comme ça dans un univers si différent du sien. Au début, j'étais assez allergique à la littérature québécoise, qui me semblait malade de gravité. Une lourdeur morale, une angoisse sourde travaillaient les œuvres. Les écrivains se méfiaient de tout ce qui pouvait rappeler le plaisir. Venant de quitter une dictature étouffante, j'espérais une sorte de récréation. On semblait vraiment prendre la chose au sérieux. Malgré tout, j'avais beaucoup de respect pour un Victor-Lévy Beaulieu, qui faisait un travail de fond, ou un Ferron (mon préféré), à l'intelligence acide...

As-tu remarqué une évolution dans la littérature québécoise ?

Énormément. C'est la littérature la plus dynamique en ce moment et sous peu, dans moins de vingt ans, elle éclatera sur la scène mondiale. Les deux grandes nouveautés durant ces vingt dernières années dans la littérature québécoise, c'est d'abord qu'elle a apprivoisé la ville (les écrivains d'avant plaçaient leurs romans dans le milieu paysan ou dans les villes de province, jetant ainsi un regard réprobateur sur Montréal et ses vices), ce qui fait qu'un grand nombre des romans d'aujourd'hui ont Montréal pour cadre. Le deuxième point, c'est l'apparition massive des écrivains de diverses origines donnant une vigueur nouvelle à une littérature qui avait plutôt tendance à se mordre la queue.

LE RÉALISME MERVEILLEUX

Quels sont les écrivains, sur le plan international, qui te sont proches ?

Les écrivains qui m'intéressent sont ceux qui mêlent leur vie avec leur œuvre. Sur ce plan, la littérature haïtienne ne m'a pas apporté beaucoup de satisfactions. Pour les écrivains haïtiens, en général, l'art ne sert qu'à faire passer un message politique ou social. J'ai toujours aimé les gens qui tentent tout simplement de vivre, sans faire de différence entre vie privée et vie publique. Dans cette optique, je vois beaucoup d'écrivains. Tanizaki m'avait touché avec son *Journal d'un vieux fou* et sa *Confession impudique*. J'ai été alerté par la descente dans l'enfer des fantasmes chez ce vieil écrivain japonais. Ce qui est magnifique avec Tanizaki, c'est que ce ne sont pas des fantasmes tordus, mais quelque chose de simple (le pied de la belle-fille du narrateur du *Journal d'un vieux fou*) qui finit par devenir une obsession. C'est si humain. Et aussi ce style sec qui va si vite, coupant court à toutes ces pesantes mythologies qui alourdissent généralement la littérature japonaise. Quelqu'un raconte qu'il a vu Tanizaki dans une petite fête à Tokyo. C'était à l'époque un homme assez âgé qui se faisait couper sa viande par sa femme. Il semblait si timide qu'il a gardé la tête baissée toute la soirée, ne s'adressant qu'à sa femme. Sauf une fois : il était visiblement intéressé par un tableau accroché sur le mur en face de lui. À un moment donné, il s'est levé pour aller grimper sur le divan sans se soucier des gens qui y étaient assis et se planter en face du tableau, qu'il a longuement regardé. C'est tout Tanizaki.

Et Miller?

J'ai beaucoup lu Miller à une certaine époque. Il ne me touche plus autant. Je trouve son personnage un peu trop construit. L'œuvre de Miller supporte difficilement un regard attentif. On voit trop aisément les trous. Trop d'optimisme. On a l'impression que sa vie a été beaucoup moins intéressante que ce qu'il en raconte. Il a omis les moments de pur ennui. Ce que j'ai aimé chez Miller, c'est qu'il parle si longuement de ses amis, de sa passion gourmande de la vie, de Paris, du vin, de la bouffe, des femmes, de la bicyclette, de la poésie, des appartements ensoleillés et crasseux qu'il a connus à Paris, de son amitié avec Anaïs Nin, et surtout de sa lutte titanesque pour devenir Henry Miller. Malheureusement, tout ce qu'il touche se change trop instantanément en mythe.

Bien que tu ne souscrives pas à l'idée des grands courants, que penses-tu de la veine sud-américaine?

C'est vrai que je déteste tout ce qui globalise. Pour moi, l'artiste veut être unique, alors je ne comprends pas qu'on tente absolument de l'enfermer dans un groupe. Ah, les Latinos, comme on dit. Le réalisme merveilleux, le réalisme magique. On ne peut pas prendre très au sérieux de pareilles dénominations. Pour moi, la littérature sert à dévoiler, à dénuder (c'est toujours l'enfant qui clame que le roi est nu), alors le merveilleux, la magie, très peu pour moi. Cela ne veut pas dire que je n'ai pas lu et apprécié grandement García Márquez, Vargas Llosa, Amado, Neruda, Fuentes, ou même Asturias (je ne mets pas Cortázar, Sábato et Borges dans le groupe des Sud-Américains car les Argentins font bande à part en Amérique latine. Ayant exterminé tous les indigènes, ils se retrouvent européens en Amérique du Sud), qui sont tous des écrivains de premier ordre. Et sous la tonne d'adjectifs colorés se cache une solide base classique. C'est ce qui ressort, chez les grands du moins. Le réalisme merveilleux n'aide que les très grands écrivains. Les écrivains moyens meurent rapidement asphyxiés par cette végétation luxuriante, cette zoologie exotique, ces miracles inopinés (tout à coup un porc se met à voler ou une morte se retrouve enceinte). Quant aux mauvais, ils sont à vomir. As-tu déjà essayé de lire un mauvais écrivain sud-américain ? *Cent ans de solitude* reste un des grands romans du siècle, et je l'avais lu à sa sortie en plein Mai 68 (le grand événement de mai 68 a été la sortie silencieuse du roman de Márquez) avec une telle gourmandise. Un monde nouveau s'ouvrait alors devant mes yeux éblouis. Étrangement, je ne suis pas capable de le relire. L'une des raisons, je crois, c'est qu'il n'y a pas assez de silences dans ce livre. Le verbe occupe tout l'espace. C'est une terrifiante machine de séduction. Peut-être suis-je trop sévère avec ce livre qui m'avait apporté tant de joie. J'exerce mon droit de lecteur. On peut reconnaître l'importance d'un livre sans l'aimer pour autant. *L'iliade*... je ne me suis jamais autant ennuyé à lire un livre. *L'odyssée,* c'est mieux. Homère s'est grandement rattrapé au second tour. Ce type a pris d'énormes risques avec sa postérité en envoyant seulement deux bouquins dans la mêlée.

En dehors des écrivains, y a-t-il des personnages pour lesquels tu aurais une espèce d'admiration, des gens qui seraient un peu des références, Guevara, Malcolm X ?

Pas tellement ces types-là. Ce n'est pas leur faute, mais il y a ce côté *poster* qui m'énerve un peu. On les voit dans toutes les chambres d'adolescent en Occident. Je me demande pourquoi ce sont les têtes des perdants qui ornent généralement les affiches. On n'y voit jamais les Toussaint, Dessalines, Christophe, Pétion, ces héros de l'indépendance haïtienne. Peut-être serait-ce la seule vraie révolution, si le mot *révolution* veut bien dire « changement total et radical », comme par exemple le passage définitif de l'état d'esclave à celui de citoyen d'un pays libre. Il me semble, d'un point de vue strictement politique, que c'est le changement le plus radical que l'espèce humaine ait connu. Toussaint-Louverture, cet ancien esclave devenu général qui a préparé une constitution, celle de 1802, alors même que Haïti n'était pas encore une nation (Haïti ne deviendra indépendante qu'en 1804). Cet homme, qui a été blessé dans au moins dix-sept batailles livrées aux armées coloniales qui se partageaient Saint-Domingue à l'époque, n'avait jamais oublié que c'est l'esprit qui finirait, en définitive, par triompher de l'adversaire. Je me suis toujours demandé comment un esclave avait pu, presque seul, rêver de manière si grandiose. Toussaint ne s'est pas contenté de devenir libre, il voulait l'être avec ses frères, citoyens d'un pays libre aussi. Il ne faut pas oublier, si on veut un repère pour mesurer le chemin parcouru par un Toussaint, cet article du *Code noir* — dont les dispositions ont été rétablies et aggravées par Bonaparte en 1802 — qui régissait la condition des esclaves dans les colonies : «L'esclave est un meuble», *Code noir*, 1685. (Je l'ai placé en épigraphe de mon premier livre, paru exactement trois cents ans plus tard, en 1985.)

BORGES, BALDWIN, BUKOWSKI

Une fois, je t'ai entendu parler des trois B. Je crois que pour toi ce sont Borges, Bukowski et Baldwin...

Borges n'a pas toujours été Borges. C'est ce que j'aime chez lui, il est devenu Borges. On ne naît pas Borges, on le devient. J'aime bien cet écrivain qui est entré dans la fiction un peu comme Alice passant de l'autre côté du miroir. Cependant, il ne faut pas oublier que Borges est né en Argentine, le pays de l'épuration ethnique la plus achevée de l'Amérique (plus aucune trace d'Indiens aujourd'hui). L'élite intellectuelle d'Argentine s'est toujours crue en Europe, en

France plus précisément. Le rêve de l'écrivain argentin, c'est d'être apprécié en Europe, sinon il a l'impression de ne pas exister. Plus européen qu'un écrivain argentin, ça n'existe pas. Borges n'a pas échappé à cela. Il fait semblant de lutter quelquefois contre cette situation étrange, mais que peut un individu face à la manière d'être de toute une nation ? Borges a chanté les quartiers malfamés de Buenos Aires. C'est un lecteur attentif de Schopenhauer, de De Quincey, de Valéry, de Dante, de Joyce, de Quevedo, de Stevenson et de Virginia Woolf. Son amour sincère pour l'Américain Withman et pour l'Argentin Lugones n'en fait pas un Américain (je parle du continent et non uniquement des États-Unis) pour autant. Son corps est à Buenos Aires quand sa tête est à Paris, Madrid ou Londres. Ou plus souvent dans la bibliothèque de son père, où il est entré très jeune sans jamais en ressortir. C'est là que cet enfant studieux a rêvé de conquérir l'Univers par les mots. Sa patrie, ce sont les encyclopédies, la capitale des mondes imaginaires. C'est une sensibilité presque totalement livresque. Je dis presque parce que, pour ceux qui le connaissent, il est le contraire de l'image granitique qu'il projette car en réalité c'est un enfant qui a hérité d'un cerveau de vieillard. Il s'amuse avec ses amis, drague les jeunes filles dans les cafés de Buenos Aires, possède un bon coup de fourchette, a presque toujours vécu chez sa mère, adore converser avec des inconnus ou avec le premier qui prend la peine de le suivre (c'est déjà plus difficile) dans ses délires encyclopédiques, mais, par contre, il déteste les bals masqués, la foule et les pédants. En définitive, je pense de Borges ce qu'il a dit de Joyce, de Dante, de Goethe ou de Shakespeare, qu'il est moins un homme qu'une vaste et complexe littérature.

Baldwin est loin de cette trajectoire, selon toi ?

Baldwin ne ressemble pas à première vue à Borges. Disons que c'est moi qui fais le lien entre ces trois larrons :

Borges, Baldwin et Bukowski. Là où ils se ressemblent tous les trois, c'est qu'il s'agit toujours d'un individu qui refuse de rester à la place que l'histoire ou la géographie lui avait assignée. Si Borges a refusé de n'être qu'un écrivain argentin, juste bon pour apporter un vent frais des pampas dans les salons européens, James Baldwin n'a jamais voulu, lui, être identifié uniquement comme un écrivain noir. Baldwin croit, à la différence de l'*establishment* américain, qu'un Américain noir est capable de penser le monde qui l'entoure et de voir précisément les problèmes qui freinent son développement. Quel est ce jeune Nègre affamé de Harlem qui ose tenter ce que les intellectuels blancs hésitaient à entreprendre : une analyse objective de la société américaine gangrenée par le racisme ? Quels sont les torts du Blanc et du Noir dans cette affaire ? Où est-il donc, ce colosse ? Quand il apparaît à la télévision, l'Amérique s'étonne. C'est ce minus qui ose lui faire la leçon ! En effet, c'est un vilain petit canard avec d'énormes yeux globuleux. De plus, il est homosexuel, et nous sommes au début des années 60. C'est ce type qui vient, dans son premier essai, *Personne ne connaît mon nom*, de remettre à sa place le plus grand écrivain américain du siècle : William Faulkner. Faulkner a été désinvolte, il est vrai, sur la question de la ségrégation raciale, affirmant qu'il ne fallait pas précipiter les choses, que cela risquerait de perturber le petit Blanc du Sud, qui se sent déjà tout seul à tenir le fort. Ainsi donc Faulkner recommande d'y aller doucement. Baldwin faisait brutalement remarquer que cela faisait deux cents ans que ça durait ainsi, et que les Noirs en avaient assez, ou plutôt n'en avaient rien à foutre de l'état d'âme du petit Blanc du Sud. Parce qu'il refusait de s'exprimer avec des slogans, Baldwin s'est fait critiquer aussi violemment par les Noirs que par les Blancs. Nous sommes au début des années 60 et, avant presque tout le monde, le jeune écrivain annonce, dans ce brûlot qui a pour titre : *La prochaine fois le feu*, les années de braise qui vont incendier l'Amérique. Et voilà qu'il prêche (il est fils de prédicateur), sans perdre le sens de la réalité, le calme, la sérénité, lui qui a vu tant d'injustices, tant de meurtres perpétrés par ceux qui étaient censés maintenir l'ordre à Harlem, lui qui a fait face à tant d'insultes, tant de crachats, tant de haine sourde, voilà que c'est encore lui qui affirme qu'aucun des deux camps, celui des Noirs comme celui des Blancs, ne pourra s'en sortir tout seul. « L'Amérique est un tout. De toute façon, la misère et la honte des Noirs entraîneront à la longue la dégénérescence des Blancs. Les Noirs ne retourneront pas en Afrique, comme les Blancs ne retourneront pas en Europe. C'est l'Amérique qu'il faut continuer à parfaire. C'est là que nous devons vivre malgré tout. Et nous ne pouvons continuer à vivre comme nous le faisons. » Il y a aussi le style de Baldwin : précis, sec, objectif, pour brusquement devenir passionné et monter jusqu'au lyrisme le plus aigu.

Bukowski ?

C'est une vraie découverte, celui-là. Un jour, je suis entré dans une librairie par hasard. J'ai attrapé un livre sur une des tables où étaient bien étalées les nouvelles parutions. Un certain Bukowski. Le nom me plaisait, je ne sais pas pourquoi. J'ai commencé à le lire. Finalement, un commis m'a demandé de remettre le livre à sa place, sinon je l'aurais lu, là, debout, en entier. À l'époque, je ne travaillais pas, donc je n'ai pas pu acheter le bouquin. C'était un livre de poèmes, *L'amour est un chien de l'enfer,* mais on n'aurait pas dit de la poésie. C'était vraiment autre chose. Moi, qui n'aimais pas trop la poésie, j'étais tout à fait excité. Ce livre m'a coûté au moins cinq repas, parce que, tu imagines, je suis revenu le chercher la semaine suivante. Des fois, il m'emmerde, Bukowski, à toujours ressasser les mêmes trucs : Los Angeles, les paris sur les courses de chevaux, les femmes décaties, les ivrognes, les bagarres, etc. Chaque fois que je pense à le jeter, une phrase que je n'avais pas remarquée avant m'attrape soudain à la gorge. Et là je me dis que seul un très grand écrivain peut écrire ça. De toute façon, ils sont toujours en train de radoter les mêmes choses, les grands écrivains. Borges, c'est pareil, et si ce n'était pas un vieil ami, il y a belle lurette que je l'aurais chassé de chez moi. Pourtant, je crois fermement qu'aucun esprit dans ce siècle, même pas Valéry, ne lui arrive à la cheville. Je dis bien « esprit » parce que je ne pense pas que Borges soit un très bon poète, ni même un pur créateur. C'est un recycleur de génie. Un peu comme Malraux, avec moins de fougue et plus de grâce.

Et Boulgakov, encore un autre B...

J'ai acheté *Le maître et Marguerite* à l'heure du lunch. J'étais vraiment déprimé ce jour-là. Je travaillais dans une manufacture de meubles. J'ai tout de suite commencé à le lire et ce fut la révélation. Un des grands livres de ma vie. Je vais dire ce que disent tous les lecteurs dans ce cas-là : j'ai ri, j'ai pleuré. On ne peut pas demander plus à un livre.

À quel genre de travail étais-tu affecté dans cette manufacture ?

Je polissais les meubles, surtout de grandes lampes de bois, avant de les placer dans d'immenses boîtes en carton. Il fallait en mettre douze, mais j'étais tellement épuisé que je faisais constamment des erreurs. Mon boss avait l'impression que je ne savais pas compter. Il me demandait si j'avais déjà été à l'école. Finalement, le boss m'a placé en face des toilettes. J'avais moins de travail, mais il me fallait espionner les ouvriers et noter le nom de ceux qui allaient aux toilettes plus de trois fois dans une journée. Là non plus, je n'ai pas été très efficace. Après une semaine, je n'avais noté aucun nom. Le boss m'a fait venir dans son bureau pour me dire que mon rendement n'était pas très bon. En fait, j'étais nul. Moi, je voulais travailler au grenier. Là-haut, les types avaient l'air de ne rien faire, ils se promenaient. Le boss a réfléchi un moment avant de me donner ma chance. Il semblait un peu réticent, mais il m'aimait bien. Je suis monté à ce grenier. L'horreur. Le plafond étant très bas, il n'y avait aucune façon de se tenir debout et on n'avait pas le droit de s'asseoir. J'ai failli mourir ce jour-là. Les types m'ont dit qu'on s'y habituait. Je suis rentré chez moi, je me suis fait un poulet au citron et j'ai lu *Le maître et Marguerite*. Je n'avais plus de boulot, mais j'avais un compagnon magnifique : Boulgakov.

Et en dehors de ceux que tu viens de citer, y en a-t-il d'autres ?

Montaigne. Le premier qui a tenté de se présenter nu devant son lecteur. La dédicace des *Essais* est l'un des plus beaux morceaux que j'ai lus de ma vie, et peut-être le texte qui m'a déterminé à écrire de cette façon. Montaigne est un si vieil ami. Pas tout Montaigne. Au début, il se cherchait dans les auteurs grecs et latins. J'aime plutôt le type qui a cru sincèrement que sa dernière chance était de devenir lui-même. C'est en écrivant sans arrêt et en restant toujours collé au cul de la vérité, en faisant sans cesse ce portrait physique de son âme qu'il est devenu Montaigne. J'aime bien Horace aussi. Je le trouve drôle.

Horace comique ?

Certainement. Il est très drôle, plein d'inventions, mais il faut le lire comme s'il venait de publier ses trucs et non comme le classique qu'il est devenu.

Je me souviens d'un entretien au cours duquel tu avais cité Diderot...

Ah oui, Diderot, surtout *Le neveu de Rameau*, dont je connais tout le début par cœur. C'est une merveille, et puis cet esprit, ce sourire, c'est tout Diderot. Diderot n'est pas caustique, malgré ce que l'on croit. L'esprit sans graisse du dix-huitième siècle français est là, mais on sent aussi toute la générosité de Diderot dans le portrait du neveu de ce musicien «qui nous a délivrés du plain-chant de Lulli». Et puis, cette rapidité dans la narration. Je ne connais pas un seul texte de toute la littérature qui soit plus rapide que *Jacques le fataliste*. Quel sprint! Du pur Carl Lewis. Et il y en a qui croient que Hemingway (qu'il ne faut pas dédaigner non plus) a inventé le dialogue. C'est qu'ils n'ont jamais lu Diderot. L'écriture française, certaines fois, est la plus proche du rap. Je vois facilement deux jeunes en train de raper le début de *Jacques le fataliste*. C'est un rude travailleur également si on pense à ce travail de forçat de l'*Encyclopédie* qui a bouffé ses dix dernières années. Il y a un Diderot qui semble léger, qui a une vague allure de superficialité; et l'autre qui descend à la mine de charbon plus souvent qu'à son tour. Je ne connais que deux textes par cœur: le début du *Neveu de Rameau* et les premières pages de *L'étranger*. Je crois qu'il y a une affinité entre ces deux auteurs. Dans le style peut-être. Camus aussi, j'aime énormément. Son côté méditerranéen: les filles, le foot, la veste de cuir, la gueule de James Dean...

Et il meurt comme James Dean!

C'est vrai qu'il s'est cassé la gueule dans un bolide comme lui. Camus, c'est un copain qui pouvait être quelquefois aussi grave et assommant qu'un grand frère soucieux.

Entre la justice et sa mère, il choisit sa mère...

Tout à fait moi, ça. J'ai dit à peu près la même chose dans *Pays sans chapeau*. Je n'arrive pas à concevoir le vocable *pays*, mais je vois très bien ma mère. Si ma mère va bien, c'est que le pays va bien aussi. À cette époque, ma mère n'avait jamais voyagé, même pour un bref laps de temps. Haïti, pour elle, était un grand malade dont il ne fallait pas quitter le chevet. Le travail de Camus, c'était de donner un visage humain à l'idéologie. La mort a un visage. La souffrance a un visage.

Pour lui, il ne faut jamais oublier cela. Surtout à une époque où les discours foisonnaient. Les grands mots. Le lyrisme. Pendant que quelqu'un au bout de la ligne est en train de crever. J'aime qu'il y ait aussi un Camus léger, sensuel, amoureux de l'été et de la mer.

Un mot sur les littératures africaines : tu t'y intéresses, tu es lecteur, tu es client ?

Non, pas spécialement. Je n'ai rien à dire là-dessus. Je ne m'y connais pas du tout. J'ai dû voir comme ça, en passant, des écrivains. Ce que j'ai comme image n'est pas nécessairement la bonne. Je cherche maintenant à en savoir un peu plus, parce que je commence à me faire des amis. Je suis ainsi : si je ne connais pas personnellement les gens, ou le pays, ou la culture, je ne m'y intéresse pas. Je commence vaguement à penser m'y intéresser, mais le déclic ne s'est pas encore fait. C'est dingue, on me range généralement avec les Caraïbéens et les Africains, alors que je ne connais pas tellement cette littérature. Ceux qui me placent dans ce groupe sont guidés par un principe racial selon lequel les gens de même couleur sont sûrement de même culture. Dans les grands quotidiens, ils emploient une personne pour s'occuper de ce secteur. Profondément, je me sens proche de beaucoup d'écrivains du monde entier. On a beau crier cela, on vous dirigera toujours vers la même filière. C'est une honte, je n'ai pas d'autres mots pour qualifier cette manière de faire. Les gens me demandent pourquoi je suis si viscéralement contre la francophonie. Voilà une des raisons : je ne veux plus de frontière. Chaque fois qu'on en enlève une, on en voit apparaître une autre. Quand ce n'est pas celle de la race, du pays ou de la région, c'est celle de la langue. Les bornes sont placées de plus en plus loin de nous, je remarque, mais justement c'est là le piège car une frontière est une frontière. Regardons le mouvement. Acceptons le fait de la frontière raciale puisqu'elle semble, celle-là, faite pour durer éternellement, mais on peut remarquer que les frontières géographiques bougent un peu depuis quelque temps. Avant on était haïtien, ensuite caraïbéen ou antillais, c'est selon, et maintenant francophone. On est passé, afin de permettre cet élargissement, d'une frontière géographique à une frontière linguistique. Je me souviens que, enfant, quand je regardais les galaxies, je n'arrivais pas à accepter que la Terre soit si petite. J'avais l'impression d'étouffer à l'idée de mourir sans connaître d'autres planètes, d'autres galaxies. J'étais trop petit pour savoir qu'on n'avait même pas encore été sur la Lune, je croyais qu'on habitait un peu partout, sur Mars, sur Mercure, sur Vénus, sur Jupiter (à mon avis, on ne pouvait pas nommer quelque chose qu'on ne connaissait pas intimement). On m'a vite appris qu'on n'habitait que la Terre et que, moi, je ne vivais qu'en Haïti. Tu parles d'une déception, et ce n'est pas fini.

AU COMMENCEMENT ÉTAIT LE TITRE

Revenons à l'écriture. J'aimerais savoir comment cela se passe au début. Par quoi commences-tu ?

Tout d'abord, je fais mes livres bien avant de les coucher sur le papier. Ce n'est pas un plan, cela va beaucoup plus loin. Et quelquefois, je travaille un livre dans ma tête pendant que je suis en train d'en écrire un autre, disons à la machine. Mais la première chose qui arrive, souvent des années avant que je ne commence la rédaction d'un livre, c'est le titre. C'est l'élément fondamental du livre. Pour moi, bien sûr. Pour Émile Ollivier, je sais que c'est la dernière chose qui l'inquiète. Souvent, c'est son éditeur qui lui propose des titres. Il m'arrive d'avoir des titres avant de savoir quel livre ira avec.

Par exemple ?

Ce livre d'entretiens que nous sommes en train de faire. J'avais ce titre — *J'écris comme je vis* — depuis très longtemps. Je n'avais pas pensé à des entretiens, mais à quelque chose dans le genre, une sorte de premier bilan. Je voulais ramasser mes idées sur mes lectures, mes voyages, le style, la vie quotidienne, ma vision des choses, les livres que j'ai écrits, afin de faire comprendre au lecteur qu'il y a une certaine cohérence dans mon travail, le fait que je ne voie aucune distance entre ma vie et mes livres, un tas de trucs de ce genre. Je voulais écrire ce livre pour savoir où j'en étais dans cette affaire. Le titre devrait donner une idée précise d'un livre. Pour moi, le titre est un concentré du livre. Quand je dis *Éloge de la folie,* je vois tout à coup devant moi mon ami Érasme (un type avec qui je n'ai pas eu une bonne conversation depuis un certain moment, « Hé ! Érasme ! que fais-tu ces temps-ci, mon vieux ? On ne te voit plus. Fais-moi signe. » Il est ailleurs. Il fait ses trucs tout seul, mais il reviendra). Quand je dis : « *À la recherche du temps perdu* », tout Proust est là dans la pièce. Cela dépend de l'auteur ou du livre, je ne sais pas. Il y a des livres qui n'ont pas besoin d'un titre pour les identifier. Au contraire, il leur faut même un titre vague. Certains peuvent continuer leur chemin avec un titre à l'opposé du contenu. Un titre, c'est comme le nom de quelqu'un. Il y a des gens si puissants qu'ils finissent par imposer à un caractère incendiaire un nom doux, léger et parfumé. Céline, par exemple. Rien n'est plus doux que le mot *Céline* mais, quand on pense à l'auteur du *Voyage au bout de la nuit* (voilà un titre qu'on ne pourra dissocier du contenu du livre), on entend plutôt des bruits de mitraille ou de bottes. Beaucoup de gens m'envoient leur manuscrit pour que je leur trouve un titre, mais c'est impossible, je ne peux pas nommer leur enfant à leur place. Il ne s'agit pas de trouvaille. C'est beaucoup plus profond que cela. On m'a souvent dit que c'est à cause de son titre (*Comment faire l'amour avec un Nègre sans se fatiguer*) que mon premier roman a eu du succès. Ce n'est pas vrai. Au contraire, les gens sont fâchés quand ils ont l'impression d'avoir été bernés. C'est ce qui s'est passé d'ailleurs à la sortie du livre. Beaucoup de gens avaient cru qu'il s'agissait d'un bouquin porno, et ils se sont lancés tête baissée dans l'aventure. Ils ont été un peu déçus. Ce bouquin parle de littérature, de peinture, de jazz, de vin, de filles quand même, de sexe mais sur un plan analytique et politique, disons que c'est un truc plutôt intello. Les autres ont fait contre mauvaise fortune bon cœur, certains même, ce qui est à peine croyable, ont attendu d'avoir lu le livre avant de s'en faire une opinion, et c'est comme ça que ce bouquin se trouve encore, quinze ans plus tard, sur les rayons des librairies.

C'est vrai que tous tes titres ne sont pas aussi provocateurs que le premier.

Quand il s'agissait de parler de mon enfance, alors ce furent deux titres très doux : *L'odeur du café* et *Le charme des après-midi sans fin*. Cela sent le *farniente*, la province, les rues ensoleillées et vides, des gens en train de boire du café sous un manguier vers deux heures de l'après-midi, la mer turquoise de la Caraïbe, un art de vivre qui m'habite encore. L'enfance, quoi ! Après, c'est Port-au-Prince, donc c'est un peu plus dur. Le jeune narrateur est devenu un adolescent. Le livre s'appelle *Le goût des jeunes filles*. C'est un titre assez sophistiqué, parce qu'il ne s'agit pas de ce qu'on croit. Ce n'est pas le goût que pourraient avoir de vieux libidineux ou même des adolescents en herbe pour ces jeunes filles, c'est plutôt le goût qu'elles ont, elles, pour la vie sous toutes ses formes.

Il y a quand même une part de sexualité dans ce livre.

Oui, mais cela vient d'elles. Elles ne sont pas juste consommables. Ce ne sont pas des fruits tropicaux bien mûrs, ce sont des filles terribles qui dévastent tout sur leur passage. Du moins, c'est comme ça que je les ai aperçues, ce magnifique après-midi d'avril. Elles m'avaient paru aussi belles qu'un cyclone.

FAIS VOIR TON MOTEUR

On reviendra plus tard sur le contenu de ton travail. Pour le moment, ce sont les techniques d'écriture qui m'intéressent. Es-tu de ces écrivains toujours debout ou toujours assis sur la même chaise, toujours au bistro?

Non, je n'écris pas dans les bistros. Ce n'est pas du tout mon genre. Au début, à Montréal, j'écrivais dans un parc, pas loin de mon appartement. Au Carré Saint-Louis. C'est là que j'ai écrit mes deux premiers livres. Dès que je suis arrivé à Miami, j'ai pris l'habitude d'écrire près de la fenêtre, en face de cet arbre. Il y a un seul livre que j'ai écrit en bougeant, durant mes voyages, c'est *Chronique de la dérive douce*.

Es-tu du matin ou du soir?

On parle de sexe ou de littérature? Généralement, les gens qui font l'amour le soir écrivent le matin. Moi, je fais tout le matin. Je me lève donc tôt.

Et comment se passe une journée pour toi?

Ah, tu veux des détails. *(Rires.)*

Non, je ne parle pas de ta vie sexuelle, je parle de ta littérature.

Ma vie n'est pas compartimentée. J'écris souvent nu après avoir fait l'amour.

Maintenant qu'on le sait, qu'est-ce qui se passe d'autre ?

Je m'occupe de mes filles qui doivent déjeuner avant d'aller à l'école. Ma femme descend plus tard. On commente le journal ensemble, et après elle file travailler. La maison est vide. Il n'y a plus que moi et la machine à écrire. Mon petit bureau est là-haut. Je traîne un peu en bas. Finalement, je sors pour faire une longue promenade dans le parc, autour du lac. C'est un lac artificiel, comme tout à Miami. Je marche en ruminant ce que je compte écrire. Je fais toujours une petite prière au petit Jésus de Prague pour qu'il m'aide dans cette nuit de l'écriture dans laquelle je vais m'enfoncer tout à l'heure. J'arrive chaque matin dans le parc la tête vide, et une demi-heure plus tard, le miracle quotidien s'accomplit (le pain quotidien de la création), je me sens rechargé à fond. Je rentre tout de suite me mettre devant ma machine à écrire et je commence ma journée.

Maintenant que tu es assis devant cette machine à écrire, as-tu une crainte quelconque devant la première page blanche ?

Je tente d'éviter cela en commençant toujours par récrire la page précédente, que j'ai faite la veille. Je la récris totalement, et, en la récrivant, j'ajoute quelques phrases, quatre ou cinq, parfois beaucoup plus, ce qui fait déborder mon texte sur la nouvelle page. Donc, je n'ai plus une page blanche.

Comment termines-tu ta journée de travail ?

Ah oui, c'est important. Je finis ma page. Je m'arrête toujours avant de ressentir une trop grande fatigue. Je déteste me sentir fatigué. Je me sers un verre de rhum et je reste un long moment sans penser à rien. Ensuite, je griffonne à la main quelques remarques à propos du travail à faire le lendemain. Une description, un bout de dialogue, des riens qui m'aideront à ne pas arriver les mains vides.

C'est toujours la vieille Remington?

C'était toujours la vieille Remington, mais elle boite, alors, depuis quelque temps, j'utilise une petite Smith Corona. Le temps de la Remington est terminé.

On ne répare plus les Remington?

Je ne pense pas.

Y a-t-il pour toi des temps d'écriture?

Ce n'est pas un choix mais, avec les années, on commence à sentir qu'il y a des moments plus propices que d'autres. Il ne se passe rien pour moi durant les mois d'août et de septembre. Je suis en vacances avec ma famille et j'essaie de penser à autre chose. Faut dire que j'adore être écrivain, mais je déteste l'idée d'avoir à écrire des livres pour justifier mon titre. Je pense, dans ma vanité, qu'on devrait me croire sur parole. Voilà, je crois avoir une sensibilité d'écrivain. Il me semble que ça devrait suffire mais, non, il faut des preuves. Des livres. Et on doit les écrire. C'est l'idée de les écrire qui m'épuise, surtout avant de me mettre au travail, parce que, une fois parti, il n'y a pas de sensation plus vive, à part l'amour partagé et la rage de dents, que ce truc-là. Ni de plaisir plus excitant, à part l'orgasme, que celui d'être plongé au cœur d'un livre. Surtout quand on a l'impression, généralement aux environs de la page cent vingt, que l'on tient peut-être un livre dans sa main. Mais je crois qu'il ne faut surtout pas s'énerver car un livre peut vous glisser entre les doigts à n'importe quel moment. C'est pourquoi je tiens à ces deux mois d'absence d'écriture.

Faut-il s'y mettre pendant trois heures, pendant trois jours, pendant trois mois?

J'écris dans des temps compressés. Il me faut toujours faire vite. Mon éditeur attend avec impatience, alors j'écris.

Très vite. Et c'est devenu ma manière de travailler. Si on me donne une semaine pour un texte, je le ferai en une semaine, mais si on me donne trois mois pour le même texte, je risque de ne pas le terminer à temps. Je crois qu'il y a des gens comme ça. Mais je déteste qu'on me mette sous pression. Il faut me faire confiance. Au moindre doute, tout s'écroule. Le pire, c'est que je m'en fous complètement. Je peux arrêter n'importe quel livre et ne plus le reprendre.

C'est déjà arrivé ?

Non, mais je sais que je peux le faire.

Chaque livre est fait dans une période de temps donnée, durant laquelle ils peuvent séjourner dans un tiroir pendant quelques mois et être retravaillés par la suite ?

Cela m'est arrivé d'être en train d'écrire un livre et qu'au même moment un autre livre s'empare de moi. C'est une prise ou crise de possession. Je dois alors ranger le manuscrit en cours dans un tiroir pour m'occuper du nouveau. Naturellement, cela ne se passe pas sans combat. Je me dis bien qu'il ne faut pas faire ça, que ce n'est pas gentil, on ne peut pas traiter ainsi des gens qu'on aime bien, que c'est agir en goujat et en traître, et comme je détesterais ça si le livre, lui, s'avisait de me laisser tomber, enfin je rationalise tout en sachant que tu ne peux pas grand-chose quand un nouveau livre s'installe comme un petit roi dans ta tête. Par exemple, j'ai dû remettre si souvent à une autre fois *Le charme des après-midi sans fin* que j'avais fini par oublier ce livre. Un jour, cherchant quelque chose à me mettre sous la dent, j'ai déniché une grande enveloppe jaune, et c'était le plus beau cadeau de ma vie d'écrivain. Le livre était là, presque sans aucune correction à faire. Je l'ai envoyé à l'éditeur, qui l'a publié tel quel. Et c'est un livre très agréable à lire.

Tu pensais qu'il n'était pas terminé ?

Bien sûr, je pensais avoir des mois de travail devant moi. Pour moi, il y avait quatre-vingts feuillets à tout casser, et là je tenais deux cent quatre-vingt-six pages. Je pensais que c'était bourré de fautes, mal écrit, enfin une première version, mais pas du tout...

Justement, comment travailles-tu tes livres ? Fais-nous entrer dans ton laboratoire.

Je ne vois pas à quoi cela peut servir, puisque chaque écrivain fait comme il l'entend.

Oui, mais il s'agit de toi maintenant.

C'est compliqué et un peu maniaque, mais au moins je fais ça vite. Généralement, voilà comment cela se passe. Je commence à écrire vers neuf heures trente, après ma promenade autour du lac. Dans un premier temps, je récris chaque page au moins trois fois, que je la considère bonne ou pas. Chaque fois que je reprends, des choses s'ajoutent, je fais de petites corrections, j'insère de nouvelles réflexions. Je fais cinq ou six pages ainsi. Vers deux heures de l'après-midi, je m'arrête pour préparer le dîner pour les filles, qui vont rentrer de l'école. Pendant la cuisson, je feuillette des magazines, des bouquins de photos (j'aime beaucoup la photo), ou je vais tout simplement dans la cour regarder les oiseaux. Je baisse le feu, et je retourne au travail. Je reprends le tout complètement. J'y apporte un peu plus de chair. Les filles arrivent. On passe à table. Je ne mange pas beaucoup (une salade), sinon je vais dormir tout l'après-midi. Après, je retourne là-haut. Si je suis en très bonne forme, je peux faire jusqu'à dix bonnes pages, sinon je dois me contenter de la moitié, mais ça peut descendre jusqu'à trois pages. Quand je faisais *La chair du maître*, je pouvais aller facilement jusqu'à vingt pages dans une journée. C'est un livre que j'ai adoré écrire.

Qu'est-ce qui se passe quand tu as fini la première version ?

Je récris le livre immédiatement pour en faire une deuxième version que j'envoie à l'éditeur. Il le lit, m'appelle pour dire que ça lui plaît ou non et le donne à lire à deux ou trois lecteurs qui font leurs commentaires, puis il me le renvoie assez rapidement. Tout cela en tout au plus huit jours. Je commence par entrer les corrections grammaticales. Je regarde ensuite les annotations, qui m'intéressent mais que je suis rarement. J'entreprends ensuite le travail de fond. Et là, je deviens d'une humeur massacrante. Tout m'indispose. Je regarde avec horreur le téléphone en train de sonner (une chose que j'adore en temps normal). Je réponds brutalement au moindre commentaire. Je ne parle pas. C'est à peine si je n'ai pas la nausée. L'expression consacrée à la maison, c'est que je suis «sous les eaux». Même mes filles le répètent aux gens qui appellent : «Mon père est sous les eaux.» Je ne peux être joint, et malheur à celui qui cherche à m'atteindre sans avoir une bonne raison pour cela. Je dois revoir complètement le livre, à travers un nouveau prisme. Cela peut donner un livre totalement différent. J'avais besoin de ce regard autre (celui des lecteurs de la maison d'édition) pour entreprendre un tel travail. Une de mes lectrices a l'habitude de me reprocher de ne pas suivre ses conseils. Je lui réponds toujours que si elle relit attentivement la nouvelle version elle verra que je les prends en compte.

Je ne comprends pas...

Eh bien, chaque fois qu'elle fait une remarque, si elle regarde bien, elle verra que j'ai apporté un changement, mais pas précisément celui auquel elle s'attendait. Sa critique est peut-être juste, mais c'est moi l'auteur. Elle a vu la faille, mais c'est à moi de savoir comment y remédier. Je n'oublie jamais que c'est mon livre. Il s'agit de moi. Jusqu'à la fin de mes jours, ce sera à moi de répondre de ce livre. Par contre, sur beaucoup de points, je n'ai aucune vanité d'auteur. C'est un peu comme ça avec les artistes. Ils ont l'air très souples, et brusquement ils se rebiffent. Ils refusent de plier. C'est l'honneur du métier.

Il n'y a pas d'intermédiaire ? Tu n'as jamais eu envie de le faire lire à des amis, des proches ?

Jamais, jamais. Du premier jusqu'au dernier. Aucun des dix livres. Uniquement mon éditeur et ses lecteurs. Ma femme ne lit mes livres que quand ils paraissent. Après les dernières corrections, je lui donne toujours le manuscrit à tenir dans ses mains. C'est à ce moment qu'elle découvre le titre du livre. Elle le soupèse un long moment et me regarde dans les yeux. C'est une cérémonie à laquelle je tiens. C'est difficile de vivre avec un type en train d'écrire un roman. Il faut être très patient. Quand j'écris un livre, je ne suis tout simplement pas disponible. Dans un autre monde. Je suis tendu, je m'énerve facilement. Quand le livre est terminé, c'est encore pire, jusqu'à ce que le livre parvienne à son premier lecteur légitime, je parle du type qui est entré dans une librairie et s'est payé ce foutu bouquin qu'il compte commencer à lire dès ce soir. Alors, je dis à ma femme : « Je crois que c'est fini. » Elle me répond avec un sourire un peu triste : « Oui, c'est fini pour celui-là. »

À quel moment considères-tu qu'un livre est achevé ? Qu'est-ce qui te permet de dire : « Voilà, c'est bien cela que je voulais dire » ?

Rien ne me permet de dire une chose aussi grave. Le problème, c'est que je n'arrive pas à me relire calmement. C'est en corrigeant un livre que je le relis. Quand je tape un livre pour la troisième fois et que j'ai l'impression qu'il n'y a plus rien à ajouter ou à retrancher — je parle du contenu —, je me dis que je ne suis pas loin de la fin. Alors, je commence à corriger. C'est la partie que je préfère. On ajoute un mot et la phrase change de couleur. Souvent, il faut couper. Au début des corrections, on a l'impression qu'il n'y a rien à faire, que ça ne marchera pas, que c'est vraiment trop mauvais. À ce moment, il faut laisser le texte reposer au moins une semaine. Plus tard, on revient et on entre dans le texte. On travaille tête baissée. Brusquement, on voit apparaître le bout de son nez : ensuite, tout le corps du texte. Pendant quelques moments, on a le souffle coupé. C'est exactement ce qu'on voulait faire. Les doutes viendront un peu plus tard, mais ce sera trop tard. Rien ne vaut le plaisir de taper une dernière version pendant des journées entières sans rencontrer un seul os.

J'AI EU LES REINS BRISÉS À ÉCRIRE CE LIVRE.

Quel livre t'a donné le plus de fil à retordre ?

Définitivement *Le cri des oiseaux fous*. Je pensais l'écrire durant la résidence à Grigny. Au fond, ce n'est pas mon genre de rester enfermé dans une pièce à travailler quand je viens d'arriver dans une nouvelle ville avec tant de choses à goûter, tant de gens à connaître. Ce n'est que de retour à Miami que je m'y suis vraiment mis. Et ça a été un calvaire. Comme j'étais très en retard, j'ai dû mettre les bouchées doubles. Je travaillais près de dix-huit heures par jour. J'ai eu les reins brisés à écrire ce livre. Ce n'est que vers la fin que j'ai compris qu'il ne s'agissait pas uniquement d'une douleur physique, mais que j'étais en train de faire le deuil de mon père, mort à New York en 1984. Cela m'a rendu malade physiquement. Ce n'est jamais simplement un livre pour moi.

LE CYCLONE DUVALIER

L'époque que tu décris dans ce livre a été très difficile pour toi...

Terrible. Haïti s'effritait. De partout, on demandait à Jean-Claude Duvalier au mieux d'organiser des élections, au pire de quitter le pouvoir. Nous sommes en 76. J'avais vingt-trois ans. Avec des camarades, je travaillais comme journaliste dans un hebdomadaire, *Le Petit Samedi soir*, et à Radio Haïti-Inter, deux organes de presse qui contestaient le pouvoir dictatorial de Duvalier. Inutile de dire que les menaces pleuvaient sur nous. On était toujours suivis. Les tontons-macoutes attendaient l'ordre du gouvernement pour nous abattre.

Cet ordre ne venait pas à cause d'une certaine protection internationale...

Exactement. La question des droits de l'homme était à l'ordre du jour et le gouvernement haïtien était observé à la loupe par les organisations des droits de l'homme et la presse internationale. Cela n'a pas empêché les tontons-macoutes d'abattre mon ami, le journaliste Gasner Raymond.

Ce sont de tels événements qui nourrissent ton œuvre.

Malgré une apparente désinvolture, ma vie fut assez bouleversée. J'ai grandi dans l'œil du cyclone Duvalier. Cette habitude de donner un nom aux cyclones, dont le passage peut durer une nuit au plus... Eh bien ! il faut savoir que celui nommé Duvalier a duré vingt-neuf ans.

Comment se passait ta vie quotidienne à cette époque ?

Je travaillais comme journaliste, mais je gagnais très peu. On me donnait un maigre salaire de base et un lot de journaux à vendre. J'avais mes propres abonnés, ce qui me faisait un peu d'argent. Je travaillais quotidiennement à la radio, mais je n'étais pas payé. Je donnais régulièrement des articles au quotidien *Le Nouvelliste*, et là aussi c'était gratuit. Le problème, en Haïti, c'est que les gens pensent que la culture ou l'information sont aussi gratuites que l'oxygène. Les livres aussi. Je me souviens que mon beau-frère, l'écrivain Christophe Charles, un formidable militant de la culture, publiait un livre chaque année. Il partait avec son lot de bouquins sous les bras pour tenter de les vendre dans les différents ministères d'État. Je l'accompagnais et j'étais toujours étonné de voir des employés de l'État lui demander un livre en cadeau, naturellement avec une dédicace. Cet homme n'avait aucun salaire, à part les cours de littérature qu'il donnait dans certains établissements scolaires de Port-au-Prince, et c'était encore à lui de donner gratuitement un livre qui lui avait coûté les yeux de la tête ! N'oublions pas qu'il n'y a aucune subvention pour les livres en Haïti. Les gens qui se lancent dans la culture dans ce pays doivent s'attendre à crever de faim. On vous donne facilement le titre de poète, et cela même si vous n'êtes qu'un journaliste, simplement pour ne pas vous prendre au sérieux. Pour l'Haïtien, le poète est une sorte d'oiseau qui se nourrit de graines qu'on lui jette de temps à autre. À l'époque, ma mère et mes tantes ne travaillaient pas (seuls trimaient mon oncle comme inspecteur au ministère du Commerce et tante Raymonde, déjà à Miami, qui nous envoyait un mandat mensuel). On avait de grandes difficultés financières vers la fin du mois. C'était déjà et c'est encore ainsi pour la majorité des gens de la classe moyenne, alors ne parlons pas du peuple.

Avec ces jeunes journalistes, vous discutiez de politique, de littérature ou de la situation économique et vous formiez un petit groupe ?

On était d'abord un groupe de copains qui partagions tout ensemble. On s'entraidait beaucoup. L'un d'entre nous avait une petite Honda noire qui était considérée comme la voiture du groupe. On mangeait ensemble dans des restaurants bon marché. Cette fraternité a été fondamentale pour moi.

Pensiez-vous que vous étiez vraiment en danger?...

Oui et non. À vingt ans, on est immortel. De plus, on ne peut pas mourir si on est dans le droit chemin. On défendait la justice. On mettait en question le pouvoir. Et comme on commençait à être connus, le gouvernement nous craignait en quelque sorte. Les vieux tontons-macoutes, se rappelant avec nostalgie l'époque de Papa Doc, se demandaient pourquoi on ne mettait pas ces jeunes gens au pas. Ils avaient du mal à comprendre cette nouvelle et étrange notion des droits de l'homme. On avait peur plutôt quand on allait faire des reportages en province. À Port-au-Prince on nous connaissait, donc on n'osait pas nous inquiéter, mais en province on était à la merci de n'importe quel sbire ignare du régime.

As-tu déjà été inquiété personnellement?

Constamment, des menaces diffuses... Oui, une fois, à Ville-Bonheur, un lieu de pèlerinage où les gens se rendent massivement chaque année, venant de tous les coins du pays. J'imagine que le gouvernement envoyait là des espions pour entendre les prières du peuple et mesurer le degré de l'amertume populaire. Cette année-là, j'accompagnais deux femmes (une Yougoslave et une Française) qui faisaient un documentaire sur Haïti. Naturellement, c'était interdit. Donc dangereux. Un tonton-macoute a voulu savoir ce que je faisais avec ces étrangères. Je lui ai répondu vertement que j'étais journaliste et que je n'avais pas de comptes à lui rendre.

Une telle réaction pouvait mettre ta vie en danger.

Je ne voulais pas qu'il aille plus loin dans ses investigations car à ce moment-là j'aurais été vraiment en danger. D'abord, une des deux femmes venait d'un pays de l'Est (ça, c'est la mort assurée); de plus, elles avaient beaucoup d'argent sur elles. Il nous aurait tués sous un prétexte quelconque pour prendre l'argent. J'ai joué la partie. Il a marché. C'était la seule façon de faire. Il faut réfléchir très vite si on veut survivre dans ce genre de pays. C'est peut-être à cette époque-là que j'ai pris l'habitude de tout faire très vite comme si un danger me guettait sans cesse.

UNE BOUFFÉE DE VIOLENCE

Tout à l'heure... je ne sais pas pourquoi je n'ai pas parlé de ça... J'avais terminé depuis quelque temps un livre (*Le charme des après-midi sans fin*). Je ne l'ai pas publié tout de suite aussi parce que je n'avais pas envie qu'il paraisse juste après *Pays sans chapeau*. Les deux livres parlaient de la tendresse que je porte à ma grand-mère (*Le charme des après-midi sans fin*) et à ma mère (*Pays sans chapeau*). J'avais peur que les gens croient que je n'étais qu'un fils à sa maman. Que faut-il penser d'un type qui parle sans cesse de sa mère et de sa grand-mère ?

Tu blagues ?

Malheureusement non. C'est la faute de ces critiques qui n'arrêtent pas d'écrire que je me suis assagi, enfin toutes sortes de conneries. Alors, après *Le charme des après-midi sans fin*, je leur ai foutu *La chair du maître* entre les jambes. Ils ont fait semblant de n'avoir pas senti ce texte brûlant. C'est mon livre le plus subversif mais, comme cela cassait leur théorie de l'écrivain apaisé, ils ont fermé les yeux. Les jeunes, qui s'y connaissent, se sont précipités dessus. Après *La chair du maître*, je pouvais donc publier *Le charme des après-midi sans fin*. Je ne regrette pas d'avoir glissé un livre de violence sexuelle et politique entre deux livres de tendresse.

Cela t'arrive d'écrire en réaction ?

En surface, cela a une certaine importance mais, en réalité, pour le lecteur véritable, cela ne veut rien dire. C'est que, d'une part, on se bat contre le goût du jour, la mode, les humeurs des critiques, et, d'autre part, on doit faire notre boulot qui est de garder les yeux rivés sur le lointain. Ceux qui ont les pieds pris dans la vase du quotidien croient que l'écrivain est avec eux, alors qu'il est déjà loin, en face de la mer, rêvant d'éternité rimbaldienne. Ceux qui croient que l'écrivain ne fait que rêver d'éternité se trompent tout autant, car celui-ci doit aussi faire face à ce qui se passe sous son nez, dans sa vie. Pendant qu'il est « sous les eaux », il doit veiller à ce que tout ne s'écroule pas autour de lui sans qu'il le sache. Bien sûr, le lecteur rêvé, c'est toujours celui qui découvre ton livre des années après sa parution, quand le livre n'est plus un événement mais un livre. Avant cela, il lui faut traverser le premier obstacle, celui du temps présent. On doit se battre constamment sur ces deux fronts : le présent et le futur. Il faut convaincre le lecteur d'aujourd'hui tout en rêvant à celui de demain.

JE SUIS UN ÉCRIVAIN JAPONAIS

Là, tu parles du contenu. Tu dois te battre aussi pour qu'on ne t'accole pas les étiquettes d'usage...

Comme, par exemple « écrivain immigrant », « écrivain ethnique », « écrivain caraïbéen », « écrivain du métissage »,

« écrivain postcolonial » ou « écrivain noir »... Je suis condamné, quelle que soit la posture que je prends, à me faire coller une étiquette sur le dos. La dernière en date, j'y reviens, c'est « écrivain francophone ». Il est quoi, Sollers ? Il paraît que, pour les Américains, c'est un « écrivain folklorique ». On doit comprendre le folklore parisien. En tout cas, personne ne m'a encore lancé cette gifle : écrivain folklorique. Il ne l'a pas volé, Sollers, avec toutes ses incises, citations, avec ses bons mots, ses descriptions de Paris, de Venise, et tous ses petits portraits à l'intérieur du grand portrait de l'écrivain français. Les gens n'ont pas idée de la difficulté qu'on a à lire Sollers si on ne connaît pas à fond la culture française, disons parisienne. Le premier qui écrit que j'ai un style tropical ou solaire, je lui casse la gueule. Est-ce si difficile de dire d'un type qui écrit qu'il est un écrivain ? Voilà, je le redis pour la centième fois, au cas où vous auriez manqué le début : Je veux être pris pour un écrivain, et les seuls adjectifs acceptables dans ce cas-là sont : un « bon » écrivain (ce qualificatif a bien entendu ma préférence) ou un « mauvais » écrivain. À la limite, je préférerais qu'on dise que je suis un mauvais écrivain tout court plutôt que d'être qualifié de bon écrivain haïtien, caraïbéen ou exilé. Ah oui, l'exil, je l'avais oublié, celui-là. Il ne se passe pas de mois sans qu'un étudiant me rencontre pour discuter à propos de sa thèse sur la littérature de l'exil. On me traite aussi d'« écrivain nègre ». Qu'est-ce qu'il ne faut pas entendre ! « Hé, calmez-vous ! Ah ! ces Nègres n'ont vraiment aucun sens de l'humour. Au lieu de vous fâcher, essayez plutôt de comprendre ce que je veux dire. »

Pendant un moment, j'ai cru que tu me parlais.

Tu te prends vraiment pour un Nègre, toi ! *(Rires.)*

Justement à propos de ces étiquettes qu'on t'attribue, même si effectivement tu refuses l'étiquetage en tant que tel, y a-t-il chez toi le sentiment d'appartenir à une communauté ou es-tu toujours l'individu qui les refuse toutes ? Quand on dit « écrivain caraïbéen », on peut refuser l'étiquette tout en se sentant proche des écrivains caraïbéens, plus proche que des écrivains japonais ou des écrivains tchèques ?

Oui, mais je ne me sens pas si proche des écrivains caraïbéens. Tout simplement, je subis l'outrage géographique. Naturellement, j'ai des amis dans la région et un certain nombre sont des écrivains. Mais j'ai des amis un peu partout. Sont-ils un peu moins mes amis parce qu'ils ne sont pas de ma région ? Mes amis sont mes amis. Je n'ai pas d'amis de seconde zone. Je ne regarde pas la nationalité d'un écrivain avant de le lire. Et mes influences viennent de partout. Je n'ai aucun pouvoir sur mon cœur, il fait ce qu'il veut. Il y a des Japonais qui croient fermement qu'ils sont des musiciens de jazz américains. Moi, je rêve d'écrire un livre avec ce titre : *Je suis un écrivain japonais*. Et ce n'est pas parce que le paysage que je décris dans mes livres est celui de la Caraïbe que je suis pour autant un écrivain caraïbéen. Comme le vocabulaire ne détermine pas une langue, c'est la syntaxe qui peut nous dire à quel type de langue on a affaire. Prenons le créole : quatre-vingt-dix pour cent des mots sont français mais ce n'est pas pour autant du français. La preuve, il est peut-être plus facile à un Américain d'apprendre le créole qu'à un Français. C'est exactement ma situation. Ce n'est pas parce que le paysage que je décris est rempli de manguiers que je suis pour autant un écrivain caraïbéen. On n'a qu'à remplacer les manguiers par des cerisiers. Il arrive que les gens me disent : « Vous devez être un écrivain caraïbéen puisque vous parlez de votre enfance comme Naipaul (lui non plus, à ce que je sache, ne s'identifie pas comme un écrivain caraïbéen) qui vient de la Caraïbe. Et, comme j'ai écrit un livre à propos de mon enfance, *L'odeur du café*, ils me comparent tout de suite à Confiant qui a écrit un livre qui s'appelle *Eau de café*. Ce n'est pas du tout déshonorant d'être comparé à Confiant, mais je trouve la démarche assez superficielle si on le fait uniquement parce que nos deux titres ont le mot *café* en commun, et que nous venons tous deux de la Caraïbe. Dans le mot *caraïbe*, on voit tout de suite tous les ingrédients : couleur locale, paysages toujours verts, dictature, dépendance coloniale. C'est le regard de l'autre qui opère. C'est à ce regard que je veux me soustraire en premier lieu. Le lecteur a peut-être l'impression que je reviens *ad nauseam* sur cette question. C'est parce que, pour ma part, j'entends la vider une fois pour toutes. Quelle naïveté ! Comme si c'était une question de logique. « Mon pauvre Dany, tu peux discourir pendant des heures, des jours, des décennies sur un tel sujet, reprenant les mêmes arguments dans tous les angles, tu ne parviendras jamais à convaincre aucun individu qui croit, d'abord parce que cela fait son affaire, que les gens devraient rester à leur place et garder leurs étiquettes bien en vue. » Alors pourquoi je continue ? Disons que je tente de me convaincre. On n'est jamais tout à fait sûr. De toute façon, à la sortie de ce livre, la discussion ne se fera même pas sur le fait que je conteste ces étiquettes qui me semblent un peu trop faciles, mais plutôt sur le fait que j'ai renié mes origines. Bon, à ce moment-là, il faudrait que je reprenne toute l'argumentation, mais dans l'autre sens, afin de prouver, à mes compatriotes cette fois, que je suis bien des leurs même si j'ai l'air de flotter dans l'espace. On n'en finira jamais.

Il est temps de dire un mot sur le concept de créolité.

Exactement, on est au cœur de l'affaire. Cette façon de se grouper pour gagner sur les deux tableaux. Un : sur un plan national, les gens sont contents d'une littérature qui leur dit qu'elle ne s'adresse qu'à eux, dans leur culture, certaines fois dans leur langue, pointant du doigt leurs luttes, leur résistance, leur capacité de survie... Qui peut refuser cela ? Deux : sur un plan international, les colonialistes sont rassurés. Tout le monde reste dans sa sphère d'action. Pas de problème. On monte un système d'accueil comprenant collections spéciales, magazines, sections dans certains magazines, critiques formés pour accueillir ces gens venant de la Caraïbe, vocabulaire personnalisé (genre : « un style solaire ou tropical », « une sorte de flamboyance, une générosité sans bornes », « ces gens apportent une nouvelle vigueur à cette langue française anémiée », enfin « ils écrivent mieux que nous »)... « Je ne veux pas écrire mieux que vous, je tente d'exprimer le plus naturellement du monde une sensibilité tout à fait personnelle. » Pour toutes ces raisons, la créolité fait retarder le débat. Et ce qui a fini par tout brouiller, c'est l'immense talent des chefs de file. Visiblement, ils n'avaient pas besoin de telles béquilles. Ce qui veut dire qu'ils sont sincères. Alors qu'est-ce qui s'est passé ? Pourquoi ne suis-je pas avec eux ? Pourquoi est-ce que je n'arrive pas à marcher à côté de ces amis que je respecte ? C'est l'histoire qui apporte la réponse. Et je le dis sans chercher à insulter quiconque. C'est un combat qui n'est plus le mien. Nous sommes, en Haïti, dans la pire merde qui soit, c'est un pays qui part en morceaux, nous avons tous les problèmes, sauf celui-là. Pour finir cette histoire, je ne suis pas créole, je suis haïtien. Pour une fois que ça me sert à quelque chose...

Tu as quand même reçu le prix Carbet de la Caraïbe...

Je suis très heureux d'avoir reçu ce prix prestigieux présidé par l'écrivain Édouard Glissant., mais je ne suis pas dépendant d'un prix que je reçois. D'ailleurs, en l'acceptant j'avais très clairement expliqué aux membres du jury que cela ne faisait pas pour autant de moi un allié à quelque cause culturelle que ce soit. Ce qu'on ne m'avait pas demandé non plus. On m'a simplement appelé un soir (je ne savais même pas que j'étais en lice), chez moi, à Miami, pour m'apprendre la nouvelle. C'est un prix important pour moi à cause de la qualité du jury, qui comprend des gens comme Michael Dash, de Trinidad, Nancy Morejon, de Cuba, Diva Damato, du Brésil, Maximilien Laroche, d'Haïti, Ernest Pepin, de la Guadeloupe, Lise Gauvin, du Québec, André Lucrèce et Édouard Glissant, de la Martinique. De plus, je ne m'y attendais pas du tout. Je m'étais résigné dès le départ à ne jamais recevoir de prix pour la simple raison que je ne fais partie d'aucun groupe, d'aucune coterie, d'aucune chapelle.

OÙ VILLON RENCONTRE ICE CUBE

Te considères-tu comme un Nord-Américain?

Du Nouveau Monde. Je suis de ce continent où je vis. Je veux tout l'espace qui m'est dû. J'ai écrit au moins quatre livres qui racontent ma présence en Amérique du Nord. Six livres qui se passent en Haïti. Et j'ai un fond culturel européen. C'est étrange, je suis né sur le continent américain, j'ai passé vingt-trois ans en Haïti et vingt-quatre en Amérique du Nord — je précise que ces deux territoires sont sur le même continent — et on attend que j'oublie complètement mon expérience nord-américaine. Le problème, avec la créolité, c'est que cela ne concerne que la Caraïbe, une Caraïbe tournée vers l'Europe (principalement la France, l'Espagne et l'Angleterre), alors que, moi, je suis vraiment intéressé par l'Amérique.

Plus proche alors des Américains noirs que des Caraïbéens?

Pas forcément, parce qu'il y a cette part caraïbe en moi, donc l'Europe. La plupart des Américains noirs sont tournés mentalement vers l'Afrique, alors que nous, en Haïti, on a déjà fait ce voyage identitaire, on a déjà donné dans ce fantasme et cela a accouché de la dictature de Duvalier au bout du compte. Il n'y a rien de tel que de se réclamer d'un endroit qu'on n'a vu qu'en photos. L'indigénisme (version locale de la négritude) a été promu en Haïti par des gens qui n'avaient jamais vu l'Afrique ou qui l'avaient visitée assez rapidement et jamais avec un regard critique, toujours dans le cadre d'une recherche identitaire, ce qui fait que les relations de voyage étaient biaisées. L'accent a été mis uniquement sur le plan culturel. Rien n'a été mis en question. « On ne critique pas sa mère », disait-on. Les coutumes étaient absorbées. Le mythe d'une Afrique parfaite allait prendre place. Pour faire face à l'esprit français. Il fallait la toute-puissance culturelle africaine pour contrer l'hégémonie culturelle française en Haïti. Comme on le voit, tout était comme faussé au départ. Une montagne d'artifices. Et tout cela nous a conduits dans la dérive duvaliérienne. C'est peut-être une autre raison de ma réticence à la créolité. Haïti avait tenté de construire son identité avec deux fantasmes purs (je parle du regard que nous portons sur ces pays) : la France et l'Afrique, alors qu'on a les pieds sur le sol d'Amérique.

Que représente la France dans ton univers mental ?

Tu as compris que je n'ai pas encore fini de régler certains comptes. J'entends l'intégrer sous peu dans mon univers mental. En attendant, je l'exploite sans vergogne.

Comment cela ?

Bon, quand je parle aux Américains, je cite volontiers Diderot, Montaigne, Villon, et je mêle tout ça avec un zeste de rap, de Spike Lee, Ice Cube et Public Ennemy. Cela m'aide à brouiller les pistes. Pendant qu'ils se demandent qui je suis, je suis déjà parti ailleurs. Quand je suis en forme, j'ajoute Nerval et Scève dans mon catalogue.

C'est du snobisme!

Si tu veux... mais je t'assure que ce sont deux univers que je connais parfaitement. Baldwin lui-même avait confondu les Américains avec ce fameux texte sur Gide dans son premier livre (*Personne ne connaît mon nom*). Pour les types de Harvard, c'était presque impossible qu'un jeune Nègre de Harlem puisse connaître Gide. Ce n'était pas du snobisme puisque ce texte de Baldwin reste l'un des plus percutants jamais écrits sur Gide et l'homosexualité. Donc, la culture française peut encore servir. La culture haïtienne, ça n'impressionne personne (bon, il y a toujours des amateurs de vaudou ou de peinture primitive, mais beaucoup moins qu'avant). La culture française n'impressionne plus tellement, mais ça peut aider. La culture américaine, pour beaucoup de gens, ne vaut pas mieux que leur *fast-food*. Si on arrive à mélanger ces trois cultures, le résultat pourrait être assez intéressant. Je vois des gens se mettre brusquement debout pour crier que c'est précisément cela, la créolité. Peut-être, mais je ne suis pas sûr qu'un tel cocktail tiendra la route sur un plan plus profond. Moi, je ne m'en sers que pour épater la galerie.

COMMENT BROUILLER LES PISTES

Tes livres sont publiés en anglais. As-tu un lectorat aux États-Unis?

Mes livres sont parus chez des éditeurs du Canada anglais, mais sont diffusés aussi aux États-Unis. J'ai causé quelques problèmes aux Américains. Mon premier livre, *Comment faire l'amour avec un Nègre sans se fatiguer*, a été reçu, comme on dit, avec des pincettes. Les Blancs se demandaient comme le prendre et les Noirs n'en voulaient pas. Seuls les

Juifs semblaient comprendre mon humour. J'ai vite été catalogué comme un écrivain s'occupant des rapports raciaux. Les Américains n'ont pas une grande variété d'étiquettes. En fait, ils n'ont que la chose raciale. Leur seule inquiétude : «Es-tu un Nègre ou un Blanc?» Selon ta réponse, on te montre la file à prendre. Ce qui est bien c'est que, si tu signales que tu n'es pas né aux États-Unis, ils tiennent compte de ta réponse. Si tu affirmes que tu n'es pas un Nègre, et cela même si tu es bleu comme l'enfer, ils vont plonger dans leurs dossiers avant d'inviter toutes sortes d'experts psychosociaux à faire la lumière sur ce cas inusité. Je n'ai jamais vu désir aussi enthousiaste de comprendre les choses. On peut bien rire d'eux, mais c'est cette étonnante curiosité qui leur a permis de conquérir la planète. «Pourquoi crois-tu que tu n'es pas un Noir?» demande cet expert américain sur un ton grave. Tu réponds : «D'abord parce que je suis haïtien, et ensuite je parle français.» Il se gratte la tête. Au fond, c'est vrai, le Nègre, comme le hamburger, est une invention purement nord-américaine. Après tout, on dit un Nègre américain. Ce qui veut dire que les États-Unis vont riposter violemment si, par exemple, la police française s'avisait de traiter de façon brutale un citoyen noir américain. La France le sait puisqu'un policier français hésiterait grandement avant de frapper un Noir qui parle anglais. D'ailleurs, ce policier saura assez vite qu'il a affaire à un Américain, puisqu'il n'y a pas plus patriote, donc impérialiste, qu'un Noir américain hors des États-Unis. L'Américain noir a bien assimilé, comme toute victime, l'idéologie du maître. Regarde comment le basketteur Michaël Jordan a traité Paris, comme si c'était n'importe quelle ennuyeuse banlieue de New York. Ou comment Spike Lee traite Londres, Paris, Rome, Madrid ou Berlin, comme des comptoirs pour ses films. À part une poignée de musiciens, d'écrivains ou de peintres affamés qui avaient trouvé refuge à Paris dans les années 50, les Américains noirs ne sont aucunement impressionnés par les capitales européennes. On n'admire pas les choses parce qu'elles sont belles, on les trouve belles simplement parce qu'on nous a appris à les voir ainsi. Beaucoup d'Américains noirs sont vierges sur ce plan-là, ils n'ont pas été touchés par la propagande de la puissance culturelle européenne. L'Américain noir sait pertinemment que s'il est peut-être inférieur à l'Américain blanc, il est assurément supérieur à n'importe quel autre individu de la planète. Et ça, c'est une donnée de base.

Toi, comment t'en es-tu sorti ?

Bon, ils m'ont catalogué avec *Comment faire l'amour avec un Nègre sans se fatiguer*. Aucun problème. Le seul petit truc, c'était le fait d'avoir interrogé l'Amérique du dedans, c'est-à-dire sans remettre véritablement en question leur système, sur la terrible question raciale. Ce qui brouille complètement les pistes, c'est que je l'ai fait en français. Quelle idée perverse ! Les librairies et les bibliothèques ont des sections pour les Nègres, les femmes (je veux dire les femmes qui parlent de la question des femmes) et les autochtones. Quand *L'odeur du café* a paru, ils n'ont pas compris. Ils ne pouvaient plus me mettre dans la même case. Le livre se passait en Haïti et sous Papa Doc, alors ça devait parler de dictature. Pour eux, un écrivain ne pouvait pas transcender son drame personnel. En d'autres termes : Toute victime ne peut que se plaindre. C'est ainsi qu'on remarque que c'est une victime. Et si tu te sens comme une victime, alors tu n'es pas un vrai Américain, un maître du monde. On doit toujours rester englué dans la gangue sociale. Un écrivain noir américain qui raconte sa vie ne peut en aucun cas éviter la question raciale. Un écrivain haïtien né dans les années 50 qui raconte sa vie ne peut en aucun cas éviter la question de la dictature. Or, il n'est jamais question de Duvalier dans ce bref récit de mon enfance. Je n'étais pas un névrosé, et ça la plupart des Américains ne peuvent pas le comprendre. Le Blanc peut aborder tous les sujets. Le Nègre n'a à sa disposition que le racisme et la dictature. Les choses semblaient très claires jusqu'à ce que je commence à brouiller les pistes.

Ces deux thèmes occupent aussi une bonne partie de ton œuvre ?

Mais pas tout mon travail, et surtout pas de la manière qu'ils s'attendent qu'on les aborde. J'ai des livres qui ne sont pas contaminés par ces deux thèmes. Le seul livre qui aborde directement la question raciale c'est *Comment faire l'amour avec un Nègre sans se fatiguer*. Et le seul livre qui aborde directement la question de la dictature c'est *Le cri des oiseaux fous*. Deux sur dix. D'autres le font, mais par ricochet.

Que penses-tu des appellations littérature noire, littérature négro-africaine *?...*

Il n'existe pas d'appellation *littérature blanche*, alors ! Le pire c'est que ce sont les Nègres qui ont exigé ces appellations. Il faut beaucoup de temps pour ne plus être un esprit colonisé. J'ai été souvent invité à des rencontres avec des écrivains américains noirs (les deux adjectifs sont de trop). Chaque fois, c'est le même problème. Les écrivains noirs ne parlent que de la littérature noire en citant d'autres écrivains noirs, devant un public blanc naturellement. Toujours irrespirable. D'autant plus que la plupart de ces écrivains noirs (fait à remarquer : les Américains sont des Noirs et les Haïtiens des Nègres. Les Américains sont noirs parce qu'ils vivent sur le même territoire que le Blanc, alors que les Haïtiens sont noirs à cause de leur origine africaine) sont des hypocrites puisque, rentrés chez eux, ils se précipitent sur Rimbaud, Cervantès, Voltaire, Goethe, Faulkner, Shakespeare ou Homère. C'est la nappe phréatique de leur écriture, mais ça doit rester secret. Quand vous allez chez eux, leur bibliothèque regorge d'écrivains africains, haïtiens ou américains noirs — ça, c'est plutôt pour la galerie — mais, comme lecture de chevet, ils ont Bacon, Pope ou De Quincey.

Malgré cette hypocrisie, ne penses-tu pas que cette lutte identitaire a pu correspondre à une nécessité historique ?

C'est quoi, une nécessité historique ? Je n'ai jamais vu de ma vie une nécessité historique. Je ne sais vraiment pas à quoi ça ressemble. Je dois comprendre que, à un certain moment, il nous faut accepter de faire ce que nous croyons être des conneries pour ne pas désespérer Billancourt. Toute élite qui accepte volontairement de faire le con sous le fallacieux prétexte qu'il est toujours dangereux d'aller plus vite que son peuple, eh bien, généralement, cette lâcheté emprisonne ce peuple dans des problèmes artificiels pendant au moins trois générations. Ce problème dont on est en train de discuter, je n'aurais pas à y perdre mon temps s'il avait été réglé. Mais non, au lieu d'affronter la réalité, ils se sont réfugiés, tous autant qu'ils sont, dans le rêve et les fantasmes. Moi, mon truc, c'est d'écrire au meilleur de ma forme. Je n'ai pas à me dire que le peuple ne comprendra pas telle chose, ce serait d'une telle prétention. Il suffit de regarder de près la très grande richesse et l'exceptionnelle profondeur de la culture populaire haïtienne (Malraux l'a bien noté à propos de l'art pictural des paysans de Soissons-la-Montagne, et Métreaux dans ses recherches sur le vaudou a signalé la complexité extrême de cette religion qui est un art de vivre) pour voir que le peuple haïtien n'a pas de leçon à recevoir de moi sur ce plan. Alors, cette nécessité historique, n'est-ce pas souvent l'invention d'une élite bouffie d'orgueil ?

JE VOYAGE À L'ŒIL

Pourtant, tu ne refuses aucune invitation de ces groupes que tu accuses de rester enfermés dans leur ghetto.

C'est que j'ai plusieurs chapeaux. Je suis aussi tout ce que je ne veux pas être. Je suis un écrivain haïtien, un écrivain caraïbéen (ce qui est légèrement différent d'un écrivain antillais, mais je suis aussi un écrivain antillais), un écrivain québécois, un écrivain canadien et un écrivain afro-canadien, un écrivain américain et un écrivain afro-américain, et, depuis peu, un écrivain français. C'est très important pour moi. Cela me permet de voyager et de profiter des services que mes différents hôtes mettent à ma disposition. En France seulement, en 1998, je suis venu sous trois étiquettes : écrivain caraïbéen, écrivain haïtien et écrivain québécois. En Allemagne, durant la même année, j'ai été invité comme écrivain canadien et québécois. Aux États-Unis ou en Italie, je suis invité sous l'une ou l'autre de ces appellations contrôlées, cela dépend du sujet du colloque. Si c'est un colloque sur la dictature, ce n'est pas comme Québécois qu'on m'invitera, mais s'il s'agit d'un colloque sur l'identité, alors là mon côté québécois fait surface. Je change peut-être de chapeau, mais jamais de discours. Bien sûr, à un moment donné, on n'a plus envie de tous ces débats sur la question minoritaire et on aimerait parler plutôt de littérature, de techniques d'écriture, de lectures diverses, mais, mon vieux, on ne t'a pas invité pour entendre tes états d'âme. La discussion est sur l'exil, l'identité, l'ethnicité, le racisme, la dictature, la misère dans le tiers-monde, enfin le menu connu.

Cela pourrait-il avoir une incidence sur ton œuvre ?

En aucun cas. Je prends ça pour ce que c'est : des voyages gratuits. L'écrivain travaille des mois tout seul, dans une chambre fermée. Il lui faut se délasser l'esprit à un moment donné, mais ce n'est pas avec ses maigres droits d'auteur qu'il pourra se payer des voyages à l'étranger.

Pour les organisateurs de ces colloques, c'est très sérieux...

Pas pour tous. Pour certains, c'est vrai. D'autres reçoivent des subventions, occupent à cause de cela un certain espace, s'agitent pour vivre. Moi, mon sérieux va dans mes livres, et c'est à cause d'eux que je suis là puisque je n'ai jamais demandé à quiconque de m'inviter où que ce soit. Si je n'avais pas écrit ces livres, on ne m'aurait pas invité. Et si je ne disais pas ce que je pense, on ne me réinviterait plus. Quand je vais dans ces rencontres, j'y participe activement, je ne passe pas mon temps à essayer de séduire les organisateurs pour qu'ils me réinvitent. Ma seule légitimité, c'est mon travail, ce sont mes livres. Je suis sérieux, mais je n'ai pas l'esprit de sérieux. Et puis, je ne peux pas faire semblant de prendre au sérieux ce qui ne l'est pas tellement. Cela peut être très intéressant, un colloque, mais, entre nous, ce n'est pas très important. Il n'y a que l'humour qui soit vraiment important.

Est-ce qu'on t'invite à des colloques sur la sexualité ou même sur l'humour parce qu'il y a beaucoup de sexe et beaucoup d'humour dans tes livres ?

Pas encore. Je ne sais pas ce qu'ils attendent. Mais, pour être sérieux, il n'y a pas tant de sexe dans mes livres...

Quand même...

C'est une illusion. Prenons ce premier livre (*Comment faire l'amour avec un Nègre sans se fatiguer*). Bon, le titre a peut-être attiré quelques gogos, mais il n'y a dedans que deux petites scènes sexuelles qui ne font pas plus de deux pages et demie.

Tout le discours parle de sexe...

Dans un contexte politique. C'est l'affrontement du Nègre et de la Blanche. Les deux livres où il y a vraiment du sexe, c'est *Éroshima* et *La chair du maître*. Mettons trois livres sur dix. Ce n'est pas beaucoup. Tout le monde pense que je ne parle que de sexe, alors que je déteste la littérature érotique, enfin, le sexe pour le sexe.

L'amant de lady Chatterley, *que tu évoquais tout à l'heure...*

L'amant de lady Chatterley est un grand livre. Je parle de ces livres qui sont axés exclusivement sur le sexe. Il y a des étudiants qui font des thèses sur moi et qui tentent de me caser uniquement comme un écrivain sexuel. Comme tous ces livres — *L'odeur du café*, *Le charme des après-midi sans fin*, *Cette grenade dans la main du jeune Nègre est-elle une arme ou un fruit ?* et *Pays sans chapeau* — ne contiennent même pas un innocent baiser, alors, sais-tu ce qu'ils font? Ils font comme s'ils n'avaient jamais été écrits. Ils les ignorent, ne les citant jamais. Les gens qui veulent me voir comme un écrivain caraïbéen font la même chose : ils ignorent tous mes livres qui se passent en Amérique du Nord, et ceux (surtout les plus jeunes) qui sont intéressés uniquement par mes livres dont l'action se déroule en milieu urbain évitent de mentionner mes livres qui se situent dans un milieu rural. Je ne comprends pas de tels procédés. Il y a aussi ceux qui disent que j'ai commencé dans la révolte pour finir dans une certaine sérénité. En disant cela, ils ont l'impression d'avoir tout compris. Ils l'impriment et le réimpriment chaque fois, comme si c'était le nouveau label. Écoute, c'est simple : avant il était révolté, maintenant il est plus apaisé. On se demande : « Où est la littérature dans cette affaire? » J'emmerde tous ceux qui se servent de la critique pour régler leurs comptes personnels. Quand bien même l'auteur dit « je », comment peut-on savoir qu'il s'agit de lui à cent pour cent? D'ailleurs, est-ce si important?

C'est toi qui insistes pour dire que tu écris dans la vérité!

Oui, mais ça ne me fait pas écrire une seule bonne phrase. C'est important uniquement pour moi. D'ailleurs, dans cette affaire, je suis le seul témoin et pas toujours un bon témoin car, comme dit Borges, la mémoire est poreuse. Il ne faut rien comprendre à la littérature pour traiter un livre comme une confession. La part d'artifice est trop grande pour cela. En littérature, la sincérité est le premier artifice. Je ne veux pas dire que l'auteur est un faux jeton, je veux dire que la règle est la même quelle que soit notre motivation. Tu peux être sincère, mais ce n'est pas suffisant pour qu'on te croie, et pour cela tu ne disposes que d'un crayon et d'un morceau de papier comme tout le monde. Pour mettre en scène soixante pour cent de sincérité, il faut quarante pour cent d'artifices. La vérité a besoin d'être vraisemblable.

L'IMAGE POÉTIQUE

Revenons au travail sur la langue. Quand tu récris une partie de roman, quand tu y ajoutes quelques phrases, est-ce un travail pour la rendre plus simple? pour l'enrichir? Dans quel sens vas-tu quand tu travailles une page?

C'est toujours pour rendre la lecture plus aisée. Il ne faut pas qu'on ait l'impression que la phrase a été écrite. Le lecteur est pour moi un type avec qui je converse. La langue n'a pas beaucoup d'importance dans ce cas-là. Un pianiste qui ne fait que jouer du piano n'est pas un artiste. C'est la musique qui intéresse les gens, et non les instruments de musique. Un vrai musicien, c'est quelqu'un qui donne l'impression qu'il ferait de la musique tout seul, sans aucun instrument de musique et même s'il lui était interdit de proférer le moindre son. La musique bourgeonnera à l'intérieur de lui. Il n'aura qu'à fermer les yeux pour qu'on sente qu'il est en train de faire de la musique. Cela nous donne envie d'entendre cette musique. On court lui chercher un instrument, il se met à jouer. On l'écoute émerveillé car on sait que cette musique lui vient du plus profond de lui-même. Même chose pour l'écriture.

Pas la langue... plutôt l'image ?

Pour *L'odeur du café,* par exemple, j'ai vu une image. Une seule. Un petit garçon assis aux pieds de sa grand-mère dans une petite ville de province. C'était tout le livre. Il faut que ce soit très simple. Dans *Comment faire l'amour avec un Nègre sans se fatiguer,* deux jeunes Nègres au chômage vivent dans le même appartement : l'un passe son temps à écouter du jazz tout en lisant le Coran, tandis que l'autre, l'écrivain, ramène à l'appartement les jeunes blondes qu'il vient de ramasser sur le campus d'une université *wasp* pour les dévorer sans autre forme de procès. J'avais l'idée d'un endroit où deux types passent leur temps à converser sans souci du temps, parce que, en arrivant à Montréal, j'ai été frappé par la place du temps dans la société nord-américaine. En Haïti, on manque de nourriture ; en Amérique, c'est le temps qui manque. Il n'y a que les chômeurs qui disposent de temps, mais c'est un temps empoisonné. Ils le passent devant la télé. Un homme, une fois, à Grigny, m'a dit, avec un maigre sourire, que depuis qu'il ne travaillait plus il goûtait au charme doux-amer des après-midi sans fin. J'ai voulu avec ce livre redonner sa dignité au temps gratuit. L'un de mes livres où l'image est la plus forte, c'est *Le goût des jeunes filles.* Un adolescent regarde ses voisines (des filles sexy, libres, sans souci) de l'autre côté de la rue. Il prépare ses examens d'algèbre, mais il aurait préféré être là-bas, chez les filles. Pour cela, il lui faudrait traverser la rue, mais il n'a pas assez de courage pour entreprendre une aventure aussi risquée.

Bon, il finira par être de l'autre côté, mais, au lieu de vivre ce moment, il rêve d'être à sa fenêtre en train de se regarder chez les filles. La sexualité confuse des adolescents. On aimerait pouvoir se dédoubler pour se regarder en train d'embrasser cette fille qui nous a tant fait rêver, mais on ne peut même pas voir le visage de la fille qu'on est en train d'embrasser parce qu'en *close-up* on ne voit presque rien.

La phrase doit être courte, le vocabulaire plutôt simple ?

Le mot le plus banal possible. Si quelqu'un a faim, j'écris qu'il a faim. Pas de chichi. Sans suspense. Comme la vie. On naît, on meurt, et entre ces deux extrêmes il va vous arriver plein de trucs. Pas besoin que ce soient des trucs exceptionnels, plutôt nos trucs. J'écris au plus près de la vie. En définitive, on ne peut pas juger la vie. C'est comme ça.

JE N'AIME PAS LA MUSIQUE

Parfois, il y a des références à d'autres formes d'art, entre autres à la peinture et à la musique. La musique qui est présente dans tes livres, c'est celle qui est présente dans ta vie ou s'agit-il de deux univers différents ?

Pour dire clairement : je n'aime pas la musique et je ne l'écoute pas beaucoup. Disons que je l'écoute en voiture pour éviter de trop m'ennuyer sur la route. La musique que j'écoutais, c'était Sheila, Dick Rivers, tu vois le niveau. C'est ce qu'on écoutait en Haïti quand j'étais adolescent. Toutes les filles de mon quartier avaient un cahier qu'elles remplissaient de chansons. Dans la chanson française, j'aime ce que tout le monde aime : Brel, Brassens, Ferré. Uniquement pour le texte, ou une certaine façon d'être. Brel, pour cette passion indomptable ; Brassens, pour cet anticonformisme apparemment doux mais au fond bien intransigeant, et Ferré pour l'anarchie de luxe. Même mes raisons sont banales. Quant à la musique haïtienne, elle a occupé une place fondamentale dans mon adolescence. Elle est, pour moi, liée à cette époque insouciante, et elle m'a permis de traverser les années de folie duvaliérienne. Ce fut dur pour moi, parce que, au fond, je n'aimais pas la musique et, comme l'un entraîne l'autre, je ne savais pas danser. Et autour de moi on ne parlait que du fait que la danse coulait dans nos veines de Nègres. Le Nègre danse sa vie. Et moi, pas. Il n'y avait que cette seule poche d'air : la danse. On avait le droit de tout faire en dansant. Ils appelaient ça « la baise verticale ». Moi, je restais à la table à me morfondre. Les filles me trouvaient timide et elles s'ingéniaient à m'entraîner sur la piste de danse. Les plus belles, mon ami. Pavese a connu cela avec le sexe. C'est un peu plus douloureux, je crois. Il y a toujours un moment où je dois fuir, quitter le bal. C'est étrange que je sois devenu musicien.

Ah bon...

La musique des mots. Je fais danser les mots sur la piste de la page blanche. C'est vrai que je joue de la musique en écrivant. Je souris. Je bouge. J'écris. Je suis chez moi. Je mène la danse.

Je suis étonné que tu ne connaisses pas mieux la musique tant elle est présente dans tes livres.

Attends, faut que je me rappelle. J'ai eu une expérience musicale très forte, vers l'âge de onze ans. J'étais à Petit-Goâve, chez ma grand-mère. J'ai été réveillé en pleine nuit par une sorte de vacarme. Ensuite, j'ai entendu une musique magnifique, magique, pleine de rythme. Je me suis levé, j'ai ouvert la porte. À deux heures du matin. Un groupe de rara. Des paysans qui faisaient de la musique en parcourant la ville durant la nuit. C'était tellement bon que je n'ai pas pu résister. Je les ai suivis. Ils remontaient chez eux, dans les mornes. J'ai failli continuer avec eux, mais on m'a toujours dit qu'ils s'y prenaient ainsi pour capturer les enfants et j'ai rebroussé chemin au pied du morne Soldat. J'aurais dû les suivre. À l'heure qu'il est, je serais devenu un grand musicien de rara. Naturellement, mes parents n'auraient jamais su où j'étais passé. Je n'ai plus jamais connu une telle fièvre dans ma vie. Maintenant, je comprends ce qui m'avait tant attiré. Tout était nouveau. Ce groupe de paysans faisant de la musique en courant à travers la ville sans jamais s'arrêter. Le fait qu'on n'avait pas à danser en suivant des règles comme dans un salon, mais à courir. La possibilité de ne plus pouvoir revenir sur ses pas, le rara ne s'arrêtant jamais. Je crois que c'est une de mes secrètes influences : le rara. J'aime écrire dans le mouvement. La phrase peut être brève, mais le rythme ne doit jamais s'arrêter, comme le rara.

Pourquoi y a-t-il tant de jazz dans Comment faire l'amour avec un Nègre sans se fatiguer ?

C'est vrai que c'est bourré de citations. Je ne connaissais pas du tout le jazz, à l'époque. Je n'en avais presque jamais écouté. J'avais un ami à Port-au-Prince, Ézéquiel, qui était fou de jazz. Disons plutôt fou de Miles Davis. Il n'écoutait que ça. Il travaillait à la radio. Il avait une émission qui durait toute la nuit. J'allais le rejoindre des fois. J'aime les gens obsessionnels. Souvent, je les préfère à leur obsession. Peut-être que c'est en hommage à Ézéquiel Abellard que j'ai mis tant de jazz dans ce livre. Il ne faut pas chercher les motivations trop loin. Pour moi, Miles Davis et tous ses copains pourraient ne pas exister et ça ne ferait pas un pli.

J'ai peine pas à te croire aussi inculte en musique que tu le dis.

Oh, tu sais, je travaille beaucoup dans l'ignorance. Je trouve merveilleux de parler de ce qu'on ne sait pas. On pontifie moins. C'est plus amusant. Peut-être que je tiens cette technique de la musique de danse haïtienne. Les paroles sont toujours archinulles, mais on pardonne du moment que le rythme est soutenu. Pour un écrivain, c'est un jeu plus serré parce qu'on joue avec les mots, mais c'est encore faisable. J'ai une autre influence pour ce genre de discours, ce sont les prédicateurs américains. Pas ceux qui passent leur temps à la télé à ramasser les sous des petites vieilles, non, ceux qui se tiennent au coin des rues, à Harlem, pour annoncer l'Apocalypse. J'aime les regarder faire. Le discours monte, monte, monte. On reste là à attendre jusqu'à ce qu'on ait la certitude qu'ils ne s'arrêteront pas avant la fin du monde. Plus la voix s'enfle, moins les mots ont d'importance. Le maître absolu de ce genre reste quand même Jean-Baptiste en train de prêcher seul dans le désert.

Tu ne vas pas au concert ?

Tu veux ma mort ! Rester assis à écouter de la musique. On ne devrait écouter de la musique qu'en courant. Cette façon de faire, le concert, tout ça, n'existe pas en Haïti. On ne va pas écouter de la musique sans bouger, sauf quand un chanteur étranger est de passage, alors on écoute gentiment pendant un moment pour filer dès qu'on a une chance. On va manger un morceau en groupe pour aller danser après. Le concert, c'est l'opposé du rara. Et le rara, c'est l'âme de la musique haïtienne. Pour écrire le livre *Comment faire l'amour avec un Nègre sans se fatiguer,* je me suis acheté un petit livre sur le jazz, un truc sommaire. J'avais remarqué que les gens qui écrivaient à propos du jazz avaient tous un vocabulaire identique. Je me suis imprégné de ce vocabulaire pour maquiller le livre. J'ai fait la même chose avec le Coran. J'ai acheté un bouquin de règles coraniques et je m'en suis servi. Je m'en fous du contenu, c'est le rythme qui m'intéresse. Alors, quand les gens essaient de retrouver ma vie à chaque coin de page, ça me fait rigoler.

Alors qu'est-ce qui est vrai ?

Plein de choses, mais d'abord l'énergie. Comme pour le jazz, que je n'écoute pas parce que j'en fais parfois dans mes livres.

C'EST LE TABLEAU QUI NOUS TRAVERSE

Toi, tu veux des lecteurs ?...

Bien sûr, et aussi l'argent qui vient avec.

On reviendra sur l'argent... Autre présence artistique, souvent il y a aussi des références à la peinture. C'est un art dont tu te sens proche ?

Ah oui, totalement...

Tu aurais aimé être peintre ?

Non, je n'aurais pas aimé être peintre ; ce n'est pas que je n'aime pas ça, mais je n'y ai jamais pensé, ça ne m'est jamais venu à l'esprit d'être peintre.

La peinture, tu la fréquentes comment ? Tu es assidu aux expositions ?

Non, non, pas du tout, je n'aime pas tellement aller dans les musées, je ne cours pas non plus les expositions, c'est simplement une chose en moi...

Es-tu collectionneur ?

Surtout pas. Les rares toiles que j'ai sont des trucs de quatre sous que j'ai achetés au marché de Port-au-Prince. Je marche dans les rues et je regarde. Tout le monde peint en Haïti, alors c'est facile. Il y avait des tableaux chez ma grand-mère, pas beaucoup, mais à côté de *L'angélus* de Millet, on trouvait des marines de Viard, un Wilson Bigaud (Bigaud vivait pas trop loin de Petit-Goâve, dans une petite localité du nom de Vialet) et un Pétion Savain. Une maison ordinaire avec de grands peintres sur les murs. C'est ce que j'aime en Haïti. L'art est dans le peuple. C'est vrai. Les gens ont rarement des reproductions chez eux, à part *La cène* ou *L'angélus* (mais c'est plus pour des raisons religieuses). Des peintures à l'huile. Des sculptures de bonne qualité. Le niveau culturel haïtien est très haut. Je n'avais pas besoin d'aller dans un musée pour connaître la peinture. Tous mes voisins peignaient pour se faire des sous. Chaque année, je voyais Jean-René Jérôme s'amener à Petit-Goâve. Son grand-père habitait pas loin de chez moi. Il venait avec ses sœurs qui étaient très gentilles et très jolies. J'avais dix ans. Déjà très porté sur les filles. Mais je n'étais pas le genre à aborder une fille. Je les observais de loin. J'étais au courant de toutes les intrigues amoureuses du quartier. Jean-René Jérôme me montrait ce qu'il faisait. Il peignait le matin très tôt, près de la mer. Son oncle aussi était peintre. Il avait même peint la voûte de l'église de Petit-Goâve. Il était toujours soûl, l'oncle. Je suis resté très longtemps avec l'idée qu'un bon artiste doit être un alcoolique. Il avait épousé une femme qui, dit-on, n'était pas de sa classe sociale. Pour moi, c'était l'artiste parfait. Un alcoolique qui se fout des conventions sociales. J'enviais son fils, parce que son père lui faisait de magnifiques costumes pour le carnaval. Je connaissais beaucoup de peintres.

As-tu néanmoins fréquenté les musées ?

Oui, j'y suis allé assez tard, vers l'âge de dix-neuf ans, avec un ami. Il y avait le Centre d'art, mais je n'y avais jamais mis les pieds. Un jour, comme nous passions devant un bâtiment assez bizarre, un grand rectangle sans élégance : « Tiens, allons voir ça », ai-je dit à l'ami. On est entrés. Le conservateur était quelqu'un de Petit-Goâve. Nous, de Petit-Goâve, on est partout. Je ne comprenais pas l'idée de musée. Pour moi, les tableaux ne devraient être accrochés que dans des maisons. Et on ne devrait jamais s'arrêter pour les regarder. C'est pas fait pour être regardé, c'est fait pour qu'on vive avec. Quand on passe sa vie avec un tableau, on finit par le connaître sans jamais avoir à le regarder. Il y a des tableaux qui sont trop chargés pour rester dans une maison. La critique Michèle Montas m'a raconté qu'elle avait dû se débarrasser de son Saint-Brice parce qu'il lui était impossible de vivre avec un Saint-Brice dans la maison. Difficile face à face. Si celui qui possède la toile n'est pas au même niveau de sensibilité que le peintre, la magie du tableau n'opère pas. C'est le tableau qui doit vous posséder et non le contraire. Je suis retourné presque chaque jour dans ce musée qui ne disposait que d'une seule grande pièce (la salle d'exposition), et après deux mois j'étais capable d'identifier en une seconde n'importe quel peintre. Je connaissais les peintres par l'énergie qu'ils dégageaient. Là aussi, c'est une question d'énergie. J'adore la peinture dite primitive haïtienne. Les gens n'aiment pas que je dise cela. Pour eux, il n'y a que les touristes américains qui parlent ainsi. Parce qu'il y a des peintres modernes aussi, me lance-t-on. Le problème, c'est que je ne les trouve pas trop bons. Je ne sais pas pourquoi. Peut-être parce qu'ils partent du principe que, si on ne les aime pas, c'est parce qu'on refuse d'accorder aux Haïtiens le droit à la modernité. Donc, au départ, ils seraient bons, mais c'est à cause d'un certain racisme qu'ils ne seraient pas reconnus à leur juste valeur. Je continue à croire qu'ils ne sont pas très bons. Je ne les sens pas. Beaucoup de prétention, mais pas assez de vision. Il y a Télémaque. C'est vrai qu'il y a Télémaque. Revenons à la peinture primitive. Ce sont des peintres exceptionnels ; même quand ils sont mauvais, ils restent encore des artistes. D'autres ne seront jamais peintres, même avec énormément de talent. En voilà un rouge de colère, il vient de se reconnaître. « Ne te fâche pas, mon vieux. De toute façon, les médecins haïtiens, qui sont tous des collectionneurs, te couvriront d'or pendant que tu embelliras leur salon. »

Qu'est-ce qui te touche à ce point dans la peinture haïtienne ?

J'ai fait une petite découverte dont je ne suis pas peu fier. Dans la plupart des toiles occidentales, le point de fuite est au fond du tableau. Comme une invitation à pénétrer dans le tableau. On s'installe ainsi dans l'univers du peintre, et on étudie, on regarde, on flâne. Mais comme tout est sur le même plan dans la plupart des tableaux naïfs, on finit par se demander où est le point de fuite. Je l'ai cherché jusqu'à ce que j'aie découvert que c'était mon plexus qui servait de point de fuite. Donc, voilà pourquoi je n'arrivais pas à pénétrer dans le tableau. C'est lui qui devait pénétrer en moi. Imaginez maintenant une scène de marché comme il y en a plein dans la peinture haïtienne, et que tous ces gens, tout ce tintamarre, ces cris, ces rires, ces marchandages, imaginez que tout cela vous pénètre brusquement dans le corps. Quel choc ! Quelle musique aussi ! Les gens pensent aux sons quand on parle de musique.

Tu ne serais pas en train de définir ton propre travail ?

Si je parle autant de ma manière d'écrire, de travailler, c'est simplement que tout se ramène à cela pour moi. Je bouffe l'Univers pour chier du rythme. Je cherche le style partout. Le style de chaque objet. Son énergie. C'est ainsi que le contact se fait. Les peintres primitifs haïtiens m'ont donné ma plus grande leçon d'esthétique. Et c'est vrai que, quand j'écris, je tente de faire comme eux, c'est-à-dire que j'essaie d'intoxiquer le lecteur de façon qu'il ne puisse penser à un autre univers que celui que je lui propose. Je l'envahis. Je m'installe comme une évidence chez lui. C'est à prendre ou à laisser. Quand vous êtes devant un bon tableau primitif (j'adore le mot *primitif*), l'univers qui vous est proposé n'est pas un univers d'analyse, il n'y a rien à corriger, surtout pas à faire remarquer que ce petit bonhomme assis sur cette chaise n'est pas très bien dessiné. « Ce n'est pas ainsi que cela se passe ici. Gardez ces habitudes pour les salons. »

MATISSE, MAGRITTE ET BASQUIAT

Il y a trois peintres sur lesquels j'aimerais que tu réagisses, à partir de deux ou trois tableaux en tout cas. Tout d'abord le tableau de Matisse Grand intérieur rouge *: pourquoi ce tableau te paraît-il en adéquation avec ton travail ?*

Instinctivement, dès que je l'ai vu, il m'a sauté au visage. Quelque chose à la fois de neuf et de si ancien. J'avais l'impression étrange de regarder à l'intérieur de moi-même. Force, joie et vivacité des couleurs. J'aurais aimé vivre dans un tel univers. C'est si jeune. C'est pourtant la dernière grande toile à l'huile que Matisse a peinte, à quatre-vingts ans. Une telle sexualité ! Une telle vitalité ! Il n'y a que le cannibalisme qui soit capable de vous procurer une joie aussi spontanée. Manger l'être qu'on aime pour qu'il vous habite. Et ces tableaux à l'intérieur du grand tableau. Tout cela m'est très proche. J'aime décrire mes livres à l'intérieur du livre que je suis en train d'écrire. Comme un désir d'avaler son propre univers. Je n'habite plus dans mon univers. C'est lui qui m'habite. Il est dans mon ventre. De plus, le titre *Grand intérieur rouge* est terrifiant : sexe, sexe, sexe. Grand vagin rouge ! Avec ses couleurs vives (noir, jaune, rouge, bleu) et son absence de profondeur, ce tableau primitif me semble dans la lignée des grands peintres haïtiens. Les peintres haïtiens font rarement des intérieurs, parce qu'en

Haïti tout se passe à l'extérieur. Comme la plupart des peintres primitifs viennent de milieux populaires et qu'ils vivent dans des maisons surpeuplées, l'idée d'un univers intérieur leur est presque inconnue. Quand j'étais en Haïti, je sortais dehors tout de suite après le déjeuner pour ne rentrer que tard la nuit. La vie se passait à l'extérieur... Le grand extérieur. Et les portes des maisons elles-mêmes n'étaient fermées qu'au moment de se coucher. Toujours un trop-plein. L'une des choses qui m'avaient frappé en arrivant à Montréal, c'était que les maisons étaient conçues comme un ventre clos fait pour contenir les gens... Le grand intérieur. Je n'étais pas habitué à cette vision du monde modelée par le travail dur et l'hiver rigoureux. Quand on revient de l'usine par une froide journée, on n'a qu'une idée en tête, celle de rentrer dans le grand intérieur. À cause de ces couleurs vives et de cette absence de profondeur de champ, le tableau de Matisse m'a tout de suite paru familier. À la fois familier et nouveau : tel est Matisse.

Y a-t-il un lien entre ton travail d'écrivain et ce tableau ?

J'écris ce que je suis. À l'époque, j'écrivais mon premier roman. Pour la première fois de ma vie, je passais de longues journées assis devant une machine à écrire, une vieille Remington, à taper comme un dératé. J'avais placé une reproduction du tableau de Matisse juste en face de moi et, quand j'étais un peu fatigué, je plongeais dans l'univers de Matisse. Il y a les couleurs vives, des bouquets de fleurs dans de petits pots et des peaux de bêtes sauvages. Certaines fois, je me disais qu'il ne fallait en aucun cas que je devienne comme ces bêtes recyclées en tapis. J'étais un jeune fauve dans une cage et l'une de mes plus grandes peurs, à l'époque, c'était celle de ma nature profonde. Je suis un type du dehors qui ne veut pas devenir un type du dedans. Un être domestiqué. Un tapis. Je regardais avec inquiétude cette culture qui était parvenue à faire d'un tigre sauvage un tapis. Cela m'a pris beaucoup de temps avant de découvrir que ce que je croyais être des tapis était en fait un chat poursuivi par un chien. J'étais plutôt parano en ce temps-là, mais un Nègre qui ne pense pas tout le temps à sauver sa peau est un Nègre mort. C'est dans cette ambiance mentale que j'ai écrit certains chapitres de *Comment faire l'amour avec un Nègre sans se fatiguer*.

L'autre tableau sur lequel j'aimerais connaître ton sentiment, c'est celui de Magritte, Ceci n'est pas une pipe. *Là encore, le tableau me semble assez proche de ton travail.*

L'ouverture de *Cette grenade dans la main du jeune Nègre est-elle une arme ou un fruit?*: «Ceci n'est pas un roman.» Je le dis en pensant à Magritte. Dans le tableau de Magritte, on vous montre une pipe et on vous dit que ceci n'est pas une pipe. D'ailleurs c'est vrai, on doit pouvoir fumer avec une pipe, ce qui se révèle impossible avec la peinture d'une pipe. Ceci est un tableau. Bon, voilà un type né à Port-au-Prince qui écrit un livre qui se passe durant son enfance dans une petite ville de province d'Haïti et qui affirme, en recevant le prix Carbet de la Caraïbe, qu'il n'est pas un écrivain caraïbéen. Ceci n'est pas une pipe. Pour ma part, cela fait partie de ma guerre contre l'exotisme. J'exige d'avoir mon mot à dire dans cette histoire. «Il s'agit de ma vie et de ce que je veux en faire. Je ne suis pas un écrivain caraïbéen de par ma propre volonté. Je vous conseille de me croire plutôt que de croire à la réalité préfabriquée des clichés : Il est né à Port-au-Prince, donc il est un écrivain haïtien.» Je suis un Haïtien, je suis un écrivain, mais je ne suis pas un écrivain haïtien pour autant. Si je continue à le répéter sans cesse, j'arriverai peut-être à le leur enfoncer dans le crâne. D'autre part, ce que j'affirme n'engage que moi, rien n'empêche personne de tenter de prouver le contraire. Je pense à cela parce qu'il y a des gens qui m'ont demandé calmement : «*Cette grenade dans la main du jeune Nègre est-elle une arme ou un fruit ?* n'est pas un roman, n'est-ce pas ? » J'ai répondu que rien ne prouvait que ce n'en était pas un, mais on m'a rétorqué que c'était écrit dans le livre. Il y a un membre du jury du plus prestigieux prix littéraire du Canada, le prix du Gouverneur général, qui m'a confié gentiment que si on n'avait pas retenu mon livre, c'est parce qu'il était impossible de l'inscrire avec les romans à cause de la première phrase. L'esprit de sérieux est notre pire ennemi.

Précisément, j'aimerais qu'on parle de l'illustration de la couverture de ce livre : Obnoxious Liberal, *de Basquiat.*

Chez Matisse, ce n'est pas tout qui m'intéresse. Quant à Magritte, je le trouve un peu froid. Chez Basquiat, l'individu et le peintre m'intéressent beaucoup. Son itinéraire aussi. Tout son travail est une sorte d'autoportrait qui aurait pu avoir le titre que j'ai donné à l'ensemble de mes livres : «*Une autobiographie américaine*». Il se peint au cœur de New York. C'est dans la rue qu'il a commencé, avec des graffitis. Il a rencontré Madonna au Village, à Manhattan. Madonna démarrait à cette époque. C'est l'argent de Madonna qui permettra, quinze ans plus tard, la grande rétrospective Basquiat au Whitney Museum. Basquiat, mort d'une surdose de cocaïne, ne sera pas présent à cette consécration par l'*establishment* intellectuel new-yorkais. Son père est haïtien ; sa mère, portoricaine. Basquiat a tout fait pour devenir célèbre. La peinture était un moyen pour lui d'atteindre à la gloire. Il voulait que son nom, chaque fois qu'on le prononcerait, réveille quelque chose chez les gens. Au début, il ne faisait qu'écrire son nom (Samo, à l'époque) sur les murs de New York. Ah, l'anonymat dans une grande ville ! Surtout pour un fils d'immigrant. Cette volonté de se faire un nom, pour se faire respecter. Au début, bien avant que je ne commence à écrire, au plus fort des années d'usine, je voulais me faire faire un *poster* que j'aurais collé sur tous les murs de la ville avec ma photo et mon nom dessus. Rien d'autre. Pour quoi faire ? Pour qu'on me connaisse. Pour qu'on sache que je suis un être humain. Pour qu'on me remarque. Parce que, quand par hasard le regard des gens tombe sur moi, j'ai l'impression d'être aussi lisse qu'un mur. Le regard glisse sans me voir. On me dira que c'est la situation de tout le monde dans une grande ville. Il y en a pour qui c'est encore plus dur, croyez-moi. Si je n'avais pas connu ces durs moments, non pas seulement de solitude, mais ces moments où l'on a l'impression de ne pas exister, eh bien je me demande si j'aurais écrit avec cette rage. Aurais-je même écrit ? C'est l'impression que j'ai en regardant l'œuvre du jeune Basquiat. Ce n'est pas de l'art, c'est de la légitime défense. Il en va de même pour cet autre New-Yorkais, venant d'un quartier encore plus dur que celui où vivait Basquiat : Baldwin, James Baldwin, de Harlem, dont le premier livre avait ce titre fascinant : *Personne ne connaît mon nom*. Quelle rage ! Baldwin l'a écrit parce que son père, disons son beau-père, détestait son propre nom, et Baldwin lui aurait dit : «*Dad*, je ferai de ce nom dont tu as honte un nom prestigieux dans le monde entier.» Basquiat qui commençait par tagger son nom sur les murs de New York, Baldwin qui voulait faire le cadeau d'un nom à son père, et moi qui rêvais de couvrir les murs de Montréal avec des *posters* où il n'y aurait que mon nom et ma photo. Les gens se demanderaient : «Mais qui est ce type ? Qui est ce Dany Laferrière ? Est-ce un chanteur, un footballeur, un criminel ?»

Tu voulais cette gloire mais sans te brûler les ailes comme Basquiat ?

Là où je divorce d'avec Basquiat, c'est dans sa précipitation pour mourir. Picasso, lui, a eu le temps de jouir de la gloire. Picasso n'a pas attendu la célébrité pour se prendre pour Picasso. Picasso a toujours été célèbre même quand personne ne le connaissait. Ce type est un cas. Et en plus, il est mort vieux. Toutes ces jeunes femmes qui se succédaient dans « la chambre d'à côté »... Il a dit : « Je ne peux pas peindre sans une femme dans la chambre d'à côté. » Que peut-on demander de plus ? Et Basquiat, qui est mort à vingt-six ans, tu parles d'une connerie ! Basquiat est mort parce qu'il s'était sclérosé. Il s'était fait avoir par lui-même. Il avait cru dans son jeu. Il ne faut jamais oublier que c'est un jeu dont on a établi soi-même les règles. Tu peux dire n'importe quelle connerie, du moment que tu n'y crois pas toi-même. Il commençait à croire qu'il était vraiment Basquiat. À partir de ce moment, l'esprit de sérieux arrive et il n'y a plus rien à faire. Il voulait mourir jeune comme Jimi Hendrix, Joplin, Jésus (il est mort un vendredi comme lui, après trois années de gloire à Manhattan), Charlie Parker, le folklore quoi ! Vers la fin, il ne pouvait plus peindre. Au lieu de partir comme Rimbaud, il est resté à New York. Il a commencé à faire des faux Basquiat. Une caricature de lui-même. Là, il ne lui restait que cette sortie par l'*overdose*. Ce n'était plus : « Je veux devenir aussi grand que Charlie Parker », mais plutôt : « Je veux mourir aussi jeune que Jimi Hendrix. » Il a commencé par donner de l'importance à la peinture, alors qu'il n'a jamais été un peintre. Pour les autres, il était un peintre, mais pour lui il était Basquiat. La *star*, c'était le corps. La célébrité s'adresse au corps. Le blason du corps. Il aurait dû simplement dire : « Je n'ai plus rien à peindre, n'ayant plus rien à perdre. » Il a fait semblant de continuer à peindre et s'est enfoncé dans le mensonge. Il a perdu l'énergie de vivre. Rimbaud n'est pas un poète puisqu'il ne fait pas de poésie. Il fait Rimbaud, comme on dit : « Il pleut » ou : « Il fait chaud ». Il est parti pour l'Afrique et il est mort avec un autre métier. Il n'est pas mort poète, et c'est sa force. Je vois bien Picasso qui jette, en quittant pour toujours son atelier : « Pablo, tu n'es pas un peintre, ça suffit. » Et j'ai l'impression que, durant toutes ces années, il a toujours gardé sur lui cette capsule de cyanure : « Pablo, tu n'es pas un peintre, tu es simplement Picasso. » Et il aurait fait un autre métier, tiens... peut-être même marchand de canons... comme Rimbaud (c'est tout à fait dans les cordes de Picasso, ce truc). Voilà Basquiat en train d'essayer d'avoir un sursis, alors que son temps de peintre était terminé. De toute façon, comme pour toutes les *stars*, son *dealer* était le meilleur en ville. On le trouvera mort le vendredi 12 août 1988 dans son *loft*, à Manhattan.

Et Dany Laferrière pourrait casser ses pinceaux ?

Il va le faire, il va le faire, je l'espère.

LA HAINE EST UNE BONNE MOTIVATION

Continuons avec la littérature. Dans Le charme des après-midi sans fin, *on peut lire :* « *J'ai écrit ce livre pour une seule raison, revoir Da.* » *N'est-ce pas toujours la même motivation qui t'a amené à l'écriture : retrouver un personnage, retrouver une ambiance, te rappeler un passé, évoquer un souvenir ?*

C'est vrai qu'il y a beaucoup d'évocations dans mes livres. Évoquer le passé, raconter le présent sont des choses si aisées à faire pour moi. Je suis plutôt un conteur. Pourtant, *Comment faire l'amour avec un Nègre sans se fatiguer* n'était pas écrit dans ce sens-là. Les motivations n'avaient rien à voir avec le passé, mais plutôt avec le présent, ce présent si nouveau pour moi. J'étais dans un pays inconnu. J'étais pris dans un piège à Montréal. J'avais malencontreusement raconté que j'étais journaliste en Haïti, alors les gens présents, des Africains surtout, ont, par la suite, lancé la rumeur que j'étais devenu fou et ils m'ont traité de mégalomane parce que, d'après eux, je ne pouvais pas être journaliste.

Pourquoi ?

À l'époque, je faisais du nettoyage à l'aéroport de Montréal et c'était un milieu assez étrange. On était plusieurs Haïtiens. On travaillait la nuit. J'étais relégué aux toilettes. Il n'y a rien de pire que les toilettes d'un aéroport. Les gens ne font que passer, alors ils ne font attention à rien. C'est toujours très sale. Comme on travaillait de nuit, on s'habillait n'importe comment. Chaque matin, je voyais mes collègues se pomponner dans les toilettes. Ils sortaient de là en costume, avec un attaché-case, comme s'ils avaient été agents d'immigration ou je ne sais quoi. Quand je leur demandais ce qui se passait, ils faisaient semblant de n'avoir pas entendu. Finalement, l'un d'eux m'a expliqué : il y avait un vol pour Haïti au moment où nous terminions notre quart de travail, et ils n'avaient pas envie que l'on apprenne en Haïti qu'ils lavaient les toilettes à l'aéroport.

C'est parce qu'on t'a traité de fou que tu es devenu écrivain ?

Non, mais c'est la goutte d'eau qui a fait déborder le vase. Cela a fait augmenter ma dose de rage. J'avais des copains qui étaient arrivés en même temps que moi à Montréal. Parce qu'ils avaient leurs parents qui les attendaient déjà, ils ont pu aller à l'université et ils commençaient à me regarder de haut, à me prendre en pitié. Je me disais qu'il me fallait prendre un raccourci. Je rentrais chez moi, le soir, les poings serrés dans mes poches trouées. La rage au ventre. Le poète Jean Brière appelle cela « les horizons sans ciel ». Finalement, je me suis acheté une vieille machine à écrire, une Remington, et, une nuit plus morne que les autres, j'ai glissé une page blanche dans le tambour et j'ai tapé cette première phrase : « Pas croyable, ça fait la cinquième fois que Bouba met ce disque de Charlie Parker. » Ils ne voulaient pas croire que j'étais un journaliste, alors il ne me restait qu'à devenir écrivain.

Aujourd'hui, tu savoures une revanche ?

Énorme ! J'écris aussi pour faire chier ceux qui m'ont méprisé. Ils ont commencé par me mépriser avant de devenir jaloux. Tout cela m'a poussé à publier un livre par an. J'en connais qui, quand ils liront ce livre et verront le caractère prémédité de mon action contre eux (le simple fait d'écrire), voudront m'étrangler. Les gens méchants croient toujours qu'ils détiennent le monopole de la cruauté. Quelle naïveté ! C'est l'une des raisons pour lesquelles, chaque année, pendant près de huit ans, j'ai publié un nouveau livre. Je faisais des livres, des scénarios de film, des chroniques culturelles à la télé, parce que ça les énervait au plus haut point. Et quand on me rapportait qu'ils étaient au bord de l'apoplexie, je doublais la mise. En 97, j'ai publié deux livres uniquement pour les faire écumer de rage. Oh, que c'est doux la vengeance ! Et l'Église qui vient nous dire le contraire. L'Église qui raconte chaque matin comment une poignée de pêcheurs, dont certains sont devenus des martyrs, ont mis sur pied la plus grande opération de manipulation spirituelle de tous les temps. « Gardez vos sermons. Quant à vous autres, ne croyez pas que votre mépris ait eu autant d'importance dans ma vie. Si je raconte cette histoire, encore une fois, c'est pour vous faire chier. » Mais il faut tellement de raisons pour garder un type assis pendant des mois devant une machine à écrire à se fouiller l'âme que personne, pas même l'auteur, ne peut en sortir une du lot et crier que c'est la bonne. Zut !

La littérature, dans ce cas-là, exerce-t-elle un rôle qui peut être comparé à celui joué par l'athlétisme, la boxe, le football : un instrument de promotion sociale pour échapper à un destin ?

C'est comme ça que je l'ai toujours vue. Je n'ai jamais pensé à l'art pour l'art. Je n'ai pas non plus pensé à l'art engagé. Je ne veux pas changer le monde, je veux plutôt changer de monde. Pourquoi est-ce toujours à des gens comme moi, pauvre immigrant crevant de solitude, qu'incomberait le devoir de changer le monde ? J'arrive à peine à survivre dans un nouveau pays. Quand je regarde l'athlétisme aux Jeux olympiques, je me demande toujours pourquoi je n'ai pas un tel talent. De plus, personne ne vient leur demander après la victoire ce qu'ils pensent de la francophonie, de la dictature ou de la mondialisation. On regarde et on applaudit sans pudeur les vainqueurs en seigneurs du huit cents mètres ou du dix mille mètres. Ils peuvent parader tant qu'ils veulent et faire le tour de la piste enveloppés dans un drapeau. Si, moi, j'annonce que je suis actuellement le meilleur écrivain sur le quatre cents mètres (je laisse le huit cents et le trois mille mètres à de véritables poids lourds mais, sur quatre cents mètres, je crois qu'il n'y a personne en ce moment pour me battre)... d'abord les gens vont dire que je suis vaniteux, ensuite que la littérature est totalement différente du sport... Pourquoi est-ce différent quand il s'agit d'un écrivain ? Pourquoi ne voudrions-nous pas terrasser l'adversaire, nous aussi ? Pourquoi ne pas fêter bruyamment notre victoire ? Ne t'inquiète pas, c'est ce que j'ai fait. Je n'ai pas oublié que je suis arrivé il y a vingt-quatre ans, à Montréal, avec une petite valise remplie de vêtements d'été (ma mère m'y avait glissé quelques sous-vêtements en coton pour les journées plus froides d'hiver), une vingtaine de dollars en poche, et maintenant je suis à la tête d'une petite entreprise de dix romans, trois scénarios et quoi encore, je ne sais plus...

LES ANNÉES D'USINE

Cette période de travail en usine, peux-tu nous en parler et nous dire en quoi elle a pu influencer ton écriture, ton approche de l'écriture ?

J'ai rencontré un vieil ami de Port-au-Prince, Roland Désir, qui m'a amené chez deux autres copains, Pierre Opont et Jacques Hilaire. Et c'était parti. Tout de suite, on a voulu vivre ensemble. Quatre tempéraments différents.

Roland est pointilleux, un peu souffreteux, toujours en train de se plaindre de problèmes de santé (un tonton-macoute en Haïti lui a tiré dessus à bout portant), mais ce type connaît le dictionnaire par cœur (il est toujours en train de l'étudier), c'est lui l'original du portrait de Bouba dans *Comment faire l'amour avec un Nègre sans se fatiguer.* Jacques est un bon vivant, un exalté, très émotif (il pleure sans arrêt et les filles ne savent jamais quoi faire en présence d'un grand Nègre en train de pleurer). Pierre est un pragmatique, jamais à court d'idées, esprit lucide et puissant, mais un fabulateur de première. On passait de longues nuits à philosopher. On nous entendait rire dans tout l'immeuble. Quand deux d'entre nous travaillaient, les deux autres s'occupaient de la bouffe, de la littérature, du cinéma. Ce qui fait que, quand Jacques et Pierre rentraient fatigués du boulot, Roland et moi on leur expliquait ce qu'ils avaient manqué durant tout le temps qu'ils bossaient. On changeait souvent de job. Ce n'était pas difficile à trouver à l'époque. On achetait un ticket de métro et on se rendait dans le quartier industriel. On nous offrait toujours le salaire minimum, qui était de trois dollars dix à peu près, mais ce n'était pas difficile de trouver du travail. J'ai travaillé un peu partout dans Montréal. Ce n'était jamais un travail bien régulier. On vous appelait un matin et on vous envoyait dans une usine de fabrication de concentré de tomates, par exemple. On y passait une ou deux semaines, et on vous envoyait ailleurs, souvent pour remplacer des gens qui partaient en vacances. C'est ainsi qu'on apprenait à faire fonctionner différentes sortes de machines. J'aimais bien changer de travail parce que la chose la plus terrible, c'est la monotonie. On était très mal payés. Des jobs pour immigrants. L'époque la plus difficile, c'est quand je travaillais la nuit (de minuit à huit heures du matin). Je n'arrivais pas à dormir le jour.

On m'a souvent surpris en train de dormir dans les toilettes, un journal largement ouvert devant moi. Avec les copains, ça marchait bien, on se serrait les coudes, mais il y avait les filles et ça jetait la merde dans le groupe. C'était Carole, que Pierre a épousée contre notre avis. Jacques vivait séparé de sa femme Yannick, et Roland avait perdu la sienne à cause du groupe. (Celle-ci l'appelait au téléphone sans arrêt, mais il refusait de partir. Un jour, la télé avait annoncé la mort de Malraux et on faisait son bilan. Que valait *La condition humaine*? Était-il un génie ou un clown? On avait conclu qu'il était les deux. Vers deux heures du matin, la femme de Roland l'a appelé pour lui dire de ne plus jamais remettre les pieds chez elle.) Quant à moi, j'attendais Maggie, mais je ne devais la rencontrer que des années plus tard. Quelle influence ces années ont-elles eue sur moi? Une influence déterminante. J'ai raconté ce moment dans un petit livre que j'aime beaucoup, c'est celui de mes livres que je relis le plus facilement : *Chronique de la dérive douce*. Quand je suis arrivé à Montréal, je savais que quelque chose manquait à ma formation. Savoir que j'étais responsable de ma vie a dramatiquement changé ma façon de l'envisager. Ensuite, je n'avais jamais travaillé physiquement. Tout se passait dans ma tête. Le reste du corps allait suer à son tour. Je crois que d'avoir évité la filière de l'université pour prendre un travail manuel a été déterminant dans ma vision, assez physique, de la littérature. Une littérature qui accorde une importance capitale au corps.

MON ROMAN, MA SEULE CHANCE!

Cette volonté, ce projet étaient déterminés au départ. Lorsque tu termines Comment faire l'amour avec un Nègre sans se fatiguer *par cette phrase : « mon roman, ma seule chance », s'agit-il d'un projet déterminé à l'avance? Ta seule chance?*

Bon, tu veux savoir si c'est un crime prémédité. Eh bien, oui et non. Oui, parce que j'y ai pensé tout le temps que j'écrivais ce livre. Non, parce qu'il y a une grande part de naïveté dans tout cela. C'était un moment dramatique pour le jeune homme que je fus — je prends de la hauteur là —, mais je savais bien qu'il y aurait d'autres chances. Mais c'était important. N'empêche que j'ai oublié le manuscrit dans un bar. J'ai failli ne pas aller le chercher. C'était très loin de chez moi. En hiver, il faisait moins vingt-huit. La flemme. J'avais déjà perdu un premier roman qui s'appelait *Les paradis bordels*. J'ai inséré le titre (la seule chose qui est restée) dans *Comment faire l'amour avec un Nègre sans se fatiguer*. Trois années de travail envolées. Je ne voulais vraiment pas aller le chercher, celui-là. C'est un ami, Lionel Guerdès, qui m'a accompagné. Je suis un peu superstitieux : je pensais que si je l'avais perdu c'était parce qu'il ne valait pas la peine.

Tu parles de quel livre ?

De *Comment faire l'amour avec un Nègre sans se fatiguer*.

Et Les paradis bordels *?*

Je l'ai bel et bien perdu. On déménageait. On avait placé les boîtes de carton et les sacs verts remplis de vêtements, de bouquins, de bouffe et d'ustensiles de cuisine sur le trottoir, juste au pied de l'escalier, et on était montés prendre une bière. Quand on est redescendus, les boîtes et les sacs n'étaient plus là. Plus rien. On a fait le tour du quartier en vitesse. Le camion d'ordures était passé et déjà loin. On a fait le tour de la ville mais on ne l'a pas retrouvé. Pour me faire une raison, je m'étais dit que c'était parce que le livre n'était pas bon. Alors, quand j'ai perdu celui-ci, j'ai sorti le même argument. J'ai un côté aristocrate russe, capable de jouer sa dernière chemise sans que personne ne s'en aperçoive. Ce n'est pas mon genre de trop me plaindre.

Est-ce l'exil qui a formé une telle personnalité chez toi, ou étais-tu ainsi déjà en Haïti ?

J'ai toujours été ainsi, à la fois fonceur et désinvolte. Je crois que ces deux traits se retrouvent dans mes livres, et c'est ce qui perturbe quelquefois les gens. On ne peut être, selon eux, à la fois tendre et cynique. Un des deux caractères doit être faux. Pourtant, beaucoup de gens sont ainsi. Cyniques pour certaines choses et tendres pour d'autres. Cela ne me semble pas si incroyable. Mais les critiques se croient obligés de me couper en deux ou d'affirmer péremptoirement que l'un précède l'autre : « Au début, il était subversif, mais avec le temps il s'est apaisé. » Quelle courte vision de l'humanité !

Tu ne décolères pas à ce sujet !

La bêtise me fera toujours enrager.

L'ENFANCE APPARTIENT À L'ENFANT

Je regarde les livres et je vois certaines dédicaces... Elles sont toujours très soignées.

C'est important pour moi... Tout ce qui est écrit dans un livre fait partie du livre.

Celle-là par exemple : « À Mélissa : un monde qu'elle ignore totalement et qui est pourtant celui de son père. C'est ça aussi, le voyage. » Mélissa, c'est ta fille aînée. Il y a beaucoup de choses dans ces deux phrases, n'est-ce pas ?

Tout un itinéraire. Ma famille est en Haïti depuis l'époque coloniale peut-être. Brusquement je quitte le pays dans des conditions désastreuses. Mon père l'avait fait vingt ans auparavant. Je m'établis à Montréal. J'ai des enfants, mes trois filles. Elles grandissent en Amérique du Nord. Toute leur sensibilité s'est formée là. Pour moi, le territoire compte beaucoup, je ne voulais pas trop leur parler d'Haïti, juste un peu parce que leurs parents viennent de là, mais je déteste les ghettos. Je n'aime pas qu'on implante de force un autre univers, plutôt fictif dans ce cas, dans la tête d'un enfant. Je ne me suis pas coupé d'Haïti. Chez moi, beaucoup de choses rappellent mon pays. La peinture, la cuisine, la langue, certains de mes goûts, des amis, la fête, la politique, mes livres, etc. Mais je ne peux pas oublier que ma fille aînée est née à New York et mes deux dernières à Montréal. D'ailleurs, elles adorent la neige. Normal, ce sont des filles du Nord. Dans leur chambre, il y a des peintures haïtiennes, des peintures québécoises (surtout une de Tanobe qu'elles aiment beaucoup, qui montre des enfants en train de jouer dans la neige) et des *posters* de chanteurs américains, et aussi des statuettes de la tour Eiffel et de Notre-Dame qu'elles ont rapportées d'un voyage en France. Mes filles connaissent Port-au-Prince pour y avoir séjourné plusieurs fois, mais elles n'ont jamais vu Petit-Goâve, cet «endroit mythique», comme dit ma fille aînée pour se moquer de moi. Elles ont toutes trois lu *L'odeur du café*, en français et en anglais. N'empêche que c'est un peu dur de savoir que tes enfants n'ont jamais vu la ville où tu as passé ton enfance. Il y a tellement de choses qu'elles ignorent de moi. Ce ne sont pas des trucs qu'on peut apprendre, il faut y être né pour les sentir. Seuls les sens peuvent aller si loin. L'esprit a ses limites. Je me souviens que, quand Mélissa a eu terminé *L'odeur du café*, elle est venue me trouver pour s'étonner que j'aie eu une pareille enfance. Elle avait été impressionnée par l'immense territoire que j'avais à ma disposition comme terrain de jeu. C'est vrai que la ville de Petit-Goâve m'appartenait puisque Da connaissait tout le monde. Je me sentais en sécurité partout. Elle m'a dit : «Tu as eu tout ça, et moi, tu m'as flanquée devant un téléviseur durant toute mon enfance!» Bien sûr, elle noircit le portrait, mais c'est un fait que grandir face à la mer vous donne un regard, disons, plus panoramique que celui de qui passe son enfance en face d'un téléviseur. Mais à chacun son enfance, à chacun sa cargaison d'images, à chacun ses voyages.

Rien ne t'empêchait de donner une culture haïtienne plus solide à tes enfants...

J'ai toujours eu peur de cette manière de faire. Quand on met trop d'emphase sur la culture nationale, on oublie celle de la vie quotidienne. Les rapports entre les gens. Ceux qui vous entourent. La poésie de l'aube, le bruit de la pluie, les papillons, on trouve ça à peu près partout. J'aime bien laisser les gens trouver leur chemin. Et je ne voulais surtout pas les imprégner de cette culture de l'exil. J'ai tellement vu d'exilés chambarder la vie de leurs enfants à toujours ressasser les mêmes histoires, chanter les mêmes chansons, danser les mêmes danses. Cela donne envie de vomir. « On ne fait pas ça à un enfant. Laissez-le vivre sa vie. Gardez vos drames et vos chimères pour vous. » Je connais un jeune garçon complètement déprimé par les réunions hebdomadaires où, me dit-il, ses parents et leurs amis haïtiens ne font que parler de Duvalier ou d'Aristide en buvant du rhum Barbancourt (le fameux rhum haïtien) et en écoutant, tout en pleurant chaudement sur leur jeunesse perdue, des chansons espagnoles larmoyantes. Mais, quand ils ont envie de danser, ils mettent un disque de Tabou Combo, et là je suis sûr qu'ils ne pleurent plus. Les funérailles hebdomadaires. Quel spectacle pour un jeune homme plein de vie! Quelle honte surtout! Ils n'ont vraiment rien d'autre à faire. Au fond, ce qu'ils regrettent surtout, ce sont les nombreux domestiques qu'ils avaient à leur disposition en Haïti, les passe-droits, le pouvoir de contourner la loi, le droit de vie et de mort sur ceux d'une classe inférieure, le droit de cuissage sur les petites domestiques. C'est ça aussi, la culture nationale...

Selon cet ami adolescent, il paraît que cette sous-culture qu'ils tentent de cacher leur suinte par tous les pores. Il y a les grands discours, mais la réalité est tout autre. Les enfants vous observent beaucoup plus qu'ils ne vous écoutent. Vous pouvez toujours parler, parler, parler, et boire, et boire, et boire, et pleurer, et pleurer, et pleurer, il reste quelque chose qui ne change pas, c'est votre nature. La culture a de la difficulté à cacher la nature. Le substrat peut à tout moment faire surface.

LA POLITIQUE, CE N'EST PAS MA TASSE DE THÉ

Je comprends ton propos, mais le militantisme politique, l'engagement constituent des motivations majeures pour les écrivains, surtout en Haïti. Jacques Roumain, Alexis, Depestre, la lignée est là. Est-ce que l'homme Dany Laferrière, je ne parle pas de l'écrivain, maintient la politique à distance?

Il n'y a pas chez moi d'une part l'homme et d'autre part l'écrivain. C'est la seule petite nouveauté que j'apporte à la littérature haïtienne. Il s'agit de savoir de quoi l'on parle quand on prononce le mot *politique* en Haïti. Il y a beaucoup de fausses réponses. Pour un grand nombre de gens, faire de la politique signifie se réunir dans un endroit clos, à l'abri des oreilles indiscrètes, afin de comploter contre le pouvoir en place, alors que ces gens n'ont même pas la décence de se réunir pour faire venir de l'eau potable dans le voisinage. Pour eux, la politique consiste à corriger verbalement les actions d'un gouvernement. Alors que, pour moi, cela commence dans la vie privée. C'est l'addition de ces vies privées qui forme un pays. Il faut comprendre ce que je dis dans un contexte de pays du tiers-monde. Mon livre le plus politique, à mon avis, c'est *Le goût des jeunes filles* parce que la question se pose sur un plan privé comme sur un plan public. Le sexe dans un contexte de dictature. Et la réponse qu'apportent ces jeunes filles me plaît assez : une extraordinaire énergie de vivre comme elles l'entendent leur vie d'adolescentes et de jeunes femmes (elles ont de quatorze à vingt ans dans le livre). Leur combat n'est pas seulement contre la dictature mais contre tous ceux qui tentent de détruire la vie, qui vous font périr d'ennui, qui vous emmerdent, et cela de quelque bord qu'ils soient.

L'engagement politique dans un parti ?

Connais pas.

Néanmoins, es-tu à l'écoute du monde, de ce qui se passe ?

Pas vraiment, mais je ne me bouche pas les oreilles. J'en sais peut-être plus que d'autres, mais je ne suis pas tellement à l'écoute. Précisément à cause de la question : Qu'est-ce que la politique ? En Haïti, pour pouvoir ne rien faire, les gens commencent par mettre la barre toujours trop haut. Au lieu de régler le problème de la fontaine d'eau qui est totalement à leur portée, ils préfèrent embrasser un problème si vaste que l'État lui-même n'arriverait pas à le résoudre.

Dany Laferrière va réparer la fontaine ?

Plus exactement, je vais plutôt tenter de faire réparer la fontaine parce que je suis nul en mécanique. Quand je dis régler un problème, je ne veux surtout pas demander aux gens de se mettre à réparer des fontaines. Un pays n'est pas un moteur. Je ne parlais pas uniquement de l'aspect matériel de la question. Je disais qu'on pouvait toujours commencer quelque part, et ce n'est jamais loin de notre porte. C'est important, je crois, le déclic. L'impression qu'on est dans le coup. Au moins, cela épargne à vos enfants le triste spectacle des larmes hebdomadaires.

C'est le travail de l'écrivain de montrer où il faut agir ?

Je ne sais pas. Je ne voudrais en aucun cas qu'on ait l'impression qu'il n'y a pas de gens intelligents et actifs en Haïti. Sinon, on ne serait plus sur la carte. C'est une ambiance générale que je fustige. Nous avons hérité de la manie de discourir de la France mais sans sa santé économique et son équilibre politique.

FAIRE UN TRUC EN APPARENCE *COOL*

Pour réussir le pari que tu t'étais proposé, tu as mis un certain nombre d'atouts de ton côté. Peux-tu nous parler de cette stratégie et nous dire jusqu'à quel point elle était prévue, préalablement pensée, et si, au fil du temps, tu as eu à la modifier ?

Dès le départ, j'ai pensé mon entrée en littérature de manière globale. Pour écrire un livre, il faut puiser dans son stock d'angoisses, de souvenirs personnels, de cauchemars, de rêves, de moments heureux, et quand on n'en a pas assez, on ne doit pas hésiter à piquer dans la vie de nos amis et dans les livres des autres. Picasso dit : « Je ne vole pas, je prends. » Ensuite, il faut s'asseoir devant une machine à écrire pour faire passer tout cela dans son corps et que tous ces faits, ces émotions, ces histoires se gonflent de votre sang pour devenir votre vision du monde. Cette partie-là étant remplie, il reste des choses très importantes à faire. Choisir le titre. Il faut qu'il retienne l'attention des lecteurs sans trahir le sentiment personnel de l'auteur. Je n'avais pas envie de ces titres littéraires bons seulement pour la critique. Je voulais quelque chose qui soit plus proche de la culture américaine que de la culture française. Après tout, je suis en Amérique. Il n'y a que les Québécois qui croient qu'ils sont en Europe, tous les immigrants savent que le Québec se trouve en Amérique du

Nord. D'ailleurs, le livre lui-même (*Comment faire l'amour avec un Nègre sans se fatiguer*) était écrit à l'américaine. Un truc en apparence *cool*, mais au fond pas si *cool* que ça. On a l'impression que c'est jeté sur le papier comme ça, par un type qui sait à peine lire. On commence par le feuilleter, « Tiens, il connaît ça », on continue et on s'aperçoit qu'on se trouve devant un écrivain raffiné (selon sa conception de la culture) qui peut goûter Keats, Virginia Woolf, Baudelaire, Leonard Cohen. « Tiens, ce qu'il dit du sexe a l'air intéressant ! » On regarde le titre à nouveau. On pensait faire une blague à une copine en lui envoyant ce livre. On poursuit sa lecture un peu plus attentivement que tout à l'heure, et brusquement on a l'impression que même la phrase que l'on croyait déjantée était tout à fait classique. D'où cette sensation assez frustrante de s'être fait avoir quelque part, là où on ne s'y attendait pas. Mon but ultime est de faire réfléchir sur la notion de culture.

N'est-ce pas risqué ? Le lecteur peut le prendre mal.

Je ne conçois rien sans un certain degré de risque. Mais, en réalité, il n'y aucun risque parce qu'il s'agit profondément de moi, de ma nature. Je suis ainsi, c'est à prendre ou à laisser. Ce que je dis dans le livre, c'est le même discours que je tenais avec mes copains. Sur le féminisme, par exemple.

SUR LE FÉMINISME

Qu'est-ce que tu disais sur le féminisme ?

Quand je suis arrivé à Montréal, tout le débat du féminisme était, à l'époque, centré autour du sexe. Les femmes en avaient marre de ces types qui, dès qu'ils avaient éjaculé, leur tournaient le dos pour ronfler. Sur ce plan-là, c'était ainsi que les hommes montraient leur puissance. Le plaisir de la femme n'existait pas. Les femmes étaient au bord de la guerre civile, parce que le sexe ce n'est pas rien dans la vie des gens. Certains magazines leur conseillaient le vibromasseur à la place de l'homme. Moi, je venais d'un pays où le machisme s'exerçait autrement. Il consistait à faire mourir de plaisir la femme, jusqu'à ce qu'elle oublie son propre nom, jusqu'à ce qu'elle oublie l'usage de la parole et qu'elle ne communique qu'avec des onomatopées, jusqu'à ce qu'elle te demande pardon, jusqu'à ce qu'elle te supplie de la laisser respirer un moment. Et l'homme n'a pas triomphé tant qu'il n'a pas entendu la femme en train de pleurer doucement de joie dans son oreiller. Alors, mais alors seulement, il peut s'endormir. Et chez nous, on dit que la nuit préfigure le jour. Je venais avec une autre vision que les femmes semblaient apprécier quand je tentais de développer la thèse dans un lit. Sur d'autres plans, par contre, j'étais très en retard. Et j'ai beaucoup appris des hommes du Québec, qui sont d'une élégance d'esprit magnifique. Nous, je parle de mes copains haïtiens, on pouvait bien triompher la nuit à cause de cette bonne éducation reçue de nos pères qui savaient comment se comporter la nuit avec une femme mais, le jour, on était nuls. Nos pères n'avaient aucune idée du partage des tâches ménagères. Ils pensaient que c'était précisément là que l'homme occidental avait perdu sa virilité. On ne laissait pas la femme s'exprimer, croyant que le discours était un domaine réservé aux hommes. Mais, dès que le soleil se couchait et qu'on entrait dans un domaine plus mystérieux, moins démocratique, plus dangereux, alors on reprenait tous les pouvoirs perdus durant le jour.

D'ailleurs tu as un discours à peu près similaire dans Comment faire l'amour avec un Nègre sans se fatiguer.

Dans *Comment faire l'amour avec un Nègre sans se fatiguer*, je parle du rapport sexuel sur le plan de l'affrontement racial.

J'ai fait une sorte d'échelle qu'il faut prendre avec un grain de sel... D'ailleurs, tu as remarqué qu'il faut toujours prendre ce que je dis avec un grain de sel, sinon on n'est plus sur la même longueur d'onde...

Ne t'inquiète pas... continue...

Dans l'échelle judéo-chrétienne, toujours dans une finalité sexuelle, le Blanc est placé tout en haut. C'est à la Blanche de lui donner du plaisir. La Nègresse est placée tout au bas de l'échelle, c'est donc à elle de donner du plaisir au Nègre. Au milieu, se trouvent le Nègre et la Blanche. En tant que femme (toujours avec l'échelle qui dit que l'homme est supérieur à la femme... «Je sais que c'est douloureux à entendre mais laissez-moi finir»), elle est là pour donner du plaisir à l'homme, mais, en tant que Blanche, elle est placée plus haut que le Nègre. Et nous avons un petit mouvement assez intéressant qui va causer cette sorte de surexcitation sexuelle. Voici ce moment de trouble : Qui va dominer dans les rapports ? L'homme va-t-il dominer la femme ou la Blanche va-t-elle dominer le Nègre ? C'est dans ce tremblement que tout se joue. La lutte pour le pouvoir va être terrible. Le Nègre finira par dominer parce que c'est sa seule chance. Il sait que, dès que le jour se pointera, la Blanche reprendra tous ses pouvoirs. Le Nègre le fera avec rage. Mais cela faisait longtemps qu'on n'avait pas baisé la Blanche avec tant de passion (oh, la passion qu'on peut mettre dans un pouvoir que l'on sait éphémère), tant d'appétit carnivore, tant de haine («La haine dans l'acte sexuel est plus efficace que l'amour», dit le narrateur de *Comment faire l'amour avec un Nègre sans se fatiguer*), tant de douceur aussi, tout cela fait une nuit mémorable qu'il faut éviter de renouveler trop souvent car le fantasme a la vie courte.

N'es-tu pas en train de fournir des arguments à ce vieux mythe du Nègre sexuel ?

Au contraire, je suis en train de démonter le système en mettant à nu le jeu réciproque des fantasmes.

SUR LA DETTE DE L'ESCLAVAGE

Revenons à la naissance du livre. Tu t'es intéressé également au système éditorial ?

Énormément. Ce qui m'intéressait dans l'affaire, ce n'était pas tant de rencontrer les écrivains, mais les éditeurs, les distributeurs, les libraires. Je voulais savoir comment cela fonctionnait. Je n'avais pas l'intention de faire un coup, j'étais simplement obsédé par la lucidité. J'aime savoir comment les sociétés marchent. Je déteste rêver. Mon rêve, c'est un excès de réalité. C'est pourquoi, dans la plupart de mes livres, il y a cette tentative suicidaire d'expliquer mon propre système. Par exemple, dans *Comment faire l'amour avec un Nègre sans se fatiguer*, les jeunes filles, les Miz comme je les appelle, ne savent pas à qui elles ont affaire. Pour elles, ce ne sont que de jeunes Nègres, alors que le lecteur, lui, sait très bien à quel type d'individus il a affaire. Le narrateur (l'écrivain dans le livre) dit bien : « L'histoire ne s'intéresse pas à nous, et nous on ne s'intéresse pas à l'histoire. C'est kif-kif. » Il signale plus loin, afin de prendre un peu de distance avec tout ce débat à la con sur la dette de l'esclavage, que : « L'Occident ne doit plus rien à l'Afrique ».

Pour d'autres, c'est un débat sérieux...

On en a pour vingt ans de discours, et je n'ai pas de temps à perdre avec de pareilles conneries. Les Amérindiens ont perdu un temps fou à vouloir récupérer Manhattan, affirmant que cet immense quartier de New York (la superficie d'une bonne ville) leur appartenait. Ils l'avaient vendu au gouvernement américain pour une bouchée de pain, mais il paraît que tous les chefs amérindiens n'avaient pas signé et qu'en fin de compte le contrat était nul. Tu parles d'une connerie ! Ces types croyaient dur comme fer que l'État américain allait leur donner Manhattan avec tous ses buildings et Central Park. Les Juifs, qui sont vraiment puissants et qui disposent de tous les papiers possibles démontrant que les nazis leur ont piqué leurs biens — on parle d'une histoire qui date d'à peine cinquante-cinq ans, ont de la difficulté à faire valoir leurs droits. Bronfman, le milliardaire canadien, en qualité de président du Congrès mondial juif, est allé rencontrer le PDG d'une puissante banque suisse à propos de biens juifs que cette banque garde encore en sa possession. Eh bien, on ne lui a même pas offert une chaise.

Tu crois qu'il faut tout oublier...

Je n'ai pas l'habitude de mener des combats par principe. On se bat pour gagner. C'est l'Américain en moi qui parle. Je n'ai pas envie d'assister à des milliers de colloques autour de cet interminable gémissement, et les Africains qui mènent ce combat ne doivent pas trop s'exciter avec moi. Il ne faut pas qu'ils oublient que je suis la victime dans cette affaire. C'est parce que j'ai été vendu ou capturé que je suis en Amérique. Donc, s'il faut absolument intenter une action en justice, c'est du continent américain qu'elle doit venir. Moi, je crois qu'il ne faut pas demander de l'argent dans cette affaire. Les riches n'aiment pas débourser. Il faut plutôt se faire payer en services. Et fixer une limite. Par exemple : pendant cinquante ans, les Nègres (il faudrait donner des preuves concrètes de sa négritude car beaucoup de Blancs quelque peu basanés vont essayer de s'infiltrer dans les multiples interstices de la définition raciale) pourront voyager en avion, en autobus et surtout en bateau sans payer, ou manger dans des restaurants tenus par des Blancs (il faut fixer un certain nombre de plats gratuits qu'un restaurant est tenu de servir par jour), se procurer des habits dans les magasins, toujours sans payer, etc. Il y aura un quota pour les postes publics et même privés (n'oublions pas que l'esclavage a fait l'affaire de tout le monde en Europe). Je vois déjà la centaine d'avocats qui vont se jeter sur une si juteuse affaire (j'en profite pour dire promptement que leurs honoraires feront aussi partie des redevances). Bon, certains illuminés en profiteront pour exiger que les Nègres soient placés à la tête de tous les pays d'Europe, comme ultime rétribution à la grande douleur causée par l'esclavage, mais ils doivent savoir que l'intention n'était pas de tuer la poule aux œufs d'or. « Alors, les gars, dégagez ! »

Tu te moques de tout ainsi ?

Tu ne trouves pas que tous ceux qui, sous prétexte qu'ils occupent des postes importants dans des organismes internationaux, en profitent pour légitimer des projets dingues et coûteux en énergie, tu ne crois vraiment pas que ce sont eux qui se moquent de nous ?

LA POSTURE DE VICTIME

Le thème de l'esclavage ne t'a-t-il jamais intéressé ?

Ce thème a fait terriblement de tort à un certain type d'écrivains, ceux qui croient que la littérature est une affaire intime qui n'a rien à voir avec la défense de la race. Ceux-là rencontrent énormément de difficultés à plonger leur scalpel au cœur même d'un passé qu'il n'est pas acceptable de mettre en question, sauf pour vilipender le colon. La victime a toujours raison. Donc, pendant deux cents ans, on ressasse les mêmes clichés, les mêmes mythes, les mêmes fables. Je me souviens que, enfant, je rêvais qu'on me racontait d'autres histoires à propos du passé colonial. Tout me semblait trop lisse, trop bien scénarisé. Je sentais confusément qu'il y avait des squelettes dans le placard. Des choses qu'on nous cachait. Plus tard, j'ai appris que certains esclaves avaient été vendus aux chasseurs blancs par leurs propres frères africains, j'ai appris aussi que certaines Négresses profitaient de leur pouvoir sexuel sur le maître pour mépriser les autres esclaves, j'ai appris surtout que les plus implacables tortionnaires étaient recrutés parmi les esclaves. Un Français n'aura pas de mal à comprendre cela en se référant à l'attitude d'une bonne partie de la société française durant l'occupation allemande. Il faut savoir que ce qui se passe en Haïti, aujourd'hui même, a un lien direct avec le passé colonial. Sinon, c'est difficile de comprendre que ces gens qui ont tant souffert passent avec cet enthousiasme du côté du bourreau. Au cœur de cette violence, se cache un secret. C'est ce secret qui m'intéresse et non la propagande nationale qui dit que la victime ignore le mal. Tout peuple qui se forge un passé sans tache a de la difficulté à produire une littérature importante. L'écrivain doit tenter de faire monter à la surface toute la boue du passé pour pouvoir donner de l'épaisseur à ses personnages et une perspective de fond à son histoire. Il nous faut créer des personnages de chair et de sang, non des robots inoxydables.

N'es-tu pas en train de tirer la couverture à toi ?

Bien sûr... C'est mon travail d'aller patauger dans la boue. Je laisse aux fonctionnaires de l'État l'eau claire de la propagande. Leur devise est d'une netteté impeccable : *Si on cache bien le problème, il finira par disparaître.* La leçon de Gide selon laquelle on ne peut pas faire de la bonne littérature avec de bons sentiments reste encore valable.

Y a-t-il un moyen pour ces écrivains de sortir de l'obligation d'écrire sur l'esclavage, ce moment tragique de l'histoire humaine ?

Oui, c'est arrivé à ceux qui ont connu Duvalier, pour la simple raison que la dictature a fait un peu d'ombre à l'esclavage. Un drame reste vivant pour autant qu'il n'est pas remplacé par un nouveau de même tonneau. Je ne veux pas dire que l'esclavage soit comparable à la dictature, mais on n'en est pas loin. Et, pour ceux qui vivent sous la dictature, c'est un fait qu'elle occupe tout votre espace mental.

Prévois-tu un autre thème dans la littérature haïtienne ?

Pas seulement dans la littérature haïtienne, je dirais dans l'art haïtien en général...

L'exil ?

L'exil est plutôt lié à la dictature. C'est du pareil au même. L'émigration ? Depuis le départ de Jean-Claude Duvalier, le 7 février 1986, il n'y a plus d'exilés haïtiens, il n'y a que des émigrés. Et, plus que l'occupation américaine de 1915 ou la dictature des Duvalier (1957-1986), c'est l'émigration massive en Amérique du Nord qui constitue l'événement fondamental de ce siècle haïtien. D'ailleurs, une littérature en complète rupture avec le corpus littéraire haïtien est en train de pointer son nez à l'horizon.

En quoi l'immigré est-il différent de l'exilé ?

L'exilé ne voit son pays d'origine que sous un angle politique, alors que l'immigré s'intéresse aussi à ce qui se passe dans le nouveau pays où il a élu domicile.

QU'EST-CE QUI EXCITE TANT LES FILLES CHEZ LES NÈGRES ?

En fin de compte, ce personnage lucide, cultivé, que l'on trouve dans la plupart de tes livres dont l'action se déroule en Amérique du Nord, surtout Comment faire l'amour avec un Nègre sans se fatiguer, *que veut-il faire passer comme message ?*

Il veut montrer deux jeunes Nègres qui connaissent parfaitement la culture occidentale, qui, s'ils étaient des Blancs, seraient à la télé en train de pérorer sur n'importe quoi, alors que ces types vivent, en plein Montréal, dans des conditions économiques infrahumaines. Ils peuvent bien avoir de l'humour, rire sans arrêt, écrire, boire du thé, rencontrer des filles, il se trouve qu'ils mènent une vie misérable dans un appartement sale, qu'ils mangent très mal, qu'ils boivent du mauvais vin, qu'ils n'ont pas de travail et qu'il est difficile de savoir comment ils font pour tenir. C'est la stricte réalité nord-américaine dans une ville où l'hiver ne pardonne pas. On doit bien chauffer l'appartement en hiver, manger de la viande, s'habiller chaudement (bottes, gants, foulard, manteau). Tout cela coûte très cher et ils ne travaillent pas. Ils peuvent bien donner l'impression d'être heureux, l'angoisse est là, sous-jacente : l'angoisse de ne pas pouvoir payer le loyer, sans compter les autres dépenses. Et ces types sont des lecteurs de Tolstoï, de Proust, et des amateurs éclairés des préraphaélites. Comme disait mon ami Homère (heureusement qu'il y a les copains pour vous dépanner quand on est à court d'idées), à propos d'Ulysse se précipitant sur un sanglier, «c'est le ventre qui parle». C'est pour cela qu'il m'a été difficile de concevoir la littérature comme un exercice d'esthète. Mais cela ne veut en aucun cas dire que ce n'est pas de l'art pour moi. Je n'écris pas pour témoigner, j'écris pour voler au-dessus des maisons, pour délirer, pour vivre pleinement.

N'y avait-il pas un autre risque — tu en parles dans Cette grenade dans la main du jeune Nègre est-elle une arme ou un fruit? *— de devenir l'auteur d'un livre surmédiatisé (*Comment faire l'amour avec un Nègre sans se fatiguer*) dont on connaît beaucoup plus le titre que le contenu? de devenir l'auteur d'un objet dont on connaît le titre mais qu'on n'a pas lu?...*

Non, il n'y avait aucun risque. Les autres pouvaient sentir cela, mais moi ce n'est pas ainsi que je le vivais. Je savais que ce n'était pas un gadget. J'avais glissé dans ce livre quelques bonnes grenades sous forme de réflexions apparemment légères : « Baiser avec un Nègre c'est bien, mais dormir avec c'est mieux. » En tout cas, c'est plus risqué. Généralement, on préfère baiser avec vous que dormir en votre compagnie, parce que dormir c'est pénétrer l'autre. Pour une jeune fille blanche, dormir avec un Nègre dans le Quartier latin de Montréal pour se réveiller en pays dogon, c'est une chose bien grave. L'immense liberté qui flottait dans cet appartement en faisait un lieu de désir. On y était attiré. Les jeunes filles savaient qu'elles n'étaient pas jugées. D'ailleurs, on ne peut être vraiment jugé que par ses pairs. Le décalage racial excitait tous les délires. On buvait du mauvais vin et on sautait ces jeunes filles hautement consentantes.

Sauter des filles magnifiques, c'est plutôt positif. Boire du mauvais vin, ça l'est nettement moins. Ce n'est pas un objectif dans la vie.

Quand on n'a jamais bu de bon vin, on ne peut pas faire la différence. À défaut d'avoir du bon vin, j'ai magnifié le mauvais, un peu comme Bukowski avec ses femmes alcooliques. J'ai rencontré, quelques années après la publication du livre, une jeune femme qui m'a dit : « Monsieur Laferrière, vous m'avez été d'un grand secours. Avant, je me sentais minable à avaler de la piquette mais, depuis que je vous ai entendu chanter le mauvais vin, je me sens fière de boire du mauvais vin. » Elle n'avait pas assez d'argent pour s'acheter du bon vin. Elle l'a dit avec une certaine noblesse. Arriver à imposer le mauvais vin, cela exige une certaine élégance que possède le narrateur du livre... Si on regarde bien, il y a une grande part de dandysme dans ce livre, et dans mon travail en général.

Le dandysme, c'est avoir du style dans n'importe quelle situation. Est-ce ainsi que tu l'entends ?

Oui. Ces filles venaient pour la plupart d'une famille bourgeoise, fréquentaient McGill, excellente université située dans la partie anglophone de Montréal, avaient un avenir assuré, et qu'est-ce que je leur proposais ? Le tiers-monde à quinze minutes de l'université, en plein Montréal. Je leur proposais un peu de danger. Sans drogue ni brutalité, car je fonctionne plutôt dans les fantasmes. Je leur proposais un endroit où elles n'étaient pas perçues comme une princesse, une petite fille à sa maman, mais simplement une femme dans la tanière d'un homme. Enfin, je leur proposais, disons le narrateur leur proposait, faut pas que je me confonde avec ce veinard, une liberté de mouvement absolue. C'est pour cela que ce livre a eu un tel impact pendant si longtemps sur les jeunes filles. J'ai rencontré une fille dans le quartier anglophone de Montréal qui m'a dit que, ne pouvant plus attendre, elle a traduit, en anglais, le livre pour son amant, un Jamaïcain, « afin qu'il sache que je suis maintenant au courant de tout ce qui lui passe par la tête quand il me baise, et aussi de la raison pour laquelle je le trouve si souvent assis seul dans le noir ». J'ai rencontré une autre fille à New York. Elle venait de Toronto, une Indienne dont les parents étaient de New Delhi qui m'a raconté que, après avoir lu mon livre, elle avait quitté Toronto pour aller vivre à New York où elle avait rencontré beaucoup de gens dont un Haïtien. Elle a voulu être exactement la réplique féminine du narrateur de mon premier roman. Elle vient tout juste de publier son premier livre, qui est en fait une réponse à *Comment faire l'amour avec un Nègre sans se fatiguer*. Elle m'a dit : « J'ai fait tout ce que tu as fait : j'ai quitté mon pays pour aller vivre ailleurs, j'ai vécu dans la misère et la liberté, et maintenant je suis une romancière. » Mina Kunar est aujourd'hui l'un des plus brillants jeunes écrivains de New York.

Cela confirme l'idée que le titre aurait pu être Comment faire l'amour avec une Blanche sans se fatiguer *car, finalement, c'est de cela qu'il s'agit.*

Oui, ç'aurait pu être ce titre, mais ce ne serait pas intéressant. C'est plus complexe quand un Nègre dit : « Comment faire l'amour avec un Nègre sans se fatiguer. »

Bien sûr, mais le résultat était celui-là.

Je ne crois pas. Dans le titre, il est sous-entendu que le Nègre ne se fatigue pas et que c'est la Blanche qui se pose la question excitante de la durée. Elle part du principe qu'elle s'épuise toujours la première. Une jeune femme a pourtant voulu changer le titre, et cela donne : *Comment faire l'amour avec un Nègre sans le fatiguer.* Quand des jeunes filles me demandent la recette de cette manière interminable de faire l'amour, je leur réponds toujours : « Écoutez, c'est très simple, il suffit de le laisser faire. »

LES PRÉPARATIFS

L'une des conséquences du livre, si je comprends bien, c'était...

... d'avoir poussé les jeunes filles occidentales dans les bras des jeunes Nègres...

Oui, ou au moins dans ceux de l'auteur?

Tu veux ma place? Bon, les gens avaient vu autre chose aussi. Bien sûr, ce mince bouquin était une petite grenade conçue beaucoup plus pour les jeunes filles que pour les jeunes garçons, quoique la vie de bohème concerne tout le monde. J'ai rencontré des lecteurs qui m'ont dit n'y avoir rien vu de sexuel, mais simplement un bouquin sur l'amitié et la vie de bohème, ce qu'ils vivent d'ailleurs avec leurs copains. Donc, on peut voir ce bouquin sous plusieurs angles. Au Québec seulement, il y a plus de dix-sept thèses (selon le magazine *Tribune juive*) sur ce livre. Les sujets abordés sont divers : le racisme, le sexe, la mélancolie, la solitude, la religion, l'immobilité (cette jolie étude de Patrick Dodd à l'université Ann Arbor), le jazz, les influences littéraires, etc. Ces ingrédients ne sont pas là par hasard.

Tu ne t'es pas contenté du livre, de la jaquette, du titre, il y a eu aussi l'avant-vente.

Je n'ai pas fait de service après-vente, si c'est cela que tu veux insinuer. Tu te souviens de la dernière phrase du livre : «Ma seule chance.» La véritable dernière phrase est bien plus dynamique, c'est un seul mot : «Va.» Je devais aider ce livre aussi. Jacques Lanctôt, mon éditeur, m'avait écrit au moment de le publier : «Ce petit livre est une bombe. Quand je l'ai lu, j'ai ri, comme avec Bukowski.» Tu t'imagines, j'étais aux anges. Ce type me comprenait, il voyait où je voulais en venir. Ce n'était pas suffisant. J'avais remarqué que n'importe quel musicien de sixième ordre se faisait faire son *poster* dès qu'il sortait un disque. J'ai voulu mon *poster* aussi. J'ai demandé à des amis photographes de me faire une photo à l'endroit où je me tenais régulièrement à l'époque où j'écrivais ce livre. J'étais pieds nus, assis sur un banc du parc. Ils voulaient un truc où l'on me voyait au milieu des arbres. Je n'en avais rien à foutre des arbres. Je n'étais pas ici pour les arbres. Je suis un félin de ville. Je veux la ville, la vraie ville, la pollution, les gens, les voitures, le métro. Mes vaches sont les voitures.

Une véritable mise en scène ?

Comme toujours avec moi, ma vie réelle et ma vie rêvée ne font qu'un. En attendant, j'ai apporté ma machine à écrire, une petite Remington portative, mes espadrilles blanches, une grosse bouteille de bière Molson que j'ai cachée dans un sachet brun parce que c'est interdit de boire de l'alcool en public, mais la police n'est pas censée savoir ce qu'il y a dans ton sachet (quelle hypocrisie !), je me mets pieds nus avec le jean retroussé, une idée que j'ai piquée à Márquez (la photo en quatrième de couverture de ses livres parus chez Grasset). Je ne suis pas pieds nus pour rappeler le côté primitif du Nègre, non, non, je suis un type à l'aise dans sa peau. J'ai les yeux baissés sur ce que je suis en train de faire (un côté du visage éclairé tandis que l'autre reste dans l'ombre, ce qui résume exactement les deux aspects de ma personnalité). Je ne suis pas en train de mendier. Je suis en train d'écrire. Je suis un écrivain au travail.

LA GUERRE COMMENCE

Une image très composée, assez sophistiquée...

Trop n'est jamais assez... Il y a un côté art brut, un côté apparemment primaire mais discrètement riche en nuances. On peut lire cette photo pendant un certain temps. On dirait que c'est pris sur le vif, alors que tout a été prémédité. J'ai apporté la photo à un ami qui faisait des *posters*. Il a commencé par râler et dire que ça ne marcherait pas, un écrivain pieds nus. Il avait en tête le prestige de la profession. Pour lui, j'étais en train de renforcer le vieux cliché du Nègre sauvage (encore!). Il détestait la bouteille de bière, disant que je corroborais l'image du Nègre alcoolique. Je lui ai dit d'arrêter de ramener tout à ce truc de Nègre et que je n'étais pas ici en tant que Nègre mais en tant qu'écrivain *beat*. Il y a une lignée dans la littérature américaine : Hemingway, Kerouac, Bukowski, Miller. Des types *cool* qui boivent. Il m'a répliqué que c'était du théâtre puisqu'il savait que je ne buvais pas. Hemingway dit qu'il faut commencer par imiter un grand écrivain. Cela me va très bien. « Regarde, lui ai-je dit, tu ne vois que des histoires de Nègre. Demande son avis à un jeune Nord-Américain blanc et il te débitera toutes ces références : Kerouac, Miller, Bukowski, etc. Tu comprends, faut pas rester enfermé dans ton univers. » Comme il allait me faire un bon prix, j'ai mis un peu la pédale douce. Il a fait le *poster* et je l'ai placardé moi-même dans tous les bars de la ville.

Cela même avant la sortie du livre !

Le livre sort un vendredi et le samedi j'avais une interview avec Denise Bombardier. C'était la première fois de ma vie que je passais à la télé. J'avais sept minutes pour tout tenter. Je m'étais juré de gifler Denise Bombardier si l'émission se passait mal, pas parce que j'aurais quelque chose contre elle, seulement pour être sûr de faire les nouvelles le lendemain. Il ne fallait pas que je parle trop, ni trop peu non plus. Bombardier a commencé l'interview à peu près comme dans le livre (je l'avais présentée dans le livre en train de m'interviewer) :

— Vous n'aimez pas les femmes ? attaque Bombardier.

— Les Nègres non plus, je réplique.

Et c'était parti pour mes sept premières minutes à la télé. Ayant vu que je n'étais pas ici pour plaisanter, Bombardier a contre-attaqué. Aucun problème, j'étais en excellente forme ce jour-là. On a surtout parlé de sexe, de Nègre, de Blanche, de bars, de cynisme et, Dieu merci, pas de littérature.

Bombardier avait bien compris que, pour moi, la littérature se faisait dans une petite chambre fermée et sans témoin. Je garde mes angoisses sur la place de l'adjectif dans une phrase pour moi. Déjà fini! On éteint les caméras. Tous les techniciens me félicitent. Bombardier me regarde avec de beaux yeux tendres. On me prédit un grand avenir. Je sors dans la rue. Je suis seul avec ma joie et ma gloire naissante. Je marche dans les rues de Montréal avec l'étrange impression que quelque chose vient de se passer. Je venais de pénétrer dans le tube afin d'envahir les maisons de Montréal. «Voilà un nouveau visage», se disent les gens. «De quoi parlait-il?» demandent ceux qui n'avaient pas suivi l'émission. «Je ne sais pas, je crois de sexe, de Nègres et de femmes blanches, mais ce qui est sûr c'est que je n'avais encore jamais vu Denise Bombardier aussi émoustillée. Je ne sais pas ce qu'il lui a fait, en tout cas, elle semblait complètement excitée.» «Mais lui, pourquoi était-il à l'émission, que fait-il dans la vie?» «Je ne sais pas. Peut-être un musicien, je n'ai pas bien compris ce qu'il faisait dans la vie.» Voilà le commentaire rêvé : «Je ne sais pas ce qu'il fait dans la vie, mais Denise Bombardier était tout excitée.» Avant, les immigrants avaient l'habitude d'écrire des livres nostalgiques à propos de leur pays. Avec de pareils bouquins, ils n'avaient pas beaucoup de chance de passer dans une émission grand public. Je suis entré dans un bar que je ne connaissais pas (le genre de truc que l'on fait quand on vient d'apprendre qu'on a le cancer ou qu'on a gagné à la loterie) et j'ai pris un double whisky. Personne ne m'a adressé la parole, comme toujours, mais c'est la dernière fois que ça arrivera. La célébrité m'attendait à la porte le lendemain matin. Ma concierge m'a félicité. Les voisins m'ont fêté. Et aussi, cette jeune femme qui tournait généralement la tête quand elle me voyait arriver m'a souri cette fois largement. Tout marchait comme je le voulais. Tout homme a droit à une minute de gloire dans la vie.

Donc réussite de la stratégie ?

Pas si vite, papillon. Il reste encore du travail. Il faut concrétiser ça dans les faits. Faire sortir le vote, comme disent les politiciens. Et c'est là que la librairie entre en jeu. Je n'étais pas venu dire bonjour pour me tirer ensuite. J'étais là pour rester. Alors, il fallait se battre. J'avais acheté une voiture trois cents dollars, une Ford Pinto. Chaque matin, je prenais les rues de Montréal pour aller faire la tournée des libraires. Je suppliais les libraires de mettre mon livre en vitrine. Certains le faisaient. Ceux qui refusaient étaient sûrs de me revoir le lendemain matin. Trois semaines plus tard, j'étais quatrième sur la liste des best-sellers. Je me souviens de la visite à Montréal d'Annie Cohen-Solal avec son énorme biographie de Sartre. Des *posters* géants de Sartre partout. J'enviais Sartre : même mort, il continuait à marcher fort. Ce type a quand même passé cinquante ans de sa vie à écrire dix heures par jour. Je ne pouvais pas me battre contre Sartre avec mon petit livre, mais Annie Cohen-Solal était dans mes cordes. Élisabeth Marchaudon a reçu Annie Cohen-Solal dans sa jolie librairie Hermès de la rue Laurier. J'y étais. Personne ne me connaissait. Quelqu'un m'a pointé du doigt et deux ou trois personnes sont venues me demander sur un ton ironique si c'était moi l'auteur de ce petit livre semble-t-il amusant. Une des femmes voulait l'acheter à tout prix parce qu'elle avait une amie qui partait en Afrique et qu'elle voulait lui faire une blague. On s'adressait à Annie Cohen-Solal avec énormément de respect. À un moment donné, celle-ci s'est tournée vers moi et m'a fait un clin d'œil complice. C'était bien de sa part de vouloir être gentille avec un jeune écrivain inconnu, mais je n'en avais rien à foutre de sa gentillesse. J'étais en guerre. De toute façon, Cohen-Solal était là à cause de Sartre, et moi, à cause de moi. Je n'étais peut-être rien, mais je me représentais. Pour moi, c'était Annie Cohen-Solal qui méritait le gentil clin d'œil complice. Le pire, c'est qu'elle ne le savait pas. Je savais aussi que mon mince petit livre allait battre à la course sa grosse biographie de Sartre. C'est bien, Sartre, mais qui peut quelque chose face à l'appétit occidental pour le sexe interracial ? *Nègre sur Blanche* bat *L'être et le néant. Exit* Sartre et sa prêtresse.

C'est l'existentialisme façon Laferrière ?

Et c'est pour cela que je ne suis pas dupe non plus quand les jeunes écrivains s'approchent de moi en tordant leurs mains moites pour me demander conseil avec un sourire modeste. Je sais qu'ils pensent tous avoir une bombe dans leur poche (leur manuscrit), destinée à me pulvériser. Chaque année, il y a un jeune Nègre qui envoie un manuscrit à mon éditeur en lui garantissant de faire « cent fois mieux que ce con de Laferrière ». Cette rage aide à écrire. On peut avoir la même rage en soi tout en écrivant de tendres poèmes d'amour. Cela n'a rien à voir avec le bien ou le mal. Cela concerne l'art.

QUI VEUT D'UNE PETITE BOMBE DE CENT CINQUANTE PAGES ?

Tout à l'heure, tu as dit que l'éditeur avait « fonctionné tout de suite dans la machine ». Pourquoi Lanctôt plutôt qu'un autre ? Tu en as sollicité d'autres ?

Oui, j'en avais sollicité d'autres, dont un éditeur haïtien, Nouvelle Optique, une jolie petite maison d'édition qui m'avait répondu favorablement. Mais l'éditeur m'a appelé une première fois pour me dire que le livre sortait au printemps et, quelques jours plus tard, il m'annonçait qu'il ne le sortirait qu'à l'automne. Je lui ai demandé la raison d'un si brusque changement. Il m'a répondu qu'il n'y avait pas de raison particulière à cela, qu'il avait simplement changé d'avis. Comme je savais qu'il changeait d'avis souvent, j'ai envisagé d'aller ailleurs. C'est alors que Lanctôt m'a envoyé cette magnifique lettre. J'ai donc accepté.

D'autres éditeurs québécois ont-ils été sollicités ?

Ils avaient tous refusé. Des éditeurs français aussi, à qui j'avais envoyé le manuscrit. J'imagine que c'est ainsi : on accepte ou on refuse, il n'y a pas de quoi fouetter un chat.

Donc la stratégie a réussi et, à partir de ce moment-là, tu atteins une certaine célébrité que tu analyses dans Cette grenade dans la main du jeune Nègre est-elle une arme ou un fruit ?... *Cette célébrité, tu l'as convoitée, mais est-ce qu'elle n'a pas dépassé tes espérances ? Étais-tu déçu ou au contraire parfaitement satisfait ?*

J'ai travaillé beaucoup pour cela. Elle est arrivée très vite, mais je m'y attendais en quelque sorte. Ce n'est pas uniquement pour être célèbre que j'ai écrit ce livre. Je l'ai bien expliqué dans *Cette grenade dans la main du jeune Nègre est-elle une arme ou un fruit ?* Je ne me conçois pas vivant dans une société sans avoir mon mot à dire. Je regardais les autres à la télé en train de bavarder à propos de tout et de rien et je me suis dit : « Voilà ma place. » C'est tout à fait mon genre de donner mon opinion à propos de ceci ou de cela. Les autres ne voyaient en moi qu'un jeune ouvrier, alors que je me sentais la capacité d'un analyste social : « Je pourrai aussi faire des incursions dans la vie culturelle et, pendant qu'on y est, rien ne m'empêchera de lancer quelques réflexions pointues sur l'avenir du Québec. Tout cela avec le sourire, car les gens d'ici n'aiment pas trop les prétentieux. » Tous ceux qui, m'entendant pérorer depuis un certain moment, pensent que j'en suis un se fourrent le doigt dans l'œil jusque-là (de toute façon, je ne leur conseille pas de tenter de s'en sortir avec moi en brandissant la creuse morale chrétienne) parce que j'ai reçu ma franchise de la société la moins prétentieuse du monde : le Québec (être modeste à ce point-là, je crois que c'est un grave défaut).

Donc, les semaines et les mois qui ont suivi t'ont permis de pérorer d'abondance...

Sur tous les sujets. Parce que le livre en avait abordé un certain nombre. Comme le jazz, le Coran...

Le Coran ?

J'ai failli avoir quelques problèmes avec le Coran. J'ai d'abord reçu une lettre menaçante d'un type de Toronto qui m'a fait comprendre qu'il fallait respecter la religion des autres. Ensuite, il y a ce type, un musulman, qui travaille dans une petite boutique pas trop loin de chez moi, qui a cru que je me moquais du Coran. Je lui ai expliqué, ce qui est vrai, qu'il n'en était rien, que si j'avais utilisé le Coran c'était parce que je trouvais que, dans un tel contexte, c'était plus intéressant que la Bible. Je voulais un contraste entre la vie païenne nord-américaine et la rigueur du Coran. En fin de compte, c'était un simple décor.

Comme le jazz ?

Exactement ce que j'ai fait avec le jazz. Lui, il a maintenu que c'était un manque de respect. Je lui ai fait mes excuses. J'avais simplement besoin de quelques versets, pas plus, pour créer une certaine ambiance. Heureusement qu'il y avait d'autres choses qu'il aimait chez moi parce que, s'il m'avait vu à la télé en parler, il n'avait pas lu le livre pour autant. C'est le problème avec la célébrité. Tout le monde vous connaît, mais personne n'a lu votre livre. Quelques années plus tard, quand j'ai su les démêlés de Rushdie avec Khomeiny à cause des *Versets sataniques*, je me suis dit : « Oh, mon Dieu... » Il faut dire que j'étais loin de la tirade de Rushdie.

Je remarque que tes premiers romans sont très courts...

C'est l'influence du cinéma. La plupart des films durent quatre-vingt-dix minutes. Je trouve cela très bien. On doit éviter d'emmerder trop longtemps. À l'époque, j'étais un *fan* de Woody Allen. Il se débrouillait très bien avec quatre-vingt-dix minutes. Ma seule crainte, c'est d'ennuyer le lecteur. Je déteste les invités qui ne savent pas mettre fin à une visite. En quatre-vingt-dix minutes, on peut tout dire. De grands cinéastes l'ont fait. Je sais que le cinéma est complètement différent de la littérature. Au cinéma, on voit. Avec la littérature, on imagine. La littérature exige un temps plus long pour installer une ambiance, ce qu'on peut faire facilement en dix secondes au cinéma. De toute façon, il n'y a pas vraiment de règle. C'est le récit qui exige son espace. Pour certains, il faut deux cents pages; pour d'autres, pas moins de huit cents. Mais, moi, j'aime la vitesse, j'aime quand les choses vont vite. Ma devise a été pendant longtemps : «*Mal mais vite*». J'ai voulu être le Carl Lewis de la dactylo, faire un bouquin en moins de dix secondes, disons dix jours dans le cas d'un roman. Je n'aime pas traîner. Je ne reste pas trop longtemps non plus à corriger, à parfaire. Ce n'est pas mon genre. Ma tête bouillonne toujours d'idées complètement fantaisistes. Je n'ai pas de temps à perdre. L'idéal, ce serait d'avoir un Nègre, comme d'autres ont une femme de ménage. Les Américains ont tout gâché en instituant la littérature au poids. Pour eux, un grand écrivain doit écrire de gros pavés de neuf cent cinquante pages, un écrivain moyen, pas moins de quatre cent cinquante pages (ce qui est déjà un fort tonnage pour un écrivain français). Pour moi, deux cent cinquante pages (je peux aller jusqu'à trois cents) font très bien l'affaire. Je trouve du plaisir souvent avec des livres de cent vingt ou même de soixante-quinze pages, ce qui me permet de les relire souvent. L'un des livres que je relis toujours avec le même plaisir est un mince bouquin de Frédéric Vitoux, *Il me semble désormais que Roger est en Italie*. Il fait à peine soixante-trois pages, mais c'est un émouvant portrait d'un type d'homme que je connais bien puisque l'un de mes grands amis (lui aussi doit se trouver aujourd'hui au «pays sans chapeau»), Yves Montas, ressemblait point pour point à ce fascinant Roger. Je ne peux pas concevoir un monde sans des types comme Roger. Peut-être que j'écris très vite de minces bouquins parce que je mange très vite aussi et que je me lève de table aussitôt après avoir terminé mon plat. Ce n'est pas un argument infaillible car, dans ce cas, les Français n'auraient pondu que des bouquins interminables.

LA CÉLÉBRITÉ : LA MÊME QUESTION PLUS DE TROIS MILLE FOIS

La célébrité, la gloire, à un moment on s'en lasse...

D'abord, il faut en jouir avec bonheur. Il n'y a là rien de mal, on n'a tué personne... Je me souviens qu'une fois j'étais debout sur le trottoir de la rue Saint-Denis, à Montréal, devant un bar-terrasse, en plein mois de juillet. Le patron est sorti pour me prier de m'asseoir à sa terrasse, ajoutant qu'il nous offrait un verre à moi et à mon copain. J'ai dit, pour plaisanter, que je restais sur le trottoir. Eh bien! il a fait placer une table en plein milieu du trottoir. Voyant cela, je suis allé m'asseoir à sa terrasse, et tout de suite une bouteille de vin rouge est arrivée. Un type, pas loin, m'a lancé qu'il attendait sa bière depuis un certain temps, mais que, semblait-il, les vedettes avaient la priorité. Je lui ai répliqué, car je le connaissais bien, que je ne l'avais pas entendu quand, il y a à peine deux mois, on m'avait interdit d'entrer ici même parce que des Haïtiens, que je n'avais jamais vus, y avaient eu une dispute avec les serveurs.

Il n'y a pas que des revanches, il y a aussi la répétition.

C'est la répétition qui rend célèbre, selon Borges, mais à la longue cela épuise totalement. On se dit : « Ce n'est pas possible, ils ne vont pas me poser cette question encore une fois. » Et la question arrive : « Pourquoi vivez-vous à Miami ? » alors que j'y vis depuis dix ans et que j'ai répondu à cette question au moins trois mille fois. Vous voilà tout de suite pris entre deux feux : ou bien vous dites la même chose puisque c'est la vérité (si on vous demande votre nom trois mille fois, même si cela vous emmerde, il faudra faire la même réponse chaque fois), ou bien vous tentez chaque fois d'apporter quelques petites variantes. Vous faites ces variantes pour ne pas devenir dingue, car vous n'avez surtout pas envie de vous entendre sortir la même anecdote pendant trente ans. Il y a une question dont la presse, comme les gens d'ailleurs, raffole, c'est : « Comment trouvez-vous l'hiver ? » Ah, celle-là, elle peut durer longtemps. Il y a aussi celui qui s'étonne de vous croiser dans la rue : « Comment êtes-vous à Montréal puisque vous vivez à Miami ? » « J'ai pris l'avion. » Cela n'a rien à voir avec les Québécois, ou les Haïtiens, ou les Français, ou les Vietnamiens, c'est un des effets étranges de la célébrité : rendre votre vis-à-vis stupide. Cela m'est arrivé à New York quand j'ai croisé soudainement un acteur que j'aimais beaucoup. J'ai failli lui demander ce qu'il faisait dans la rue alors que sa place est sur les écrans.

On s'use soi-même ?

Oui, si on n'a pas d'autres choses à dire. Heureusement, j'avais encore deux ou trois trucs dans ma besace. Et une arme secrète cachée tout au fond de ma poche. C'était Da, ma grand-mère, toujours assise sur sa dodine, qui me souriait depuis Petit-Goâve. En disant cela, je la vois devant moi, je vois aussi sa cafetière à ses pieds. J'avais gardé l'odeur du café, dans un coin, près de mon cœur. J'ai toujours su que, à tout moment, je pouvais quitter la scène parce qu'elle m'avait appris à n'être l'esclave de personne ni de rien.

Dans le programme que tu avais établi, y a-t-il eu des déraillements ? des erreurs ? des stratégies que tu ne referais pas ? des choses qui t'ont surpris dans le bon ou le mauvais sens ?

Oh, il ne faut pas croire... J'essaie de comprendre le monde qui m'entoure, mais c'est sans cynisme. Je ne programme pas la réaction du lecteur, par exemple, et c'est la seule chose qui compte. Le reste, c'est la technique. Des choses désagréables, j'en ai connu une tonne. J'ai le cafard pendant un moment, et après je repars. Je suis comme ça, je ne peux pas me changer. Ce n'est pas mon genre de m'apitoyer sur mon sort. Si un livre ne marche pas comme je le voulais, je me dis qu'il aura sa chance dans une autre langue. Comme je ne me plains jamais, alors les gens croient que tout va toujours bien pour moi. *Chronique de la dérive douce* est un livre important pour moi. La critique l'a presque ignoré. Je n'en démords pas que c'est un bon livre. C'est mon livre, peut-être avec *L'odeur du café*, le plus sincère. Cela m'a fait mal qu'on ne l'ait pas mieux accueilli.

L'ACCUEIL

Si l'on prend les quatre publics qui te sont les plus proches, les lieux où tu as vécu : Haïti, le Québec, les États-Unis, et j'ajoute la France et les lecteurs français, y a-t-il des différences d'accueil entre les uns et les autres ? As-tu l'impression d'être mieux reçu, ici ou là, selon les livres ? mieux compris, mieux entendu ?

Ah oui, l'accueil pour mes livres est différent selon le pays, le sexe, la religion et la sensibilité des gens. C'est très compliqué. Pour *Comment faire l'amour avec un Nègre sans se fatiguer,* l'accueil a été enthousiaste chez les Québécois et franchement négatif chez les Haïtiens. Les Haïtiens ont tout détesté de ce livre : son titre, ses thèmes, le style, enfin tout. Rien à sauver. Pour eux, si les autres aiment, c'est la preuve que je suis un clown et un traître. Ils pensent que j'ai écrit ce livre pour amuser le Blanc. Les autres Antillais n'ont pas tellement aimé non plus. Même au Québec, tout le monde n'a pas aimé : les femmes en majorité ont trouvé que c'était un livre drôle, mais les hommes ne voyaient pas ce qu'on pouvait y trouver de drôle.

Cela perdure-t-il, quinze ans plus tard ?

Oui, la majorité de mon lectorat est composé de femmes mais, à l'intérieur même de ce lectorat, il y a des groupes. Les femmes très âgées raffolent des livres où je parle de ma grand-mère, de ma mère ou de mes tantes, elles aiment aussi quand j'évoque les lieux de mon enfance. Les livres plus tendres (*L'odeur du café*, *Le charme des après-midi sans fin*) ont leur adhésion. Tandis que les jeunes filles préfèrent mes livres plus violents, plus urbains, ceux qui se passent en Amérique du Nord (*Comment faire l'amour avec un Nègre sans se fatiguer*, *Éroshima*, *Cette grenade dans la main du jeune Nègre est-elle une arme ou un fruit ?*). Les femmes d'un certain âge lisent plutôt mes livres qui racontent Haïti avec ses drames politiques, mais aussi ses mystères (*Pays sans chapeau* ou *Le cri des oiseaux fous*), mais je rencontre beaucoup de femmes de quatre-vingt ans qui adorent *La chair du maître*, alors que ce livre est à la limite de la pornographie.

Comment peux-tu savoir cela avec autant de précision ?

Cela fait quinze ans que je dialogue avec mes lecteurs dans les nombreux salons du livre, que je parcours parce que ce sont les endroits par excellence où rencontrer le lecteur.

L'accueil mitigé des Haïtiens n'a-t-il pas évolué ?

Ils n'ont pas pu résister à *L'odeur du café*... mais je ne pense pas qu'ils aient changé d'avis à propos de *Comment faire l'amour avec un Nègre sans se fatiguer*. Parfois, je rencontre un jeune homme à Port-au-Prince qui vient me confier, presque sous le sceau du secret, qu'il a aimé *Comment faire l'amour avec un Nègre sans se fatiguer*. Le livre qui a fait de moi un écrivain pour les Haïtiens, c'est *L'odeur du café*. On l'utilise dans les classes primaires. On a choisi quelquefois la dictée des examens nationaux du certificat d'études primaires dans *L'odeur du café*. Je n'en suis pas peu fier. Même l'*intelligentsia* haïtienne a dû baisser les bras devant le visage admirable de Da, ma grand-mère. Cela a été fait un peu sous la pression populaire. Des professeurs de classes primaires, de simples lecteurs, des gens qui lisent rarement, des adolescents ont adopté le livre. Il a reçu le prix Carbet de la Caraïbe : le livre caraïbéen par excellence.

Les autres publics ? Le public français ?

Je ne connais pas encore bien le public français. Mes livres sont publiés au Serpent à plumes et jusqu'à présent la réaction semble intéressante. La presse est encore un peu réticente à mon endroit. Je commence à avoir un lectorat que je ne connais pas du tout. J'attends encore de nouvelles publications pour me faire une idée de l'affaire. Pour la critique, je crois qu'elle n'arrive pas encore à mettre le doigt sur moi. « Qui est ce type ? Il n'agit pas comme un Caraïbéen. » Parfois, je me dis que, si je m'appelais Dan Miller, un nom comme ça, et que j'avais publié mes livres en anglais d'abord, *Le Nouvel Observateur* ou *Libération* aurait déjà dépêché un journaliste pour me retrouver dans ma tanière de Miami. D'une certaine manière, je crois que mon problème c'est de n'être pas assez folklorique. Mais je les aurai, puisque j'ai dix livres sous la ceinture. Je verrai bien à quel livre ils tomberont.

Les États-Unis ?

Excellent accueil aux États-Unis. Au Canada anglais surtout, où mes livres sont d'abord publiés en anglais. Malheureusement, aux États-Unis, je ne suis pas parvenu à percer le mur de la vente, mais l'accueil critique est fabuleux. Dès le premier livre, ils m'ont pris au sérieux. Pour *Comment faire l'amour avec un Nègre sans se fatiguer*, on m'a comparé à tout le monde : Baldwin, Duke Ellington, oui, oui, Bukowski, Miller, Martin Luther King. À part le Québec, qui est mon pays d'écrivain, ce sont les États-Unis qui m'ont le plus pris au sérieux. Le Canada aussi. Les critiques canadiens lisent beaucoup les journaux américains. Si on te fait un grand papier dans le *New York Times*, généralement la presse canadienne suit. Soyons honnêtes, les critiques canadiens m'ont bien traité.

Qu'en est-il de tes autres livres ?

J'ai sept livres traduits en anglais et tous ont été bien accueillis. Ce qui est étonnant, c'est que mes livres ont été publiés dans de petites maisons d'édition canadiennes. Or, d'ordinaire, la grande presse américaine – je veux dire le *New York Times*, le *Los Angeles Times* et le *Washington Post* – ne tient pas compte des livres publiés chez les éditeurs marginaux. Pour moi, chaque fois, ils ont sorti les violons.

Dans combien de langues es-tu traduit ?

Eh bien, pas tant que ça : en anglais, en espagnol, en italien, en néerlandais, en grec, en coréen, en suédois.

As-tu eu des échos intéressants de la part de pays pas du tout concernés par aucun des lieux dont tu parles ? la Suède ou la Corée, par exemple ?

En Corée, oui, je crois que, dans certaines écoles primaires, *L'odeur du café* est une lecture obligatoire. Ils ne m'ont jamais vu, ils savent à peine qui je suis, oh Seigneur, ils doivent me prendre pour un écrivain!

Amènent-ils quelque chose de neuf par rapport à la critique française, ou québécoise, ou francophone?

Ils doivent me lire selon leur sensibilité. Je ne lis pas le coréen, ni les autres langues, à part l'anglais. Une fois, j'avais reçu un grand article en italien et j'ai été trouver un de mes voisins italiens, tout fier de moi, lui demandant de me dire à peu près de quoi il s'agissait. Il l'a lu et me l'a rendu avec un visage sombre. L'article était une descente en règle de mon livre. Le type était gêné comme si c'eût été lui-même qui avait écrit l'article. J'ai dû le consoler. Je reçois des articles en langues étrangères, mais je ne les fais plus lire pour ne pas embarrasser les gens. Je regarde l'article écrit en coréen et j'imagine que le type est en train de m'insulter ou bien de me louer.

Au Québec, es-tu resté fidèle au même éditeur?

Oui, Jacques Lanctôt est devenu un complice. J'ai commencé avec lui et j'ai tout publié chez lui. Je l'ai suivi quand il a vendu sa maison d'édition Vlb («la petite maison de la grande littérature») à Sogides, et j'étais toujours avec lui quand il a quitté Sogides pour fonder Lanctôt éditeur. Je suis comme ça. Je ne change pas de camp facilement. J'aime les maisons d'édition pas trop puissantes mais très dynamiques, aussi très humaines, et j'aime bien pouvoir causer de temps en temps avec mon éditeur. Je n'aimerais pas être dans une maison où il serait difficile de rencontrer l'éditeur. Dans les autres pays où je suis traduit, c'est la même chose, toujours le même calibre de maison et la même chaleur humaine. Avec Lanctôt, un fou de littérature, on a discuté de tous les coups ensemble, monté toutes les stratégies et essuyé tous les échecs. Il savait qu'aucune mauvaise nouvelle ne pouvait m'abattre. Au début, il pensait que je blaguais ou que c'était de la pose quand je lui disais, par exemple, que je n'en avais rien à foutre des prix littéraires. Si on me donne un prix, je l'accepte avec grand plaisir, mais je n'y ai jamais vraiment pensé. Ce sont les lecteurs qui m'intéressent et eux seuls. C'est pour leur fourrer mon livre dans les mains que je me suis tant battu. Je veux qu'ils aient la possibilité de m'accepter ou de me refuser. Je me souviens, quand je suis passé à l'émission *Bouillon de culture* de Bernard Pivot, que Lanctôt était très ému. Après, on est allés prendre un verre à la Rhumerie et discuter le coup encore une fois. On se trouvait malins d'avoir pu grimper jusque-là. Plutôt Lanctôt. Pour lui, c'était comme une reconnaissance de son travail d'éditeur. Moi, j'étais content parce que cela allait m'ouvrir un lectorat en France. Lanctôt et moi, on est un peu différents : pour Lanctôt, c'est la France, pour moi, c'est l'Amérique. Lanctôt préfère un entrefilet dans *Le Monde* à un grand article en première page du *New York Times*. Moi, c'est le contraire. Cela fait une bonne équipe.

Et si tu devais faire le portrait de Lanctôt...

C'est un loup solitaire qui fait marcher sa maison d'édition tout seul. Il fut un temps où il passait le balai et répondait au téléphone lui-même tout en s'occupant de sa ribambelle (il doit en avoir une demi-douzaine) d'enfants. C'est le meilleur père au monde, ce type. On n'a qu'à le voir faire avec ses enfants pour avoir envie de lui confier ses livres. C'est un excellent lecteur, et quand il aime il déborde d'enthousiasme et entend faire passer sa voiture sur le corps de tous ceux qui n'aiment pas ses écrivains. Son bureau est un fouillis et, en quinze ans, il n'a jamais rien perdu de moi, pas même une photo ou une lettre de lecteur. On se parle au téléphone assez souvent, mais jamais trop longtemps. On est vraiment très proches, mais avec cette légère distance qui fait durer une amitié. On se connaît bien, je crois. Jamais eu une discussion à propos d'argent ou de manuscrit. Quand j'y repense, Lanctôt et moi, on n'a jamais discuté, à propos de mes livres. De littérature, oui, car nous sommes des lecteurs voraces (il aime m'entendre parler de Borges ou de Sophocle, et moi, j'admire sa curiosité insatiable). Il a des défauts, ce type : un peu soupe-au-lait, des fois je trouve qu'il se plaint trop, très jaloux (il ne faut pas regarder un autre éditeur dans la rue). Mais il est d'une telle chaleur, d'une si grande naïveté, d'une exceptionnelle fidélité et d'une générosité sans bornes. On ne résiste pas à Jacques Lanctôt, mon éditeur et mon ami.

Et tes éditeurs français ?

On vient de commencer ensemble, avec Le Serpent à plumes, mais je ne pouvais pas mieux tomber. Efficacité et chaleur humaine. Exactement ce que je voulais. Une équipe sympathique.

As-tu déjà été approché par de grandes maisons d'édition ?

Je ne suis pas du tout le genre Gallimard. Je n'ai rien contre, mais ce n'est pas trop mon style. Trop installé. Être publié chez Gallimard, cela fait un peu monsieur. D'ailleurs, dans les pays du tiers-monde, dès qu'on a sorti trois ou quatre livres chez Gallimard, l'État vous offre quelque chose au ministère des Affaires étrangères (une place d'attaché culturel au Pérou ou en Suède). Donc, Le Serpent à plumes me va très bien. Tout ce qu'il me faut.

Mais tu as été publié en France par les éditions Belfond.

C'était en 89. Belfond est un homme très gracieux. Il me plaisait beaucoup. Je ne le connaissais pas. J'étais à Paris, je l'ai appelé au téléphone, il a répondu et on s'est vus. Aussi simple que cela. On était sur la même longueur d'onde. Il m'a invité à une fête qu'il donnait le soir même. Tout le gratin était là, mais Belfond me présentait à tout le monde.

Même Hubert Reeves faisait pâle figure à côté de moi. Les gens étaient intrigués de voir Belfond accroché à un type qui n'avait publié qu'un seul bouquin. Après la fête, je suis allé prendre une bière avec une jeune romancière québécoise qui vivait depuis quelque temps à Paris. Elle était abasourdie : « Je n'ai jamais vu ça, un grand éditeur parisien qui accueille ainsi un type qui vient juste de publier un minable petit bouquin. Tout le monde était là, même Cavanna, et Belfond ne s'intéressait qu'à toi. Dans ton cas, je vois à la rigueur un directeur de collection pour te recevoir. Qu'est-ce que t'as fait, mon vieux ? » « Bon, j'ai appelé Belfond, et je lui ai dit que, étant donné que je repartais vendredi, je ne pouvais le voir que mardi ou jeudi, et il m'a dit qu'il était d'accord pour jeudi. » Elle m'écoutait bouche bée. J'en ai profité pour lui expliquer que je n'avais rien gagné, que si le livre ne marchait pas je n'avais aucune chance de revoir Belfond. Le livre n'a pas très bien marché et je n'ai plus revu Belfond. Mais ça me va, ça. On m'a donné toute ma chance, et ça s'est mal passé ? *Basta!* C'était *Comment faire l'amour avec un Nègre sans se fatiguer.* Je n'ai jamais vu un livre frapper autant à la porte de Paris. Immédiatement après sa première parution au Québec, Lanctôt a envoyé un stock à Paris, près de trois mille bouquins quand même. Malheureusement, l'illustration de la couverture était une toile de Matisse que Lanctôt avait piratée. Les héritiers Matisse ont fait retirer le livre. Première tentative. L'affaire Belfond : deuxième tentative. Belfond n'avait pas perdu un sou puisqu'il avait eu le temps de vendre le bouquin à J'ai lu. Troisième tentative. Sogides qui a acheté Vlb éditeur, la maison de Lanctôt, tente sa chance (attachée de presse exclusive pour l'opération, petit-déjeuner avec la presse au restaurant du Louvre), tout se passe bien mais le livre ne démarre pas. Quatrième tentative. Et maintenant, voilà que Le Serpent à plumes le sort. Je crois que le livre a une chance, cette fois-ci, parce que c'est la première fois qu'il est considéré comme un livre complètement intégré dans un projet global de publication et non comme un objet désirable à qui on demande de performer.

COMMENT DOIT-ON LIRE DANY LAFERRIÈRE ?

Tu dis, sous forme de boutade, qu'il faut lire Hemingway debout, Cervantès à l'hôpital, Proust dans son lit. Dany Laferrière, comment faut-il le lire ?

Ah, il faut le lire rapidement.

As-tu un conseil à donner aux lecteurs ? Rapidement, tu veux dire sans arrêt du début à la fin ?

Oui, mais il faut éviter de prendre la pose. Il y a la pose de l'écrivain, mais il y a aussi la pose du lecteur. Vous n'avez pas en main un volume de la Pléiade, pour lequel il faut s'asseoir en robe de chambre et feuilleter les pages en papier bible. Non, il faut lire rapidement, en feignant de ne pas trop faire attention et en se laissant envahir par l'univers sensoriel du livre. J'écris de manière à être lu rapidement. Quand on a fini une phrase, la suivante arrive en courant. Tout de même, il faut se méfier de quelque chose : la notion de vitesse. Ma mère me disait toujours que je mangeais trop vite, que je ne prenais pas le temps de goûter les plats. Je maintiens que je peux manger très vite tout en appréciant le repas. J'écris très vite. Je lis très vite. Pourtant, je me souviens de tout. Je peux me rappeler un événement qui s'est passé dans ma haute enfance dans les moindres détails. Ma technique, c'est que je ne prends jamais de notes et ne doute jamais de ma mémoire. Il peut arriver que je me trompe, dans ce cas, je lui pardonne cette défaillance. Je pars du principe que je me souviens de tout. De toute façon, pour beaucoup d'événements dans ma vie, je suis l'unique témoin. Ce n'est jamais l'exactitude des faits qui m'intéresse, mais l'émotion qu'ils ont suscitée et qu'ils continuent de susciter en moi.

Quel que soit le livre, la méthode est-elle la même ? Doit-on lire de la même façon Comment faire l'amour avec un Nègre sans se fatiguer *et* L'odeur du café *?*

Oui, à peu près, mais ils pénètrent en vous différemment.

JE SUIS EN AMÉRIQUE

Dans la stratégie que l'on évoquait tout à l'heure, il y avait délibérément, en tout cas pour le premier livre, cette volonté de s'enraciner dans un univers nord-américain. Tu ne voulais pas être l'écrivain haïtien qui parle de son pays, qui parle de l'immigration, de la lutte politique. Tu te situais ailleurs, en Amérique. Cette américanité, était-ce une stratégie volontaire pour t'inscrire en porte à faux par rapport aux autres écrivains haïtiens ou est-ce que l'américanité t'avait aussi amené un certain nombre d'éléments qui constituaient ta propre personnalité ?

C'est un choix. J'ai choisi l'Amérique bien avant d'écrire une ligne. Je la sentais plus proche de la peinture primitive, et bien plus complexe qu'il n'y paraît. C'est ça qui m'a attiré. Avant, je baignais dans la culture européenne, qui me semblait plus simple qu'elle voulait nous le faire croire. J'ai toujours été intrigué par l'expression bien française *c'est-à-dire*, me demandant pourquoi on n'a pas été directement à l'explication. Voilà un mode qui n'existe pas dans la langue et la manière américaines. L'Amérique a un langage qu'on a intérêt à saisir. Hemingway a mis en place un style qui est un élégant mélange de coups de poing (Hemingway adorait la boxe) alternant avec des coups de cœur. Ce que j'appelle un style naïf et direct — Je sais, Hemingway n'a rien d'un naïf —, c'est la capacité d'exprimer clairement ses sentiments sans tenter de les expliquer, de les analyser. Ne rien glisser dans le texte pour signifier d'une manière ou d'une autre qu'on est intelligent : en un mot, faire confiance à son émotion.

Pas de distanciation ?

Aucune en apparence. L'émotion n'est pas exempte de nuances. Si je dis, par exemple : « Je veux être célèbre », je n'ajouterai rien pour atténuer ce désir, le rendre plus acceptable, parce que j'aurais peur qu'on me prenne pour un prétentieux. Même pas un quart de sourire pour signaler que je ne suis pas dupe de moi-même. C'est l'idée d'être, en dernier lieu, seul juge de moi-même. Autrefois, ce droit, celui de dire qui on est sans souci du qu'en-dira-t-on, n'était accordé qu'aux princes d'Europe. Et voilà qu'aujourd'hui ce droit se retrouve entre les mains des manants américains.

Une méthode comparable à celle de Mohammed Ali ?

Voilà un type qui m'a toujours intéressé. Il a sorti la boxe du ring. Le boxeur poète, avant lui, c'était un oxymoron. Il a amené le débat racial sur le ring en lançant à un boxeur blanc : « *Only a nigger can call me nigger* [« Seul un Nègre peut m'appeler Nègre »]. » Il a posé aussi le problème de la conscience individuelle en refusant d'aller se battre au Viêt-nam pour l'Amérique blanche et raciste, et a payé le prix. Et il a fait tout cela avec une élégance incroyable. J'aurais aimé écrire comme il boxait. La puissance de l'éléphant alliée à la grâce du papillon.

Cette américanité, cette manière d'aborder les gens et les choses, que t'apporte-t-elle ?

Une façon de vivre qui deviendra un style d'écriture. Une certaine liberté physique. Un sens du présent qui me pousse à toujours savoir où je suis.

Et Haïti, que t'apporte-t-elle ?

Le sens de l'histoire.

Et l'Europe ?

L'Europe m'apporte le sens de la mémoire.

Cette mémoire cache-t-elle en elle la colonisation ?

L'Europe ne signifie pas uniquement la colonisation pour moi. Il y a aussi cette manière sophistiquée qui est le produit d'un savoir-faire qui remonte à des temps anciens. Cela aussi fait partie de l'héritage humain. Cet héritage ne doit pas être analysé uniquement sur un mode moral. Quand on flâne à Rome ou à Prague, on sent le passé et la fertile richesse de l'esprit humain. C'est magnifique ! J'en suis toujours émerveillé. J'applaudis Paris avec Hemingway. Paris est un pur diamant. Là où je me révolte et revendique mon américanité, c'est quand cette manière de vivre tente de s'ériger en canon. On exige alors de tous ceux qui ne sont pas nés dans ces pays un apprentissage. Quelle humiliation ! La sophistication européenne contre la vulgarité américaine. Alors, mon esprit rétif à toute forme d'embrigadement choisit spontanément la vulgarité américaine.

L'AFRIQUE N'EXISTE PAS POUR MOI

Tu as parlé tout à l'heure de la Caraïbe, de la distance que tu peux mettre par rapport à cette Caraïbe, tu as parlé d'Haïti, tu as parlé de l'Amérique, tu as parlé de l'Europe, de l'immigration, du racisme. Qu'en est-il de l'Afrique?

L'Afrique n'existe pas pour moi, jusqu'à présent. Malheureusement. La connaissance que j'ai de l'Afrique est une connaissance superficielle. Une Afrique fictive. Tout a commencé en Haïti avec le livre de Jean Price-Mars, *Ainsi parla l'oncle*, paru en 1928. Dans ce livre, Price-Mars fustigeait notre manière à nous Haïtiens de singer l'Europe, et proposait de retourner à nos sources profondes, à notre origine. Il faut retourner à l'Afrique, mais quelle Afrique ? À la culture africaine du présent ? Aux valeurs africaines du passé ? Et de quoi disposons-nous pour ce faire ? Le vaudou, nos danses, nos chants sacrés. Cette culture existait en Haïti, mais seuls les paysans en étaient restés proches. Il fallait retourner à la paysannerie haïtienne pour réapprendre notre véritable culture. Et chacun sortait de son arbre généalogique, jusque dans la bourgeoisie, un ancêtre africain qu'on avait bien caché auparavant. Au fond, c'était remplacer un snobisme par un autre. Il nous fallait coûte que coûte sortir d'une domination culturelle française trop pesante. Les écoles littéraires, la mode, la gastronomie, tout venait de Paris avec dix ans de retard. C'était inacceptable pour un peuple qui clamait si fièrement et à tout bout de champ son indépendance. L'Afrique servait de bouclier face à l'hégémonie française mais, l'Afrique étant trop loin, tout cela manquait de chair. On nageait en plein fantasme. Personne en Haïti ne savait ce qui se passait en Afrique à ce moment-là. L'Afrique que nous honorions en Haïti au début des années 30 n'existait pas en Afrique. C'est l'Afrique qu'on a reconstruite avec notre mémoire de déracinés. Il faut dire que nous sommes les seuls en Amérique à avoir tenté, à un niveau national je veux dire, cette reconquête de notre identité africaine.

Cela a débouché sur l'indigénisme.

Et nous avons eu un grand moment de ferveur noiriste. La très grande majorité des Haïtiens sont noirs avec une minorité de mulâtres qui ont occupé pendant longtemps toutes les places importantes de la fonction publique, et cela en dépit du fait que le président était toujours noir. Les Noirs exigeaient de plus en plus un espace politique et une partie du gâteau économique proportionnels à leur nombre. Cette revendication a trouvé un écho favorable en 1946 avec l'arrivée du président Estimé. Le débat sur la question de la couleur a fait rage durant ces années de braise, divisant la société en pro-Noirs et pro-mulâtres. Tout cela nous a conduits en droite ligne à François Duvalier, qui a fait croire aux Noirs qu'un dictateur de la même couleur qu'eux est toujours préférable à un dictateur blanc ou mulâtre.

Donc, tu ne connais pas l'Afrique ?

Non. Je crois que c'est une chose qui m'arrivera un jour ou l'autre. Je n'y pense pas. On a toujours voulu m'enfoncer dans le crâne que tout Haïtien doit penser à l'Afrique, doit rêver d'aller en Afrique, doit accepter cette Afrique que Duvalier appelait dans son style pompeux l'«*alma mater*». Bon, si on m'y invite comme écrivain, j'irai avec plaisir. Je me ferai des amis et des ennemis. J'entends traiter l'Afrique non comme un mythe, mais comme un endroit où des gens s'organisent pour vivre malgré les difficultés inhérentes à un tel projet, comme partout ailleurs sur la planète. Je veux agir avec l'Afrique (l'Afrique est un continent et non un pays) comme je fais avec Haïti.

Cela fait un certain temps que tu as quitté Haïti...

Je tente de vivre hors du folklore, mais ça devient de plus en plus difficile puisque les chiffres commencent à peser dans mon cas : j'ai quarante-sept ans, j'ai quitté Haïti à vingt-trois ans et cela fait vingt-quatre ans cette année que je vis hors d'Haïti (une année de plus qui pèse lourdement dans la balance).

Comment sens-tu ce changement ?

Une fois, j'étais allé passer quelques jours à Port-au-Prince quand j'ai rencontré un ancien camarade de classe. Lui n'avait jamais quitté Haïti. On causait de tout et de rien quand brusquement il m'assène que lui et moi sommes aussi différents l'un de l'autre qu'une pierre et un oiseau. « Comment ça ? lui dis-je. On a le même âge, on a grandi dans le même quartier, on est de la même classe sociale, on a été à l'école ensemble, comment peux-tu dire une chose pareille ? » Il m'a alors lancé que cela faisait plus de vingt ans qu'il vivait dans la terreur quotidienne, qu'il voyait des gens mourir sans raison, qu'il assistait à des actes de violence absurdes, qu'il était obligé de penser que le type qui arrivait en face de lui était peut-être son assassin... Je suis resté bouche bée parce que c'était exactement la même situation qu'à mon départ d'Haïti en 76. Subir chaque jour une pareille pression pendant vingt-quatre ans aurait pu avoir le même impact sur moi. Peut-être serais-je devenu aussi dur qu'une pierre, alors que maintenant je me sens aussi léger qu'un oiseau. Cette conversation m'a longtemps troublé.

RETOUR AU PAYS NATAL

Envisages-tu un retour en Haïti ?

Quand on est resté si longtemps à l'étranger, je ne crois pas qu'on puisse retourner aussi facilement, sauf pour mourir. Au fond, on ne retourne jamais à un endroit qu'on a quitté. On fait semblant mais, au fond de soi, on sait bien que ce n'est plus le pays qu'on a connu et qu'on est complètement différent du jeune homme qui a fui un matin son pays. Bien sûr, il y a des gens qui sont retournés. Au début, ils essaient, avec un certain enthousiasme, de s'adapter. Voyant que cela ne marche pas, ils tentent de retrouver le mode de vie, avec quelques changements bien sûr, qu'ils menaient là-bas, pour découvrir que c'est totalement impossible. Comment peut-on envisager de vivre, comme on le faisait à Montréal ou à Paris, dans un pays où n'importe qui peut vous assassiner sans raison ? Cette sensation presque absurde de n'être nulle part, comme s'ils étaient suspendus dans l'espace, entre Montréal et Port-au-Prince...

Et toi ?

Je ne pense plus racines. Miami me va bien parce que je n'ai aucune véritable implication avec cette ville. Je suis un peu comme pris entre deux villes, la situation que j'ai décrite tout à l'heure, sauf que je ne suis pas suspendu dans l'espace. Je suis à Miami, c'est-à-dire nulle part. J'aime beaucoup Miami dans un certain sens, mais ce n'est ni Montréal ni Port-au-Prince. Miami est comme une banlieue. C'est ça, j'habite à Miami, c'est-à-dire en banlieue de Port-au-Prince et de Montréal. Mes villes, Port-au-Prince et Montréal, sont aux deux extrêmes du spectre. En Haïti, il fait trop chaud (politiquement surtout), tandis qu'à Montréal il fait trop froid (un hiver interminable). Les Haïtiens sont des mégalomanes, tandis que les Québécois croient (on ne dit plus ça, hein!) qu'ils sont nés pour un petit pain. Les Haïtiens sont obsédés par la dictature, et les Québécois par l'indépendance. Les Haïtiens parlent sans arrêt de la situation politique, et les Québécois aussi mais surtout de température. Je pourrais continuer des heures. Après avoir passé vingt-trois ans en Haïti (les années fondatrices) et vingt-quatre (les années décisives) au Québec, je me sens comme un heureux mélange de ces deux peuples apparemment si dissemblables. Les contraires vont bien ensemble. D'ailleurs, je crois que les Haïtiens forment la communauté parmi les mieux intégrées au Québec. En tout cas, on a remporté la palme de la communauté comprenant le plus grand nombre d'écrivains.

Que penses-tu de l'idée de pays?

Le mot *Haïti* existe dans ma chair. N'importe où dans le monde, quand j'entends ce nom, mon cœur se met immédiatement à battre plus vite. Parfois, dans le métro, quelqu'un est en train de lire un journal à côté de moi, et brusquement je vois qu'on parle d'Haïti, alors il faut absolument que je lise l'article. Haïti est devenue si lourde que je n'arrive plus à la porter. Un peu comme quand on découvre que son enfant est devenu trop pesant pour qu'on le ramène au lit dans ses bras. On veut bien le soutenir, mais il faut qu'il marche aussi.

Donc, tu t'informes quotidiennement à propos d'Haïti...

Non, rarement. C'est le mot qui me touche. Je ne cours pas acheter les journaux pour savoir ce qui se passe en Haïti. Le mot *Québec* aussi existe beaucoup pour moi. Je suis né en Haïti, et j'ai pris l'exil au Québec. Dire que je n'ai eu aucun contrôle sur les deux événements majeurs de ma vie... Par contre, dès mon arrivée en 1976, j'ai choisi cette petite chambre du 3670 de la rue Saint-Denis, à Montréal. Mon véritable pays? Il ne se trouve ni à Port-au-Prince ni à Montréal, plutôt à mi-chemin de ces deux villes. Il n'existe que par ma seule détermination à survivre quoi qu'il arrive. J'ai refusé de baisser les bras. J'ai connu pendant un bref moment la soupe populaire du Vieux-Montréal et les bancs publics. Le moment déterminant de ma vie, c'est quand j'ai eu dans la main cette petite clé que m'a remise un concierge grincheux : la clé de mon appartement au troisième étage, juste à côté d'un bar de danseuses nues. La chambre aurait pu être une cellule de prison, mais cette clé me chantait que j'étais l'homme le plus libre de la Terre. Moi qui perdais tout, je n'ai perdu ma clé que deux ou trois fois durant le premier mois de mon installation à Montréal, et plus jamais après durant les années qui ont suivi. Cette chambre était mon île.

LE GRAND ROMAN AMÉRICAIN

Nous parlions tout à l'heure de projet littéraire, de la stratégie de départ pour échapper à un destin. On a l'impression que tout était terriblement concerté, qu'il y avait non seulement le projet d'un livre mais aussi de plusieurs livres, voire le projet d'un seul ensemble qui aurait plusieurs titres. Peut-on définir ainsi le projet de Dany Laferrière avant qu'il n'entame Comment faire l'amour avec un Nègre sans se fatiguer*?*

Non, je ne me souviens pas qu'il y ait eu un projet global avant que j'entame *Comment faire l'amour avec un Nègre sans se fatiguer*. Je ne pense pas que j'aie eu l'idée d'un second livre en écrivant ce livre. Je ne pense pas avoir eu l'idée de devenir écrivain. Ça, j'en suis même sûr. J'avais écrit un livre à l'intérieur de *Comment faire l'amour avec un Nègre sans se fatiguer* qui s'intitulait... *Paradis du dragueur nègre*: j'insérais quelques extraits du livre dans les dialogues entre Vieux et Bouba. Mon but était de montrer de manière physique le travail que Vieux faisait, le livre qu'il était en train de préparer. Mon éditeur Lanctôt m'a fait comprendre que cela alourdissait le texte, qu'il fallait enlever ces extraits qui brisaient le rythme du livre. J'ai publié cette partie deux ans plus tard sous le titre *Éroshima*.

Quand tu concevais le roman comme une chance, un moyen de survie, comment imaginais-tu la suite ? Si tu ne devenais pas écrivain, tu ne voulais néanmoins plus être ouvrier...

Je me voyais en train d'écrire ce livre, et je voyais que ce livre allait me donner une chance. Celle de sortir de l'usine. Je ne pensais ni devenir écrivain ni qu'il allait se passer quelque chose. Je vivais, à l'époque, avec Roland Désir (le Bouba du livre), je faisais la cuisine, je draguais les filles, je découvrais la vie, c'était tout. En écrivant ce bouquin, je me sentais bien. J'étais en train de faire quelque chose qui me concernait. À un certain moment, je faisais le nettoyage dans un grand immeuble de Montréal (le Complexe Desjardins) où il y a toutes sortes de magasins, de librairies, de restaurants, de cinémas, de bureaux du gouvernement. Je travaillais la nuit à nettoyer le plancher, de minuit à huit heures du matin. Les gens commençaient à se pointer dès six heures du matin, et à huit heures, quand j'avais terminé mon boulot, le plancher était déjà aussi sale qu'à mon arrivée. Je n'avais jamais le temps d'admirer l'ensemble du travail. Alors que, quand j'écrivais, j'avais l'impression que mon effort n'allait pas me filer entre les doigts. Bien sûr, je le faisais pour les lecteurs, mais j'étais aussi le premier lecteur.

LA FAMEUSE LISTE

Donc, Comment faire l'amour avec un Nègre sans se fatiguer *connaît le succès. À quel moment les autres livres commencent-ils à s'imposer ?*

Je me suis senti mal à l'aise parce que je n'avais pas en tête d'écrire un deuxième livre. J'ai hésité pendant deux ans avant d'accepter qu'on publie *Éroshima*. J'avais fait le pari avec les copains qu'il n'y aurait pas de deuxième livre. Parce que ce n'est pas élégant. Un *dandy* ne refait jamais ce qu'il a déjà fait. C'était pour moi une grave faute de goût. Je suis resté trois ans sans voix. Entre-temps, j'ai quitté Montréal pour m'installer avec ma famille à Miami.

Comment s'est passée cette installation ?

J'étais tout excité de découvrir une nouvelle ville : les Haïtiens, les Québécois, les Cubains, les Sud-Américains, les vedettes de cinéma, les touristes qui fuient l'hiver trop rude du Nord. Une vraie chaudière. J'allais à Little Haïti voir mes compatriotes, qui venaient d'arriver pour la plupart sur de frêles esquifs après avoir affronté les requins et la mer difficile du canal du Vent. Haïti se trouvait désormais à une heure et demie de vol. Je continuais à travailler à la télé à Montréal. C'était une époque de grande agitation. Je n'avais pas le temps de penser à la littérature. J'étais en train de m'installer dans une autre langue (je ne parlais pas du tout l'anglais et encore moins l'espagnol, qui est la première langue de Miami), dans une autre culture qui est un mélange de toutes les cultures d'Amérique, dans une nouvelle température (en été on peut mourir de chaud à Miami comme je mourais de froid en hiver à Montréal), dans un autre rythme (celui du Sud), tout cela dans la même Amérique. En plus, comme on n'avait pas encore de maison, on logeait chez une sœur de ma femme, dans un espace assez restreint. Ma benjamine avait quinze jours à peine quand nous avons fait le voyage. C'est dans cette ambiance assez éprouvante que j'ai eu un jour l'illumination : l'idée que je pouvais écrire un seul livre en plusieurs volumes et qu'il était possible d'insérer *Comment faire l'amour avec un Nègre sans se fatiguer* et *Éroshima* dans cet ensemble, l'idée de raconter cette longue autobiographie relatant ma dérive sur le continent américain. Il fallait que je pose les fondations de cet édifice. La question de l'origine, du début. Je me suis trouvé un coin dans la maison et j'ai tapé pendant un mois comme un fou *L'odeur du café*, qui raconte mon enfance à Petit-Goâve. J'ai profité de cette fièvre pour faire le plan général des dix livres, que j'ai suivi pas à pas, enfin presque puisque les livres ne sont pas parus dans l'ordre. Quand j'ai pu avoir une maison, la première chose que j'ai faite ça a été de placer la petite feuille de papier avec les titres juste au-dessus de ma machine à écrire. Aujourd'hui, les dix livres sont parus. Et ces dix volumes forment un seul livre, j'y tiens, c'est ce que j'ai toujours voulu, un seul livre qui porte ce titre général : *Une autobiographie américaine*.

ÉCRIRE À DISTANCE

Quand on regarde l'ensemble de ton travail, on s'aperçoit que, pour certains livres, il y a parfois une distance, dans l'espace et dans le temps, entre le lieu d'écriture et le lieu évoqué dans le livre. Pourrait-on parler de cette distance à la fois dans le temps et dans l'espace ? Est-il plus facile d'écrire un livre sur Haïti quand on est à Montréal ou à Miami que lorsqu'on est en Haïti ? Est-il plus difficile d'écrire sur Montréal quand on est à Montréal ? Quelle est la situation la plus propice à l'écriture ?

C'est très important, la question de l'espace, qui entraîne dans son sillage généralement le problème de la distance. On parle surtout d'écriture, mais j'ai remarqué que la notion de distance joue un rôle sur la lecture aussi. Je peux lire différemment le même livre dans ces trois endroits que tu mentionnes. Si je lis un roman québécois à Port-au-Prince, je le goûte autrement que si je le lisais à Miami ou surtout à Montréal. Quand je suis à Port-au-Prince, généralement Montréal me manque. Dans ce cas, je serais capable d'aimer même un mauvais roman québécois. Je lis parfois pour une autre raison que la littérature. Quand je suis à Miami et que mes copains haïtiens m'envoient leurs livres, je les lis avec cette distance qui me permet d'aller au-delà de l'immédiate réalité et de la couleur locale. Quand c'est un manuscrit, il m'arrive souvent de conseiller à l'auteur de supprimer quelques descriptions de paysage qui empêchent l'action d'avancer à un rythme régulier ou d'éliminer certaines allusions à des faits qui ne disent rien à un lecteur étranger. Je suis le lecteur idéal, étant à la fois du dedans et du dehors.

Pour l'écriture, j'imagine que le même problème se pose?

De façon plus surprenante. Quand les gens pensent à l'influence qu'un nouvel environnement pourrait avoir sur un écrivain comme moi, ils voient immédiatement les romans dont l'action se situe à Montréal ou en Amérique du Nord. D'après eux, les romans qui se passent en Haïti sont sortis tout droit de ma sensibilité. Ils ont raison en partie mais, quelque part, j'aurais pu écrire *Comment faire l'amour avec un Nègre sans se fatiguer* sans quitter Port-au-Prince, en utilisant, comme je l'ai fait d'ailleurs pour le jazz et le Coran, une documentation sur la ville de Montréal et en imaginant le reste. Bien sûr, ce n'est pas aussi simple, mais après tout je ne connaissais, à cette époque, aucune fille de Mc Gill University (toutes ces Miz qui encombrent le livre sont des anglophones et je n'avais jamais rencontré de ma vie une anglophone), je n'avais pas non plus lu tous les livres cités dans le livre (par contre, je suis sûr que le narrateur les a lus), et bien d'autres détails cruciaux encore dont je n'avais aucune idée. Je me suis servi souvent, peut-on le croire, de mon imagination. Ce que j'aurais pu faire, toute proportion gardée, à Port-au-Prince même. Alors que, si je n'avais jamais quitté Haïti, il m'aurait été impossible d'écrire *L'odeur du café* de cette manière. Je l'ai écrit dans un autre pays qu'Haïti, en pensant à d'autres lecteurs que les Haïtiens. Cela a une importance capitale, d'autant que les traces de cette influence sont à peine visibles. Simplement un léger déplacement de sensibilité. Ce livre est bien meilleur que s'il avait été écrit en Haïti, par un Haïtien et pour des Haïtiens. Je ne veux pas dire que c'est une situation incongrue (les Français écrivent en France pour des lecteurs français, quoique l'écrivain français, selon une longue tradition hégémonique, s'attende à être lu en dehors de son pays, ce qui change grandement les données), j'avance simplement que mon livre est devenu moins folklorique à cause de cela. Il y a une sorte d'intimité que je partage avec un lecteur haïtien surtout quand j'écris un livre sur Haïti qui pourrait m'enlever tout désir de l'autre. Un livre pour consommation locale, ça existe. Ce qui ne veut pas dire que tout livre écrit en Haïti ne peut intéresser que les Haïtiens.

On peut être tenté par l'exotisme ?

C'est difficile d'être exotique pour soi-même. Sauf dans le cas d'une acculturation totale, ce que Glissant appelle « un cas de colonisation réussie ».

Il peut y avoir l'exotisme pour l'autre que l'on peut avoir envie de séduire par le voyage, par la carte postale.

C'est la part du lecteur étranger qui peut vouloir consommer des fruits exotiques. La grande tristesse, c'est quand on produit sciemment un art exotique pour consommation étrangère. Cela arrive souvent dans la peinture primitive haïtienne, ce qui a fait chuter plusieurs fois le marché haïtien.

En écrivant *L'odeur du café*, je n'avais pas en tête l'exotisme. Je voulais simplement me raconter mon enfance pour revoir Da, ma grand-mère.

TEMPS DU LIVRE, TEMPS DU PASSÉ, TEMPS RETROUVÉ

Parlons maintenant de la distance imposée par le temps. Presque tous tes livres sont écrits avec un décalage. Le seul qui soit vraiment contemporain entre le temps d'écriture et le temps réel du livre, c'est Pays sans chapeau.

Il faut dire aussi que toute cette série de l'*Autobiographie américaine* est une course pour rattraper le temps que j'ai cru avoir rattrapé au dernier livre, *Pays sans chapeau*. Mais le temps est insaisissable, ce qui me rend mélancolique. Bien sûr, j'aurais pu intituler *Pays sans chapeau* (une sorte de *Cahier d'un retour au pays natal*, de Césaire) *Pays retrouvé*, comme Proust avec *Le temps retrouvé*.

D'autant qu'il y avait déjà Le goût des jeunes filles *et, bien sûr... leur ombre.*

De même, toutes les évocations sans fin sur la mémoire. Bon, on va dire que Proust, c'est Proust. Il y a plusieurs sortes de temps dans mes livres : le temps passé qu'on voudrait revisiter, le temps présent où se déroule l'histoire, le temps de l'écriture du livre. *L'odeur du café* est écrit au présent de l'indicatif. Je n'ai jamais voulu faire une recréation du passé, j'ai voulu chaque fois revivre mon enfance. Le présent, c'est un temps où je me sens bien. Il y a souvent une indication quelconque qui signale qu'on est dans un autre temps même quand l'histoire est racontée au présent.

Tes arrangements avec le temps ne sont jamais d'une rigoureuse exactitude.

En effet, c'est bourré d'inexactitudes. Certaines fois, j'ai tenté de faire coïncider le temps de l'écriture avec le temps de la parution du livre mais, quand on ajoute à cela le temps de l'histoire que je raconte, ça fait un galimatias. Tout ça à cause de mon obsession du temps. Ma vie aussi, puisque j'inscris mon âge dans la plupart de mes livres. Je me sens pris dans le tourbillon de tous ces temps qui tournent autour de moi pour finir par m'épuiser. Quand j'étais petit, je n'aimais que les histoires qui se passaient au présent. Quand ma grand-mère me racontait des histoires du passé, elle le faisait de manière que j'aie l'impression que ces histoires venaient de se passer, ou mieux encore se déroulaient sous nos yeux. Je détestais les légendes. En fait, le présent, pour moi, c'est la vie. Alors, quand j'écris mes livres, je m'arrange toujours pour retrouver le présent. *L'odeur du café* commence au passé : «J'ai passé mon enfance à Petit-Goâve, à quelques kilomètres de Port-au-Prince» mais, très rapidement, on entre dans le présent. Même *Le goût des jeunes filles*, qui décrit ces jeunes filles magnifiques de mon adolescence, commence par un chapitre écrit en temps réel où l'on me voit à Miami dans la petite maison de tante Raymonde qui me remet un paquet de lettres que m'a envoyées ma mère.

Le mouvement arrive toujours dans tes livres de manière indirecte.

C'est par ces lettres que j'ai eu des nouvelles de Miki, un personnage de mon adolescence que j'avais complètement oublié, et c'est ainsi que le passé envahit le narrateur couché dans sa baignoire à Miami. C'est vrai que le narrateur raconte son histoire de manière indirecte. C'est toujours à travers un autre personnage qu'il se dévoile ou qu'il donne à voir sa sensibilité.

LE LIVRE DE L'IMMOBILITÉ

De la même manière qu'il y a complémentarité ou opposition entre les moments haïtiens et les moments nord-américains, il y a aussi dans tes livres des oppositions ou des complémentarités entre les personnages qui sont en mouvement et les personnages qui sont inertes, entre l'observateur et le monde qui bouge autour.

D'abord, ce qui est important pour moi, c'est toujours d'écrire une histoire suivant les règles classiques, que l'action se déroule en un temps et en un lieu. À partir du moment où tout cela a été bien mis en place, que le lecteur sent dans quel type de narration il se trouve, je peux y glisser toutes les fantaisies imaginables. Prenons *L'odeur du café*. C'est le livre classique par excellence. L'histoire se passe dans une petite ville de province d'Haïti. Les personnages principaux sont une grand-mère et son petit-fils de dix ans. Ils sont assis sur la galerie de leur maison. Le personnage de la grand-mère ne bougera jamais de la maison (elle passe beaucoup de temps sur la galerie), tandis que l'enfant se promène quelquefois avec ses copains dans la ville. Les gens, les choses, les animaux, tout tourne autour de l'immobile grand-mère. Bouba, dans *Comment faire l'amour avec un Nègre sans se fatiguer,* reste couché sur son divan durant la majeure partie du roman. Vieux (comme le personnage de Vieux Os le faisait pour Da dans *L'odeur du café*), son ami, sort et lui rapporte les rumeurs de la ville. Dans *Éroshima*, le personnage principal pose, dès l'incipit, en des termes crus, la question de l'immobilité : « Quoi qu'il arrive, je ne bougerai pas du lit. » Dans *Le goût des jeunes filles*, le jeune adolescent qui nous raconte l'histoire passe son temps d'un lieu clos où il se sent prisonnier de sa mère et de ses désirs à un autre lieu clos, chez les jeunes filles, où il est allé se terrer pour échapper aux tontons-macoutes. Le second lieu se révèle encore plus étouffant, puisqu'il se retrouve au cœur des flammes du désir. J'ai toujours pensé qu'il faisait plus chaud au paradis qu'en enfer.

Ces constatations, c'est une analyse a posteriori *?*

Bien sûr... Je n'y avais pas pensé au début, mais plutôt au fur et à mesure que j'avançais dans le travail. Ce sont des lecteurs et des critiques qui m'ont signalé certaines nuances. Quelquefois, ce sont des observations dans la vie quotidienne... Ce contraste mouvement/immobilité fait partie de ma nature profonde. Cela m'arrive de rester assis sans bouger de ma chaise durant des journées entières (sans écrire ni penser, simplement à rêver), comme certaines fois j'ai la fringale du mouvement. Il y a, chez moi, trois êtres au moins : un qui reste immobile, un toujours en mouvement, et le troisième qui s'accoude à la fenêtre pour regarder le théâtre de la rue.

UN MONDE OUVERT FACE À UN MONDE FERMÉ

On retrouve aussi dans tes livres une opposition entre lieu ouvert et lieu fermé.

Des livres se passent dans des endroits clos, comme *Éroshima*, *Comment faire l'amour avec un Nègre sans se fatiguer*, *Le goût des jeunes filles*. *L'odeur du café*, d'une certaine façon, est un huis clos à ciel ouvert. D'autres livres sont complètement éclatés. Le but est souvent de faire un nouveau portrait de la ville. *Le charme des après-midi sans fin*, par exemple, décrit l'ensemble de la ville de Petit-Goâve tandis que *L'odeur du café* fait plutôt un *close-up* sur deux individus dans Petit-Goâve. *Le goût des jeunes filles* décrit l'intérieur des maisons de Port-au-Prince tandis que *La chair du maître* fait un portrait totalement éclaté de Port-au-Prince. Même schéma pour Montréal avec *Chronique de la dérive douce* qui fait un mouvement de caméra panoramique pour montrer le jeune immigrant cherchant sa vie dans une nouvelle ville, tandis que *Comment faire l'amour avec un Nègre sans se fatiguer* donne une idée de ce qui se passe derrière les portes closes de l'appartement de ces deux jeunes Nègres (doublement closes car il est assez rare que la caméra pénètre dans ce genre d'univers. Généralement, dans les films, on voit les Nègres plutôt dans la rue).

J'imagine qu'il y a aussi des résonances personnelles. Les notions de dehors et de dedans ne sont pas les mêmes à Port-au-Prince et à Montréal.

Je peux observer des situations, des caractères, mais cela ne pourra pénétrer véritablement mon cinéma intérieur s'il n'y pas de résonances internes. Je suis un écrivain extrêmement sensible aux lieux. Port-au-Prince et Montréal sont diamétralement opposées. Port-au-Prince est une ville surpeuplée. Par rapport à Port-au-Prince, on a l'impression que Montréal est une ville vide. Port-au-Prince est une ville d'été (où l'on passe le plus clair de son temps dans la rue, ne rentrant que la nuit pour dormir) et Montréal, une ville d'hiver (l'hiver vous emprisonne à la maison parce que, dès que l'on quitte l'appartement, il faut tout de suite entrer dans un bar pour se réchauffer, ce qui occasionne une dépense car la consommation n'est pas encore gratuite). Ce qui m'a touché surtout, c'est l'organisation de l'espace intérieur. En Haïti, les maisons ont plusieurs portes et fenêtres, ce qui fait qu'on ne s'y sent jamais en prison, tandis qu'à Montréal les minuscules chambres où je vivais n'avaient qu'une porte. Je naviguais constamment dans des espaces fermés ou ouverts. Enfermé, à Montréal, dans ma chambre par moins vingt-huit en février, j'avais la nostalgie des espaces ouverts de Port-au-Prince. Par contre, sur un autre plan, c'était un monde immense qui s'ouvrait à moi.

Quel monde ?

Celui de l'intimité. Je pouvais être seul dans une chambre pour la première fois de ma vie.

Mais la solitude...

La solitude est différente de l'intimité. J'ai connu la solitude aussi à Port-au-Prince. On peut être seul dans une foule. L'intimité est une chose dont je n'avais aucune idée avant de venir à Montréal.

QUI PARLE EN MON NOM ?

Un autre aspect que je voudrais que l'on aborde, c'est le « je » du narrateur et le « je » de l'écrivain. Est-ce que l'on peut dire que le « je » utilisé dans les livres a la même force, la même véracité ? N'y a-t-il pas des « je » plus authentiques que d'autres ?

Certains « je » sont simplement une ruse de narration afin de rendre plus aisée la lecture : Le lecteur est habitué au « je », donnons-lui du « je ». Par contre, il y a un « je », le plus couramment utilisé, qui est très juste, très direct et vraiment naturel : le « je » de *L'odeur du café*, de même que celui du *Charme des après-midi sans fin*, de *Chronique de la dérive douce* et de *Pays sans chapeau*. Il y a le « je » de *Éroshima* (je n'ai pas vécu dans la chambre de cette Japonaise, mais cela m'aurait beaucoup plu) ; c'est un « je » de fantasme, mais c'est aussi important que le « je » authentique. Le « je » contaminé consiste à phagocyter les « je » des autres (se servir d'une histoire qui est arrivée plutôt à un ami). J'aurais pu ajouter un « je » générationnel quand il s'agit d'un ensemble de personnes qui ont grandi ensemble dans la même époque, sous une même dictature (je tente alors de fondre toutes ces sensibilités dans le « je » du narrateur). Un type m'a dit une fois :

« J'ai pleuré en te lisant parce que c'était ma vie que tu décrivais. » C'est vrai qu'il m'est arrivé de piquer çà et là des moments de vie des autres dans le dessein d'enrichir mon « je ». J'ai tendance à dire, afin d'esquiver le problème de la stricte biographie qui ne relate que des faits véridiques relatifs à un individu, que mes romans sont une autobiographie de mes émotions, de ma réalité et de mes fantasmes. Aucun de ces aspects de ma personnalité n'est plus authentique qu'un autre.

Aurais-tu pu envisager une fiction complète, une fiction absolue, c'est-à-dire qui ne soit ni un fantasme ni une réalité vécue ? inventer un personnage, l'amener dans un temps et un lieu qui ne soient pas vécus ?

Je ne sais pas. Dans *La chair du maître*, pour certaines nouvelles, il n'y a pas de « je » narrateur. Là encore, je ne suis pas sûr que ce ne soit pas une autre forme de « je » : le « je » dans la peau de l'autre. Ma position, je le répète, c'est que je ne suis pas un écrivain ; n'étant pas un écrivain, je ne peux envisager que l'autobiographie.

LA MORT, JE NE VEUX PAS LA VOIR

Pays sans chapeau évoque, selon cette métaphore haïtienne, la mort. La mort est extrêmement présente dans l'ensemble de ton œuvre. Est-ce quelque chose qui t'obsède, qui t'est présent en permanence ?

C'est quelque chose que je ne veux surtout pas voir. Ma femme le sait : quand quelqu'un meurt, je ne sais jamais comment réagir, je n'arrive pas à faire comme les autres, je déteste présenter mes condoléances, je ne sais pas ce que c'est, je ne sais pas ce qu'il faut faire. J'ai l'impression que le rituel autour de la mort est complètement faux, absurde, étrange, pour tout dire obscène. Ah ça, peut-être... la mort est obscène. La vie est un théâtre, on ne devrait jamais aller derrière la scène pour voir les ficelles des marionnettes, les grossières machines, la mécanique des rêves. Je n'ai rien contre la mort, c'est cette curiosité qui me soulève le cœur. Tante Raymonde s'est battue avec moi pour que j'aille voir ma grand-mère dans son cercueil. Je n'ai pas voulu. Je n'y voyais aucun intérêt. Elle tenait absolument à ce que j'aie des photos de ma grand-mère dans son cercueil. Sincèrement, pour moi, les gens ne meurent pas. Ce serait plus simple si j'acceptais le fait que les gens puissent mourir. Comme ça, il n'y aurait plus d'énigme. Si les gens ne meurent pas, alors qu'est-ce qui se passe? Qu'est-ce que c'est que la mort? Je me souviens d'une petite fille morte, si jeune, on avait le même âge. La question s'est imposée à moi : Si elle est morte, pourquoi continue-t-elle à vivre en moi? Pourquoi m'arrive-t-il des années plus tard de la voir en rêve (elle est morte à huit ans, mais dans le rêve elle en avait seize)? Quand les gens meurent, je n'arrive même pas à être triste. Honnêtement, je ne vois pas le lien entre la mort et la tristesse. Et je déteste tous les rituels qui entourent la mort : la levée du corps, les pleurs, le cercueil, la mise en bière, les crises de larmes, le deuil. Frantz, un des amis de Vieux Os dans *L'odeur du café*, ne comprend pas pourquoi la mort de quelqu'un l'empêcherait de faire la fête qu'il avait projetée depuis assez longtemps. Pourquoi ce rituel si lourd?

LA MORT HAÏTIENNE

Peut-on penser que cette absence de disparition est profondément haïtienne?

Bien que la conception occidentale de la mort ne me quitte pas, en effet il y a aussi cette réponse qui est en moi, la réponse haïtienne. J'ai toujours vécu avec ma grand-mère, pour qui personne n'est jamais mort, même les gens morts depuis très longtemps. L'Haïtien ne tient aucun compte de ce qui est considéré en Occident comme cause de décès, c'est-à-dire la maladie, le meurtre, l'accident mortel, etc. Quel que soit l'âge de la personne, quelle que soit la cause de sa mort, c'est toujours une histoire de diable. On l'a «mangée», c'est l'expression consacrée. Si vous visitez une famille en deuil, il arrive toujours un moment où quelqu'un vous prend à l'écart pour vous expliquer qu'il savait que cette personne allait mourir, qu'on le lui avait dit en rêve, et surtout qu'il sait qui l'a «mangée». Mon oncle Roger, qui est mort à l'âge de six mois, «mangé» par un parent proche il y a plus de soixante-dix ans aujourd'hui, n'est pas mort puisque Da, sur son lit de mort, l'a encore appelé. D'ailleurs, Roger, je l'ai expliqué, a continué à grandir dans la maison et personne n'a jamais fait référence à lui comme à un bébé. Puisqu'il était né un an avant ma mère, on connaissait son âge et on pouvait supposer sa taille. Ainsi, mon oncle Roger ne nous a jamais quittés. C'est la mort haïtienne. Le vaudou, cette possibilité de vivre dans un autre espace-temps qui n'est pas l'espace catholique, où après la mort tu dois attendre la résurrection et le jour du Jugement dernier pour connaître ton sort. Cette longue attente, l'idée de rester dans une tombe à attendre le Jugement dernier, a toujours fait frémir les Haïtiens. L'astuce serait de ne pas mourir trop loin du Jugement dernier, sinon on risque de s'emmerder royalement (et ceux qui sont morts tout au début de l'histoire de l'humanité?). Cette prolifération d'idées, d'opinions, de croyances a forgé ma vision de la mort et explique pourquoi j'écris ainsi à propos de la mort. Il reste un fait, quand même privé, qui n'est pas lié à la culture et qui est une sorte d'inquiétude par rapport à la mort. Un jour, j'ai demandé à ma grand-mère ce qu'elle pensait de la mort. Elle a pris la peine de terminer tranquillement sa tasse de café avant de me répondre : «Tu verras.» Ce n'était pas une réponse pour apaiser mon angoisse, ni une réponse scientifique, ni même une réponse spirituelle. Cette réponse, malgré ou à cause de sa brièveté, me semble aujourd'hui encore la plus naturelle à propos d'un phénomène si énigmatique.

ET DIEU DANS TOUT ÇA ?

La religion apporte à certains une réponse. Quel rapport entretiens-tu avec la religion ?

Le phénomène religieux, c'est quelque chose à quoi je n'ai presque jamais réfléchi. C'est le genre de truc duquel on se sent complètement distant jusqu'à ce que quelqu'un vous apprenne que c'est très présent dans votre travail, que c'est présent en diable.

La religion présente en diable !

J'ai toujours vu ma grand-mère en train de prier. Enfin, elle priait à sa manière et je dois dire que certains jours la Vierge Marie était rudement secouée. Elle lui parlait d'égal à égal et cela pouvait être assez violent quand ma grand-mère pensait que la Vierge ne faisait pas son travail. D'autres fois, celle-ci était traitée avec respect quand ma grand-mère estimait qu'elle s'était bien comportée envers elle, mais aussi envers sa famille entière, et même envers la ville de Petit-Goâve. Pour moi, la religion n'était pas une affaire passive. Da ne tolérait aucun saint rond-de-cuir qui se contente de passer la majeure partie de la journée à chanter ou à prier sans donner un coup de pouce aux pauvres, aux orphelins et aux infirmes. Chaque année, à Petit-Goâve, pour la fête de Notre-Dame, notre patronne, les Petit-Goâviens passent la journée à insulter la Vierge pour protester si aucun Petit-Goâvien n'a gagné à la loterie nationale durant toute l'année.

Et les insultes deviennent plus agressives si on apprend que le gros lot est tombé à Grand-Goâve (la ville voisine). Dans le cas contraire (quand Simplice ou Chadillon avait gagné), l'église était nettoyée de fond en comble par les paroissiens et la statue de la Vierge disparaissait sous les fleurs. Ma conception de la foi est très simple : je crois en Dieu quand il est gentil avec moi. C'est aussi celle de la plupart de mes compatriotes.

Est-ce que tu priais à la maison ?

On avait une grande statue de la Vierge en porcelaine que le père Cassagnol était venu bénir à la maison. Il paraît qu'on l'avait commandée à Rome, à l'époque où les affaires fleurissaient à Petit-Goâve (mon grand-père vendait surtout son café chez Bombace, dont le siège social était en Italie). C'est le vieux Bombace lui-même qui s'était occupé de passer la commande à Rome. Cette statue occupe, dans la chambre de Da, une place centrale. Il y a deux personnages : la Vierge et l'Enfant Jésus qu'elle tient dans ses bras. Ma grand-mère priait la Vierge et me laissait le petit Jésus. C'est ainsi que depuis toujours je prie le petit Jésus, jamais le grand, en souvenir de ma grand-mère et de la foi de mon enfance.

Tu n'as jamais été plus loin ?

Non, je ne crois pas. Le petit Jésus me va très bien. Je n'ai pas une conception trop précise de la religion, mais il se trouve que ma vie est parsemée de traces religieuses. C'est en pensant à ma vie et en relisant mes livres que j'ai remarqué que je suis imprégné de religion. Ce qui reste véritablement, c'est l'époque héroïque où je priais fermement le petit Jésus pendant que ma grand-mère ferraillait tout à côté de moi (nous étions coude à coude) avec la Vierge.

AMOUREUX DE MARIA GORETTI

Et avec ta mère ?

Plus tard, quand je suis allé retrouver ma mère à Port-au-Prince, j'ai un peu agrandi mon univers de la chrétienté. Ma mère avait déjà un rapport très étroit avec sainte Claire, qui était — mais il y avait peut-être aussi saint Antoine de Padoue — sa sainte favorite. Elle avait ajouté, pour des raisons obscures, la petite Maria Goretti dans son panthéon, qui comprenait aussi, mais à un moindre niveau, saint Luc, saint Yves, saint Gérard, sainte Anne, saint Joseph. Pour un jeune adolescent, Maria Goretti apportait un vent de fraîcheur et de jeunesse avec elle. Toutes ces saintes ont contribué à former chez moi une certaine idée de la beauté occidentale. C'est ainsi que, arrivé à Montréal en 1976, j'ai d'abord recherché les filles qui ressemblaient à sainte Claire. Sainte Claire était pour moi la perfection, ce qui m'a valu les quolibets d'une jeunesse contestataire. Imaginez quelqu'un qui arrive au Québec au milieu des années 70, au moment où l'Église est en train d'en prendre vraiment pour son grade, et qui, croyant faire un compliment à une Québécoise, ne trouvait rien de mieux à dire que de la comparer à une sainte catholique. Je ne comprenais pas pourquoi elles se vexaient à ce point, quand je croyais leur faire le plus beau compliment qui soit. J'étais mal tombé, alors que, vingt ans plus tôt, j'aurais eu un succès monstre. Ce que je n'acceptais pas dans cette affaire, c'était la légèreté du Québec face à la question capitale de l'Église. Ils sont venus (les missionnaires québécois) implanter chez nous le virus de la religion. Il y a eu des réticences au début dues à certains problèmes techniques. D'abord, on avait déjà notre propre religion, le vaudou. Ensuite, ce n'est pas très important mais cela fait quand même quelque chose d'entrer dans une église avec tous ces saints si blancs, sans oublier Noël dans un pays tropical alors que toutes les images qui nous parvenaient faisaient état d'une fête enneigée. Je vous épargne beaucoup d'autres détails, par exemple les prières qui n'étaient pas trop adaptées à nos besoins. Bon, on a fermé les yeux sur tout ça pour embarquer dans le train qui mène à Rome, mais eux, à la première crise de la foi, ils ont tout laissé tomber sans même prendre la peine de nous prévenir, ce qui fait que j'avais l'air vraiment stupide avec ce compliment à la noix à propos de sainte Claire.

SAINT JUDE, PATRON DES CAUSES DÉSESPÉRÉES

Sainte Claire, ce n'était qu'un visage, pas un corps ?

Ce n'était qu'un visage, mais je pouvais l'imaginer assez rondelette. Le visage était entouré de bandelettes, mais on voyait bien le petit nez pointu, les joues rondes, la minuscule bouche rouge d'où devaient sortir des sons mélodieux, et les yeux tournés vers le ciel. Quant à Maria Goretti, elle était cachée au fond de l'armoire. Je ne voyais que ses yeux, qui me fascinaient. Elle était très jeune. Je crois qu'elle avait été violée, enfin il s'était passé une tragédie avec elle. Elle avait un nom de famille, à la différence des Anne, Claire, Catherine, Marie ou Élisabeth, et on disait rarement sainte Maria Goretti, ce qui donnait l'impression qu'elle était encore dans la vie civile. Je pouvais rêver d'elle sans être certain d'aller en enfer.

Il n'y a que des femmes dans ce panthéon.

Ma belle-mère, elle, n'a d'yeux que pour saint Jude, le patron des causes désespérées (beaucoup d'Haïtiens vouent un culte à saint Jude à cause de sa fonction stratégique de patron des causes désespérées). En tout cas, il est taillé sur mesure pour ma belle-mère, dont l'émission préférée à la télévision est *Mission impossible*. Ma belle-mère n'était sûrement pas une femme riche quand elle vivait en Haïti dans cette petite maison bien tenue et travaillait comme infirmière auxiliaire à la clinique du Portail Léogâne. Pourtant, elle a toujours envoyé de l'argent à Montréal à ce cher Jude. Elle envoyait l'argent (elle devait gagner moins de cent dollars par mois) à l'archevêché de Montréal, je suppose. Elle me l'a dit comme ça, par hasard, un jour qu'elle était de passage à Montréal et que je l'avais emmenée, comme à chacune de ses visites, voir saint Jude. J'ai été suffoqué d'apprendre que l'Église de Montréal suçait le sang des pauvres femmes d'un des pays les plus pauvres de la planète. Et après, ils ont le toupet de nous faire croire que leur mission première est d'aider les pays démunis. Il faut le dire haut et clair : pendant des années, de pauvres femmes haïtiennes, dont ma belle-mère, envoyaient de l'argent à Montréal, à Paris ou à Rome (je suppose en dollars américains) à de puissantes communautés religieuses. D'une certaine façon, je peux comprendre les dons à une Église universelle, mais ce que je n'accepte pas, c'est qu'on n'informe jamais les fidèles italiens, québécois ou français qu'ils reçoivent, eux aussi, de l'argent venant du tiers-monde. Tous les enfants des pays riches savent qu'ils doivent envoyer des dons en argent ou en nourriture à ceux des pays pauvres. C'est quelque chose qui fait partie de leur formation morale. Autrefois, ils «achetaient» un petit Chinois (c'est-à-dire que l'enfant québécois devait contribuer à la survie matérielle d'un petit Chinois). Ce qu'on a oublié de leur dire, c'est que, certaines fois, ils recevaient aussi de l'aide de ces pays-là. Vous ne pouvez pas savoir comment on se sent de voir partout, placardés sur tous les murs des pays occidentaux, des visages d'enfants en train de mendier un morceau de pain (surtout quand ces enfants vous ressemblent comme deux gouttes d'eau). Il y va de la dignité humaine de faire savoir aux gens que ma belle-mère ou quelqu'un d'autre du tiers-monde envoyait de l'argent aussi à Montréal.

LE VAUDOU

Tu as évoqué le vaudou. Qu'en est-il pour toi ? Quelle relation as-tu entretenue et continues-tu d'entretenir avec le vaudou ?

Quand je pense au vaudou, je vois le cheval de Casimir, un hougan (prêtre vaudou) qui fréquentait la maison familiale. Casimir était un homme grand au visage très grave orné d'une énorme moustache. Quand je revenais de l'école et que je voyais dans la cour le grand cheval noir de Casimir, je savais que Da était à l'intérieur avec lui, en train de conférer. Da désirait savoir l'état des choses à propos de ses enfants et surtout de ses petits-enfants, afin de les protéger des loups-garous, ces gens capables de se transformer en toutes sortes de bêtes pour s'infiltrer chez vous et sucer le sang de vos proches. Sans même entrer dans la maison, un bon loup-garou peut, avec une petite flûte de bambou posée contre le mur extérieur de la chambre, aspirer tout le sang d'un enfant qui dort de l'autre côté. L'affaire est grave, comme dit toujours Da. Le Diable prend souvent l'apparence de la chouette. Dès qu'on entend son terrible cri dans la nuit, on sait que le Diable est en chasse et que quelque part un enfant est en danger. (Les loups-garous s'attaquent de préférence aux très jeunes enfants, souvent même aux bébés. C'est ainsi que les Haïtiens expliquent le taux étonnamment élevé de la mortalité infantile.) Je me souviens de Dufresne, à qui, selon la légende familiale, mon grand-père avait demandé d'être le parrain de mon oncle Yves parce qu'on le soupçonnait d'avoir mangé mon oncle Roger. En devenant le parrain de mon oncle Yves, il lui était impossible, selon le vieux code d'honneur des chevaliers des ténèbres, de s'attaquer à son filleul. Il est quand même venu chez nous, un soir d'orage, criant à mon grand-père de lui ouvrir la porte car il était poursuivi, soi-disant par une bande de diables. Mon grand-père n'a pas ouvert à son compère. Il se contentait de faire les cent pas dans la maison. Moi, je m'étais caché contre le ventre chaud et protecteur de Da. Tout le monde faisait silence dans la maison. On n'entendait que les coups contre la porte, les appels déchirants de cet homme de l'autre côté et le bruit sec des pas de mon grand-père. J'imaginais que cet homme était en danger, poursuivi par une bande de voleurs et d'assassins rencontrés sur son chemin. J'avais tellement peur de le trouver le lendemain matin, devant notre porte, baignant dans son sang. Le matin suivant, il n'y avait personne derrière la porte, aucune trace de sang. Vers huit heures, voilà Dufresne qui s'amène, frais rasé, comme chaque matin avant de se rendre chez Bombace, pour son premier café du jour. Personne n'a évoqué les événements de la nuit précédente. Il semblait d'excellente humeur, félicitant Da à propos de la qualité de premier ordre (« Da, c'est un cinq étoiles ») de son café, puis il l'a remerciée de nouveau, en soulevant légèrement son chapeau au-dessus de sa tête, avant de continuer sa route.

LES DIABLES DE MON ENFANCE

Aujourd'hui, quel regard portes-tu sur ces événements ? Un œil amusé ?

Je suis obligé d'y croire, comme je crois à l'Enfant Jésus. C'est mon devoir de croire au surnaturel, sinon je suis bon pour un autre métier. C'est durant cette époque magnifique, mon enfance au cœur de la magie, que ma sensibilité a été formée. Je ne discute pas de la véracité de tels événements. Ce sont des choses qui m'habitent profondément. Je peux toujours, le jour, en parler avec un sourire amusé, mais je sais qu'il n'en est pas de même la nuit. Je fais, depuis mon enfance, le même rêve, exactement le même rêve, au moins une fois par mois. Les lumières des grandes villes du monde, les voyages, mes discussions avec de grands esprits, mon statut d'écrivain, mon sens de l'ironie, mes lectures savantes, rien ne me protège contre ce rêve.

Pourrais-tu nous le raconter ?

Je suis assis avec ma grand-mère sur la galerie de notre maison à Petit-Goâve. J'ai dix ans et des poussières. La pleine nuit nous a surpris. On attend jusqu'à ce que le notaire Loné rentre chez lui (il ne passe jamais devant notre galerie avant une heure du matin). On pensait qu'il était onze heures, alors qu'il était déjà deux heures du matin. Tout à coup, on entend une bande de loups-garous qui arrivent, ils descendent des montagnes jusqu'à une dizaine de kilomètres en face de nous, et cinq minutes plus tard ils ont déjà fait la moitié du chemin. Ma grand-mère me dit, sur un ton pressant, qu'il nous faut rentrer tout de suite à l'intérieur, qu'il se passe quelque chose d'étrange. Mais, avant de rentrer, on a beaucoup de travail à faire. On ne peut pas laisser dehors la dodine de Da, le petit banc, la chaise de tante Renée appuyée contre le poteau de la galerie (tante Renée rentre se coucher tout de suite après avoir bu son verre de lait). Ensuite, il faut fermer les nombreuses portes et fenêtres. Pendant ce temps, la bande fait des progrès dans notre direction. Ne pas oublier de fermer cette porte à droite du bureau de mon grand-père, ensuite celle du salon, encore celle à côté du lit de ma grand-mère, et les deux qui se trouvent à l'arrière, mais tout d'abord les grandes portes qui donnent sur la rue Lamarre. Enfin les fenêtres, celle de la chambre à coucher de Da et celle de l'ancienne cuisine. Mais les diables sont déjà là. Il y a toujours une porte ou une fenêtre qu'on a oubliée, et brusquement on voit apparaître leurs têtes dans l'encadrement de la porte ou de la fenêtre. Un peu comme dans les westerns, quand les Indiens attaquent un fort, on voit toujours surgir dans l'encadrement de la fenêtre la tête d'un Indien. Je n'arrive jamais à tout fermer à temps. Je les vois tourner autour de la maison, l'air menaçant. Une peur viscérale s'empare alors de moi, où que je sois dans le monde et quel que soit mon âge. Je me réveille toujours en sueur.

Comment sont-ils matérialisés, ces diables ? Comment se présentent-ils ?

Le plus souvent, ce sont des paysans (je ne sais pas si c'est lié aussi à mon aventure avec le groupe de rara). Tiens ! ils font de la musique aussi. Quand ils arrivent, tu entends la musique (surtout le son du tambour) de très loin, puis on se dit que cela ne venait peut-être pas de si loin. Ils savent jouer avec l'écho. On entend la musique très loin et, la seconde d'après, elle est tout à côté. On ne les voit jamais arriver. Brusquement, ils vous entourent. Cela fait peur, mais mon angoisse est surtout due à cette peur d'avoir oublié de fermer une fenêtre ou une porte. C'est pour cela que j'ai été si surpris en arrivant à Montréal de trouver des chambres avec une porte et une fenêtre. J'ai continué à faire le même rêve pendant les quatorze ans où j'ai vécu à Montréal.

C'est ta seule peur ?

Dans la maison de Petit-Goâve, il y a une pièce où personne ne veut même seulement se reposer : c'est le salon. Pourtant, c'est la pièce la plus fraîche de la maison, surtout durant les brûlantes journées d'été. On ne s'en sert que quand une de mes tantes, surtout tante Ninine, reçoit ses amies, particulièrement les sœurs Rigaud. Un soir, je me suis couché sur le divan du salon, très fatigué, quand je l'ai vue venir dans ma direction. C'est une dame d'un certain âge assez bien faite, bien habillée, le corps bien proportionné (elle doit faire au plus trente-huit centimètres de hauteur). Je saurai plus tard, quand j'aurai raconté mon expérience à Da, qu'elle s'appelle Joséphine et que tout le monde dans la maison l'a vue au moins une fois. Un assez large visage sur un corps sensuel (elle ressemble en plus âgée à Betty Boop). Elle marche en ondulant des hanches avec beaucoup de grâce. Les gens qui dorment dans le salon finissent toujours par réveiller la maisonnée avec un grand cri d'effroi. Elle n'a jamais fait de mal à personne.

LES DÉMONS ET LE PSAUME XC

On te sent complètement ligoté face à de telles terreurs, n'est-ce pas ?

Tout le monde sait en Haïti que le psaume XC éloigne les démons. Son effet est tellement puissant qu'on a simplement besoin de dire : « Psaume XC », sans avoir à réciter le texte, pour éloigner les petits démons de rien du tout. Mais il y a des démons qui sont si forts qu'ils récitent le psaume avec vous. À ce moment, on peut dire que vous êtes dans de beaux draps. Généralement, dans chaque famille, il y a un diable dont la raison d'être est de protéger la famille. Je crois que c'est le même principe qui a prévalu, sous la dictature des Duvalier, quand certaines familles connues pour s'opposer au régime s'assuraient qu'un de leurs membres s'était enrôlé dans le corps des tontons-macoutes. Ce n'était pas aussi schématique ni aussi systématique que cela, mais c'était une stratégie assez couramment utilisée afin d'empêcher la disparition complète de certaines familles puisque, quand un de leurs membres s'opposait à Duvalier, celui-ci se considérait en guerre avec toute la famille. Il fallait toujours avoir au moins un diable et un tonton-macoute dans sa famille. Ce qui explique le nombre faramineux de diables et de tontons-macoutes dans ce pays. Bien sûr, tout le monde ne se fait pas démon ou macoute simplement pour protéger sa famille, il y a toujours ceux qui ont la vocation.

Ne plus pouvoir distinguer le bien du mal, cela doit avoir eu une certaine incidence sur un jeune cerveau comme le tien à l'époque.

Tout cela a marqué aussi bien ma vie que mes livres. Avoir passé ses premières années en Haïti vous fait prendre un certain recul avec les notions de bien et de mal. Mes livres baignent dans une sauce mystique alors que je me sens, quand je suis maître de moi-même, si loin de tout cela. Il faut dire aussi que j'aime l'idée d'un pays où les dieux circulent encore parmi les hommes, où le Diable ressemble au meilleur ami de la famille, où le mal existe et n'est pas qu'un sujet de dissertation au bac. Quand j'étudiais Rome et la Grèce et que je voyais tous ces dieux si proches des humains, j'avais l'impression d'être dans ma culture car, chez moi, c'était encore pareil. Quand je lis Homère, Virgile et tous ces types, je me dis : « Ils racontent ma vie, mon pays, mon peuple. » Les catholiques sont chez nous, les protestants (les baptistes, les pentecôtistes, les témoins de Jéhovah, les luthériens, les calvinistes) sont chez nous, et nous avons aussi le vaudou, qui nous vient d'Afrique. Pour un écrivain, c'est du gâteau, mais il faut faire attention avec un tel matériel. S'il est surutilisé, on peut facilement tomber dans le folklore.

Quand tu écris par exemple des pages inspirées par le vaudou ou que tu dessines le profil d'un dieu, est-ce que tu fais quelques recherches dans ce sens ?

Non, je ne fais pas de recherches, je n'écris pas pour instruire les gens sur quoi que ce soit. Je sais à peu près autant de choses sur le vaudou que n'importe quel Haïtien, mais pas plus, ni moins. Tout ce que je sais vient de mon expérience, de ce que j'ai appris de la vie. Je ne cherche aucunement à épater les gens. J'aurais pu mieux faire, relire les classiques sur le vaudou, me renseigner auprès des gens plus expérimentés, ou même recueillir autour de moi ces histoires terrifiantes (on en a à revendre) de zombies, mais ce n'est pas cela que j'avais en tête. Je voulais dessiner la carte de la sensibilité spirituelle d'un jeune homme imbibé depuis sa naissance de vaudou, de catholicisme et de protestantisme. J'imagine à peine ce qu'un Jacques Stephen Alexis, avec son immense talent, aurait fait avec un sujet comme *Pays sans chapeau*. Un homme rentre chez lui après vingt ans et constate que ses compatriotes n'arrivent plus à distinguer le rêve de la réalité (il a l'impression que les gens sont morts mais qu'ils ne le savent pas encore). Alexis aurait fait alterner de brillants morceaux de bravoure sur le vaudou avec des tranches de vie sanglantes. Le genre de truc avec quoi on peut hardiment envisager le Nobel. Ollivier aurait fait quelque chose de plus tempéré, avec sûrement plus de profondeur, tout y en glissant un essai original sur l'étrange rapport entre le dictateur et le zombie. Ollivier n'aurait pas craché sur le Goncourt. Me voilà avec ce sujet en or, et j'ai tout fait pour le détruire. L'affaire est que je n'aime pas l'or. Je rêve qu'un jour, si un lointain lecteur tombe sur ce livre, il soit en mesure de saisir exactement la sensibilité d'un homme né en Haïti au tout début des années 50.

« QUE SONT TES AMIS DEVENUS ? »

Tu as beaucoup évoqué les personnages de ta famille, en particulier les femmes. On n'a rien dit des amis. Que sont tes amis devenus ? Frantz, Rico, as-tu encore des liens avec eux ? Ont-ils réagi à tes livres ?

Non, je les ai perdus de vue totalement. Beaucoup sont morts, certains depuis très longtemps. On lit, comme tout le monde, que l'espérance de vie en Haïti est de quarante et quelques années, on n'y croit pas jusqu'à ce qu'on approche de ses cinquante ans et que, brusquement, on remarque que beaucoup de ses amis d'enfance ne sont déjà plus. L'épidémie de malaria qui a ravagé Petit-Goâve après le cyclone Flora, la tuberculose, la malnutrition, la dictature sont pour beaucoup dans cette hécatombe. J'ai eu des nouvelles de Frantz, il y a quelques années. Il était complètement drogué à New York, irrémédiablement perdu. Vava était à Port-au-Prince, à un moment. Elle avait mal tourné, elle était devenue une « la fraîcheur », une semi-prostituée, le genre de filles qui pullulent dans *Le goût des jeunes filles*. Quelqu'un me l'a dit, mais je n'ai pas cherché à la revoir. Vava fut le grand soleil rouge de mon enfance. Mon premier amour. J'avais dix ans, mais il n'y a pas d'âge pour aimer. Elle arrivait toujours dans mon dos, dans cette robe jaune qui est devenue depuis ma couleur fétiche.

Es-tu retourné à Petit-Goâve ces dernières années ?

Oui, et j'ai été agréablement surpris. La ville n'avait pas beaucoup périclité. Je m'y suis promené durant des heures. Je n'y avais pas mis les pieds depuis plus de trente ans. J'ai rencontré des gens que j'avais connus dans mon enfance. Et surtout, j'ai vu que la description que j'ai faite de la ville coïncidait, à part quelques erreurs mineures, avec l'original. Je ne savais plus, à un moment donné, si j'étais dans la vie ou dans le rêve, dans la réalité ou dans le roman. J'avais l'impression de me promener dans mon propre roman.

Si Vava, c'est l'amour en Haïti, le sexe, ce sera en Amérique du Nord, à Montréal.

Disons l'amour à Petit-Goâve, les fantasmes à Port-au-Princ, et le sexe à Montréal. Vava, c'est l'amour. Le matin de mon départ de Petit-Goâve, elle m'a envoyé un baiser de sa fenêtre. J'ai été foudroyé. Je suis un adolescent à Port-au-Prince. Je commence à regarder les filles, mais pas moyen de les rencontrer. C'est une ville surpeuplée : quelqu'un est toujours en train de te regarder, comme ça, sans aucune gêne. Tu fais partie de son théâtre. Il n'y a aucune possibilité d'avoir le moindre moment intime avec quelqu'un dans cette ville. Le jour, tout le monde est dehors, mais la nuit il faut arriver à caser, dans les maisons, ces millions de gens. Au minimum six par chambre. Alors, même les gens mariés ont de la difficulté...

Oui mais, pour que la population ait augmenté de manière si vertigineuse, il a bien fallu que...

Bien sûr, ils font des enfants sans arrêt, et pour ce faire ils doivent bien trouver un moyen de copuler, mais cela ne veut pas dire qu'ils font l'amour pour autant. L'acte sexuel exige un minimum d'intimité qui n'est possible que dans la grande bourgeoisie.

Alors, comment fait-on l'amour à Port-au-Prince?

On ne le fait pas, on en cause. Chaque matin, dans les bureaux des différents ministères, les types racontent leurs exploits fictifs de la nuit précédente. Chacun sait que l'autre ment mais, quand tout le monde ment, n'est-ce pas d'une certaine manière une forme de vérité? La vérité à propos de la grande misère sexuelle dans laquelle vivent les gens. Il n'y a pas que le grand goût de manger, il y a aussi celui de faire l'amour dans des conditions convenables, c'est-à-dire avec un minimum d'intimité (dans une pièce fermée). Les gens qui vivent en Amérique du Nord n'ont aucune idée de l'importance de l'espace. En Haïti, la grande majorité des gens naissent, vivent et meurent sans avoir jamais été seuls, pas même durant une heure, de toute leur existence. C'est pour cela que le rêve tient une si grande place dans la vie des gens. On déforme les détails les plus insignifiants, les situations les plus banales, les événements les plus ordinaires, c'est ce qui m'avait amené à penser qu'en Haïti le rêve était en train d'avaler complètement la réalité. Je me souviens d'une grève que des camarades avaient déclenchée. Visiblement, ça n'avait pas marché. Les gens s'étaient rendus à leur travail. Le quartier industriel marchait à plein rendement. Les magasins du centre-ville étaient ouverts. La foule indifférente circulait paisiblement dans la rue... et mes copains essayaient de me démontrer que, d'une certaine manière, la grève avait marché. À un moment donné, j'ai arrêté la discussion et j'ai pris le premier prétexte pour filer. Il y a une limite à l'aveuglement. Maintenant que j'en suis à tout remettre en cause : le mythe fondateur du mâle nègre mériterait d'être analysé plus attentivement. M'aurait-on menti là aussi ? Ainsi donc, nous n'étions pas si terribles que cela. Qu'est-ce qui nous reste alors ? Non, non, je refuse de toucher à cela, car j'ai bien peur que tout l'édifice ne s'affaisse au moindre doute.

Alors, il y a Montréal et ses... possibilités...

La première chose que je vois, en arrivant à Montréal, c'est un jeune couple en train de s'embrasser à l'aéroport. C'était interminable. Je me demandais dans quel monde je venais d'arriver et ce qui m'attendait. Un baiser en public était, à l'époque, impensable en Haïti. Je me suis dit : « Mon petit Dany, je crois que nous y sommes. » C'est à Montréal que j'ai pris conscience de la misère sexuelle dans laquelle je vivais à Port-au-Prince. J'avais vingt-trois ans en débarquant à Montréal et j'étais encore vaguement puceau. J'avais fait l'amour mais dans de si mauvaises conditions qu'il vaudrait mieux ne pas en parler. Quand tu fais l'amour tout en tendant l'oreille pour savoir si quelqu'un arrive dans ta direction ou en plaçant un vigile — mon cousin Miko, à qui je payais un ticket de cinéma pour ce faire et qui toutes les cinq minutes venait renégocier le contrat avec moi, exigeant que j'ajoute une glace ou du pop-corn —, cela a pour effet de te faire débander. D'un strict point de vue sexuel, ce n'est pas très drôle d'être un adolescent à Port-au-Prince mais, à cause même de cette difficulté, un baiser à Port-au-Prince me semble plus électrifiant qu'un baiser à Montréal. Au fond, c'est normal : quand on parvenait à embrasser une fille à Port-au-Prince (je parle dans ma catégorie car je sais qu'il y avait des types qui nageaient dans l'abondance), on y mettait son âme, tout simplement parce que ce baiser, on le savait, représentait l'alpha et l'oméga, en d'autres termes : « Mon vieux, tu as atteint ta limite. »

Une sorte de pudeur ?...

Toujours à cause de ce maudit problème d'espace. À Montréal, quand tu rencontres une fille, elle a sa propre clé et le débat se situe tout de suite sur le plan logistique : « On va chez toi ou on va chez moi ? »

Trop facile ?

Peut-être...

LE SANG ET LE POUVOIR

Si on parle de sexualité, il y a une de tes phrases sur laquelle j'aimerais que tu t'expliques : « Dans l'acte sexuel, la haine est plus efficace que l'amour. »

Tout d'abord, le narrateur ne dit pas forcément ce que je pense, et il le dit aussi dans un certain contexte. C'est l'erreur la plus courante à mon sujet. Parce que c'est écrit au « je », on m'identifie automatiquement au narrateur. C'est difficile de repérer mon opinion personnelle puisqu'il m'arrive de la mettre dans la bouche de qui je veux, quelquefois même dans la bouche d'un personnage pas très recommandable. De toute façon, ce que je pense réellement n'a aucune espèce d'importance. Je suis tous les personnages de mon univers. Et j'écris précisément parce que j'ai du mal à accepter un monde unidimensionnel. Je prends soin de toujours glisser dans la même page un autre personnage qui s'oppose à l'opinion du narrateur. Le narrateur n'est pas omniscient. Voilà un aspect que les lecteurs négligent assez souvent. Ils préfèrent croire qu'ils ont raison et que le narrateur a tort. Quand on leur signale le fait qu'un autre personnage professe une idée différente de celle du narrateur, ils vont jusqu'à penser que ce sont eux qui ont insufflé ce commentaire au personnage ou, mieux encore, ils s'empressent de s'identifier à ce personnage tandis que, moi, je reste le narrateur honni. Et quand je rencontre ces lecteurs dans la rue, ils continuent le débat de la même manière. C'est assez dingue. J'ai beau leur dire que je suis celui qui a écrit les deux arguments, ils restent totalement indifférents à une telle vision des choses (un monde appréhendé sous plusieurs angles), qu'ils qualifient d'absurde. Et quand certains lecteurs m'accusent de cynisme en se référant à tel passage de *Comment faire l'amour avec un Nègre sans se fatiguer*, je leur demande de ne pas oublier que je suis aussi celui qui a écrit ce livre de tendresse filiale qu'est *L'odeur du café*. Ils me complimentent alors pour toute la douceur qu'on retrouve ans *L'odeur du café* ou *Pays sans chapeau*, sans effacer pour autant l'accusation de cynisme à cause de *Comment faire l'amour avec un Nègre sans se fatiguer*. C'est pour cela que je demande toujours à mon interlocuteur de situer les citations dans leur contexte.

D'accord pour cette nouvelle mise au point, mais je n'avais pas dit que tu prenais cette phrase à ton compte... Néanmoins, pourquoi ce cynisme dans Comment faire l'amour avec un Nègre sans se fatiguer *?*

C'est à cause de cette ambiance de guerre sexuelle, de fantasmes de domination, de rapports de classe violents et d'affrontements raciaux (Blanc, Noir, Jaune, Rouge) que le narrateur de *Comment faire l'amour avec un Nègre sans se fatiguer* a pensé que le cynisme pouvait servir de stimulant à la baise. Remarque qu'il n'y a aucune situation de violence physique dans ce roman. Tout se passe dans la tête des personnages, pour ne pas dire dans leur conscience. La violence est injectée dans les veines des protagonistes, à la manière de l'héroïne. D'ailleurs, il s'agit de drogue. De drogue sexuelle. Le but, c'est de rendre dingues les jeunes filles blanches, innocentes, pudiques, plutôt intellectuelles et féministes sur les bords, de les rendre folles de désir. Elles viennent chez ces deux Nègres comme chez leur *dealer*. Dans ces rapports, la tendresse est exclue, le sexe mis à nu. Pas de *bullshit*. Les Nègres savent, comme les *dealers*, que s'ils ne répondent pas correctement à la demande les filles ne reviendront plus.

C'est un instrument de pouvoir?

Ce pouvoir a un temps bien limité, celui de la satisfaction de la femme blanche (je parle toujours suivant le contexte du livre), et cet affrontement se passe uniquement dans le lit. Cela ne touche en aucun cas à la vraie nature du pouvoir. C'est toujours intéressant de voir travailler ces jeunes filles, qui semblent nettement au courant de la puissance presque destructrice des fantasmes que leur image de blancheur et d'innocence provoque chez le Nègre tout en sachant que cette violence leur reviendra en *boomerang*. Et elles aiment ça. En tout cas, elles préfèrent de loin cette baise cannibale à la baise à la petite semaine avec leurs copains de l'université déjà abrutis par le féminisme ambiant. Enfin des types qui appellent un chat un chat et qui jouent avec elles comme le chat avec la souris tout en sachant que ce sont elles qui emporteront le morceau à la fin. Reconnaissons-leur au moins ces deux pouvoirs (on est en Amérique du Nord). D'abord, le pouvoir de mettre fin à la relation à tout moment. Deuxièmement, elles savent qu'à la moindre alerte la police rappliquera pour embarquer ces Nègres. D'où ce constant dosage (violence et désir) nécessitant un extrême doigté. Tu te souviens de ces éléments qu'on nous recommandait dans les cours de chimie de ne pas mélanger sous peine d'explosion ? Le Nègre et la Blanche ensemble, c'est encore pire. Naturellement, tous les Noirs ne sont pas des Nègres, et toutes les blondes ne sont pas des Blanches.

Pourquoi ?

Le Nègre, c'est celui qui garde encore dans son être intime les stigmates de l'esclavage, et la Blanche, c'est la chair du maître.

D'où le titre de ton livre : La chair du maître.

Ce titre, comme ce livre, me semble dix fois plus violent que *Comment faire l'amour avec un Nègre sans se fatiguer.*

On a parlé de la sexualité comme d'un instrument de pouvoir, mais c'est peut-être aussi un moyen d'accéder au pouvoir.

Plutôt un moyen de se rapprocher du pouvoir. C'est ce qui se passe avec les filles du *Goût des jeunes filles*. Ces filles sont en Haïti la version féminine des personnages de *Comment faire l'amour avec un Nègre sans se fatiguer*. C'est l'autre versant. Quand on m'attaque sur le caractère machiste de ce livre, je dis : « Lisez *Le goût des jeunes filles*. À côté d'elles les types ont l'air de gentils adolescents encore pubères. Elles sont excessivement agressives. Leur mépris des hommes semble terrible. Leur colère aussi. Des tigresses assoiffées de sang. Une fille de quatorze ans lance sans crier gare : « Je ne veux pas d'argent, je ne suis pas une pute, mais je veux tout ce qu'on achète avec l'argent. » Une autre affirme qu'elle est une pillarde, qu'elle pille les tontons-macoutes, les opposants, les Noirs, les Blancs, les Jaunes, les riches, les pauvres, les jeunes, les handicapés, les victimes, les bourreaux, du moment que ce sont des hommes. Elle parvient, grâce à un corps diabolique, à neutraliser les plus terribles tontons-macoutes, tout en sachant que ce pouvoir sera emporté par la première fille plus sexy ou plus agressive qu'elle. Ce pouvoir repose uniquement sur sa présence physique : ça va tant que tu es la plus sensuelle. Ne la plains pas : elle sait qu'elle est assise sur une fourmilière et que ce léopard (le corps d'élite des tontons-macoutes) qu'elle est parvenue à dompter ne l'est jamais complètement, qu'à tout moment il pourrait se révéler le tueur froid que les autres craignent. Le tonton-macoute sait qu'il est tout-puissant tant que durera le gouvernement (il a au moins une espèce de certitude même si rien n'est jamais sûr dans ce pays), mais pour la jeune femme qui tient le pouvoir parce qu'elle est la maîtresse d'un tonton-macoute, le coup d'État est à chaque coin de rue puisque la moindre fille bien roulée est une menace.

Penses-tu que ce phénomène soit encore d'actualité ?

Je crois que c'est toujours la même chose, avec des variantes à chaque génération. Le racisme existe encore en Amérique du Nord, et la même situation de violence sociale perdure à Port-au-Prince.

Alors, l'avenir du couple mixte, selon toi ?

D'abord, je ne suis ni psychologue ni conseiller matrimonial. Je suis écrivain. J'écris des choses proches de moi, des trucs qui me touchent. Je ne fais pas dans la psychologie sociale. Ma vérité se trouve d'abord dans le style. Comme j'écris dans la liberté et que je n'ai de compte à rendre ni au système, ni aux lecteurs, ni même à la rigueur scientifique, il peut arriver que je tombe dans le mille avec un sujet tout simple, mais ce n'est pas mon but premier. Quand j'ai publié *Comment faire l'amour avec un Nègre sans se fatiguer*, j'ai été insulté, au Salon du livre de Montréal, par des couples mixtes qui trouvaient que mon livre ne disait pas leur vérité. Je leur ai répondu que, bien sûr, je ne parlais pas d'eux, que leur bonheur ne regardait qu'eux, que cela n'était d'aucun intérêt pour moi, que je ne parlais que des types qui draguent dans des bars fréquentés par des gens de races différentes, et que c'était ça qui m'intéressait. Je voulais savoir ce qui attirait ces jeunes filles blanches dans ces bars fréquentés par des Nègres, jusqu'à ce qu'une jeune fille blanche me demande, un jour, d'une voix gorgée de naïve curiosité, ce que les Nègres disaient d'elle quand elle n'était pas présente. Sa question me semblait digne d'intérêt. Voilà, c'est tout.

Ma question n'était pas sur la sexualité uniquement, mais sur le rapport Noir/Blanc. N'as-tu pas l'impression que cela a évolué en quinze ans?

Le racisme, ce n'est pas mon domaine. C'est le sexe qui m'intéresse. Le mélange sexe et race me plaît assez.

Mais encore...

Bon, tu veux mon opinion là-dessus. Je ne crois pas en l'évolution. Je crois plutôt que les problèmes, comme le racisme par exemple, disparaissent brusquement devant nos yeux pour réapparaître plus loin, plus tard. Les gens s'intéressent à une chose un jour, et le lendemain ils changent de pôle d'intérêt. C'est plutôt une circonférence qu'une ligne droite. Il y a eu, ces trente dernières années, le cas des femmes, le cas des Noirs, le cas des Indiens. On a tout passé en revue sans rien régler. On a plutôt changé de sujet chaque fois que ça commençait à devenir intéressant.

LA LANGUE

La langue que tu utilises, volontairement simple, tu la voulais avant tout efficace?

La langue est un vêtement et l'élégance suprême, pour moi, c'est plutôt quand on ne remarque pas le costume. Je n'essaie pas de la cacher, je tente de l'éliminer. La culture m'intéresse, pas la langue. C'est pour cela que la francophonie me laisse totalement froid. La langue vulgaire me suffit amplement. Si le musicien est mauvais, tu peux lui donner un Stradivarius que ça ne changera rien. Je regrette de ne pas avoir connu l'anglais au moment où j'écrivais *Comment faire l'amour avec un Nègre sans se fatiguer*, sinon je l'aurais écrit en anglais. D'ailleurs, je l'ai écrit en anglais, en tout cas c'est ce que j'ai dit à David Homel, mon traducteur («Mon vieux, cela va être facile pour toi puisque c'est déjà écrit en anglais. Seuls les mots sont en français.»). Il a pensé que c'était une boutade. Mais quand il a eu commencé à traduire le livre, il m'a appelé pour me donner raison. Il avait tout de suite reconnu le *beat* américain. C'est un livre américain écrit, curieusement, en français.

Et le créole ?

L'odeur du café est un livre écrit en créole. Quand j'ai envoyé le manuscrit à mon éditeur, celui-ci m'a fait remarquer un fait assez étrange. S'il comprenait tous les mots, il peinait quelquefois à comprendre le sens de certaines phrases. J'ai repris tout de suite le manuscrit pour finir par découvrir que c'était la syntaxe du créole. D'une certaine façon, il était impossible d'écrire un livre qui raconte mon enfance à Petit-Goâve dans une langue autre que le créole. Je l'ai écrit en français parce que la très grande majorité de mes lecteurs ne lisent que le français, mais tout le livre se trouvait baigné dans une culture haïtienne dont le créole est l'épine dorsale. J'ai repris le manuscrit afin d'établir le texte en français.

Pays sans chapeau *me semble un cas spécial ?*

Tu as bien vu, ce livre est écrit à la fois en français et en créole. Le créole existe même quand les personnages s'expriment en français. D'ailleurs, l'un des personnages signale qu'ils sont en train de parler créole depuis un certain temps, alors qu'ils n'avaient pas arrêté de parler français. Le fait est que je me perds dans ce fouillis linguistique. Je suis traversé par différentes langues, par différentes coutumes, par différentes histoires, qui se livrent une guerre incessante pour savoir qui va dominer mon esprit.

Si je regarde tes livres, c'est le français...

Pour le moment.

La langue est pour toi un instrument...

Pas plus... Je ne suis surtout pas le genre d'écrivain qui n'existerait pas sans la langue française. Bon, admettons qu'il faille une langue pour écrire, ce que je déplore d'ailleurs. Je trouve que, bien souvent, on se complique la vie car, si l'on veut exprimer ses sentiments à quelqu'un, un bouquet de fleurs me semble plus efficace qu'un joli discours (d'accord, ça dépend des cas). Dans un livre, si le mot n'est pas écrit, il n'existe pas. Bien sûr, il y a le non-dit, les pensées qu'il faut lire entre les lignes, mais, dans la grande majorité des cas, il faut s'employer à former les phrases pour dire nos états d'âme. Je n'arrive pas à comprendre l'idée de la beauté d'une langue. Voilà une chose qui ne me touche pas. Toutes les langues, si l'on veut s'exprimer de cette manière, sont sûrement à la fois belles et laides. Une langue maternelle ne pourra jamais être laide. On n'a pas assez de distance pour un tel point de vue esthétique. Au fond, je n'en sais rien, et je m'en fous. Il y a toute une littérature à laquelle j'ai tourné le dos parce que les écrivains qui s'y réfèrent perdent plus de temps à sculpter la langue qu'à raconter une histoire. Je trouve que ce côté maniaque révèle plutôt un manque de confiance en soi et dans la langue. On devrait pouvoir vivre avec ce qu'on trouve autour de soi, comme si on s'était retrouvé, après une tempête, sur une île déserte. Là encore, je me sens plus proche des écrivains américains, qui préfèrent des images concrètes, simples, précises, plutôt que de filer de brillantes métaphores.

Quel regard portes-tu sur la créolité ?

La langue m'intéressant à peine, la créolité aura beaucoup de mal à me toucher. Une culture ne peut être le fait unique de la langue. Faut-il mettre tous ses œufs dans le même panier ? Bon, bon, je sais que je suis de mauvaise foi. La créolité, c'est un ensemble assez complexe (langue, culture, histoire). Mais peut-on être créole pour soi ? Faut-il être quelque chose d'abord ? Je parle à qui ? Je danse devant qui ? Je suis ce que je suis. Je n'arrive pas à croire qu'on est seul dans la pièce. Il y a toujours quelqu'un pour qui on doit se définir. Le maître. La littérature est, à mon avis, totalement à l'opposé de cette extériorisation de l'être intime, de cette danse conceptuelle du ventre. L'art ne part pas de l'obscurité vers la lumière, c'est plutôt le contraire. Et, dans certains cas (je veux parler des très grands), cela part de la pénombre pour s'enfoncer jusqu'au cœur des ténèbres. La folie peut être perçue dans un pareil cas comme une miraculeuse porte de sortie. Alors que la créolité suppose, jusqu'à nouvel énoncé, qu'on expose au grand jour ce qui était jusqu'alors caché. On veut montrer maintenant au grand jour ce qu'on nous avait poussés à mépriser auparavant. Et c'est nous-mêmes. Il faut bien s'aimer un peu, bien sûr, mais la littérature ne sert pas à dispenser l'amour de soi. Mais on n'écoute pas. « Il s'agit de notre dignité. On va leur montrer qui on est. Nos racines à l'air. Nos tripes à l'air. » On court fouiller dans les greniers. On remplace les pipes de nos vieux par des micros. Une véritable diarrhée verbale s'est emparée d'un chapelet d'îles. On parle, on écrit, on raconte. Toute l'histoire d'un peuple bradée en une génération. On s'adore. On veut que les autres nous voient beaux, nous admirent pour la richesse de notre culture, nous respectent pour notre capacité de résistance face à l'épreuve (l'esclavage ou les cyclones). Oui, mais cela n'a rien à voir avec la littérature. « Essayez plutôt les tribunaux si vous vous sentez lésés quelque part. » « Mais il s'agit de notre propre histoire qu'on a occultée depuis des siècles. » « Possible, mais là encore un bon avocat saurait quoi faire. On veut prouver notre existence, mais tout cela nous mènera si loin de l'art qu'il sera difficile d'y revenir. Et, à mon avis, seul l'art constitue un langage capable de nous libérer de la condition de colonisé. »

Y a-t-il eu un mouvement de ce type en Haïti ?

Oui, l'indigénisme. C'est le plus proche. Il a débouché sur la dictature de Duvalier. Le ver dans le fruit, c'est le populisme.

On ne peut pas nier le travail sur la langue des écrivains de la créolité.

C'est le côté le plus suspect. Cette langue me paraît trop travaillée, trop formelle, trop colorée. Dans le meilleur des cas, on se rapproche du réalisme merveilleux de Carpentier (et on sait aujourd'hui l'échec retentissant de cette manière trop baroque qui nous éloigne totalement de la vie réelle des jeunes Sud-Américains ou des Caraïbéens). Dans le pire des cas, on se trouve en présence d'un bon catalogue du ministère du Tourisme. On attire trop l'attention du lecteur sur les mots, ces mots si appétissants, si tropicaux, si juteux, mais qui nous éloignent de l'histoire tragique qu'on veut d'abord raconter. D'autre part, cette langue fourmille d'allusions sociales, de clins d'œil historiques, de jeux de mots, au point que cela devient presque opaque, presque illisible. Je précise que l'opacité n'a rien à voir avec l'obscurité, voire les ténèbres, que j'affectionne.

LE QUOTIDIEN NOUS EMPÊCHE DE RÊVER AU-DESSUS DE NOS MOYENS

Un autre aspect qui te différencie des écrivains haïtiens et aussi des écrivains caraïbéens, c'est ton souci constant de vouloir immiscer le quotidien dans la littérature, les objets du quotidien.

La littérature s'est toujours confondue avec la vie pour moi, et je ne le répéterai jamais assez. Ce n'est pas un concept, une idéologie ou un truc promotionnel. C'est la vie et, dans la vie, on croule sous les objets. Les traces du quotidien. Le téléphone, la voiture, la bicyclette, une montre, un pneu, un rouge à lèvres, un crayon, etc. Et ces objets racontent nos vies. Il n'y a pas que les mythes et les légendes qui disent nos tripes. Une chanson à la radio peut le faire aussi, surtout une chanson qu'on déteste. Quand je lis certains écrivains caraïbéens et africains (peut-être pas les anglophones), je sens chez eux comme une peur du quotidien. Le quotidien est l'ennemi à abattre. Pour le moment, ils se contentent de l'ignorer. Tous ces types (je parle de ces écrivains du tiers-monde) pourtant voyagent sans arrêt, grands consommateurs de gadgets occidentaux, notamment le cellulaire (ou portable), et étonnamment on ne voit presque jamais trace de ces objets dans leurs livres. On aurait l'impression qu'à Port-au-Prince, à Fort-de-France, à Dakar ou à Abidjan il n'y a ni téléphone, ni voiture, ni bar, ni ordinateur, puisqu'on ne voit ces choses-là que très rarement dans leurs bouquins. Comme si les citer devait donner l'impression qu'ils utilisent des objets occidentaux, donc qu'ils ne sont pas authentiques. Alors, ils se tournent vers les légendes et les mythes, où il n'y a aucun risque de rencontrer ces objets diaboliques que l'on veut cacher à notre conscience. Ce qui constitue un immense mensonge. Pour moi, le quotidien est fondamental, il nous empêche de rêver au-dessus de nos moyens.

LE NOM EST DIT, LE MASQUE TOMBE

Pour conclure, le narrateur qui, dans tous tes livres, porte le nom de Vieux Os, dans Pays sans chapeau, *porte ton nom. Il devient Laferrière. Est-ce une manière de marquer la fin, de dire :* « *C'est cohérent, c'est bouclé, puisque je donne mon nom, je signe* » *?*

Dans la mythologie haïtienne, dès que quelqu'un dit son vrai nom, c'est fini, il a enlevé le masque. Il a montré son vrai visage. Il n'y aura pas de rappels. Comme au théâtre, quand les comédiens ont enlevé le maquillage, c'est fini, il n'y a plus de possibilité de revenir sur scène, le sacré s'est bien envolé. Vieux Os, c'est le personnage de l'enfance, celui de l'intimité. Ma grand-mère m'a appelé ainsi, ma mère a gardé ce surnom durant toute mon adolescence. Vieux, c'est le personnage que l'auteur a créé pour pouvoir survivre dans la jungle nord-américaine. On le sent vif comme un jeune tigre en chasse mais, à l'intérieur de Vieux, Vieux Os continue de cheminer. C'est la part de tendresse. Dans *L'odeur du café*, le premier livre de cette *Autobiographie américaine*, le narrateur dit qu'on ne doit pas connaître votre vrai nom, votre nom secret, car celui qui le connaîtra pourra faire de vous son esclave. Dans *Pays sans chapeau*, Vieux Os livre son vrai nom.

C'est une manière de marquer la fin ? de dire : « *Ça y est, la comédie est finie* » *?*

Oui, le type a enlevé son maquillage. C'est fini. Il ne peut plus remonter sur scène.

Tu ne remonteras plus sur scène ?

En tout cas, pas avec ce masque-là. En dix livres, j'ai pu longuement présenter ma vision du monde. Cette longue interrogation de la vie. Cette course folle du temps. Je me sens un peu fatigué. Peut-être, un peu plus tard, j'envisagerai quelque chose, sans savoir la forme que cela prendra.

Tu as bien quelques idées...

Oh, j'aime bien voyager, je vois des carnets de voyage, des histoires pour endormir les enfants, quelques chansons. Au fond, je n'en sais rien. Ce qui est sûr, c'est que je n'entreprendrai plus jamais ce genre de truc capable de vous bouffer en un clin d'œil quinze ans de votre vie.

Le cinéma ?

J'ai déjà commencé avec le scénario de *Comment faire l'amour avec un Nègre sans se fatiguer*. Je viens de finir le scénario du *Goût des jeunes filles*. Le réalisateur a pris une option sur *Chronique de la dérive douce*. J'aime bien l'idée de faire des films avec les livres. Au fond, je me suis toujours pris pour un cinéaste. Je viens juste de remarquer que je m'étais trompé de métier. Juste quand c'est trop tard. C'est moi tout craché, ça. Je vois beaucoup de choses que je pourrais faire, mais je n'ai pas de projet. Je me suis battu pendant quinze ans pour arriver à pouvoir dire un jour : «Je n'ai pas de projet.» Un homme sans projet. Quel rêve! Voilà, c'est moi.

UNE AUTOBIOGRAPHIE AMÉRICAINE

Cette longue autobiographie en dix volumes, si on la passait en revue livre par livre, non pas dans l'ordre de publication mais dans l'ordre narratif.

C'est un seul livre qui commence par cette simple phrase : «J'ai passé mon enfance à Petit-Goâve, à quelques kilomètres de Port-au-Prince» pour se terminer par : « — Le pays réel, monsieur, je n'ai pas besoin de le rêver». Entre ces deux phrases, il y a près de trois mille pages dactylographiées avec un seul doigt.

Donc, cela commence par L'odeur du café...

L'histoire de ce petit garçon, Vieux Os, qui vit avec sa grand-mère dans une petite ville de province d'Haïti. Ces deux-là, Vieux Os et Da, sa grand-mère, partagent une réelle complicité. Da passe son temps à boire du café sur la galerie, assise sur sa vieille dodine. Vieux Os, couché à ses pieds à observer les fourmis rouges ou noires qui vaquent à leurs occupations dans les interstices des briques jaunes, ne perd pas une miette du mouvement des gens dans la rue. Da offre du café à ceux qui passent devant sa porte. Vieux Os a dix ans. Il est amoureux et il a la fièvre. Tout se confond dans sa tête : est-il amoureux à cause de la fièvre ou a-t-il la fièvre parce qu'il est amoureux ? C'est difficile de savoir. On a l'impression que la galerie de Da se trouve légèrement au-dessus de la ville. Peut-être même au-dessus du monde.

Extrait :

Vers deux heures de n'importe quel après-midi d'été, Da arrose la galerie. Elle pose une grande cuvette remplie d'eau sur un des plateaux de la balance et, à l'aide d'un petit seau en plastique, elle jette l'eau sur la galerie, d'un coup sec du poignet. Avec un torchon, elle nettoie plus attentivement les coins. Les briques deviennent immédiatement brillantes comme des sous neufs. J'aime m'allonger sur la galerie fraîche pour regarder les colonnes de fourmis noyées dans les fentes des briques. Avec un brin d'herbe, je tente d'en sauver quelques-unes. Les fourmis ne nagent pas. Elles se laissent emporter par le courant jusqu'à ce qu'elles réussissent à s'agripper quelque part. Je peux les suivre comme ça pendant des heures.

Da boit son café. J'observe les fourmis. Le temps n'existe pas.

Après, ce fut Le charme des après-midi sans fin...

Il n'y a pas que Da à Petit-Goâve, il y a aussi la bande des garçons et des filles. Rico et Frantz, les amis de Vieux Os. Et Vava, celle qu'il aime sans oser le lui dire, ne se trouvant pas assez bien pour elle. C'est Frantz le plus beau du groupe. Toutes les filles sont folles de lui. La ville, cette fois, n'est plus aussi tranquille. Elle est en proie à de graves perturbations politiques. Un couvre-feu tombe, comme un couperet, à midi. On doit fermer les portes en plein jour. L'imagination de Vieux Os s'enflamme. Beaucoup de gens sont arrêtés, surtout ceux qui pouvaient représenter une menace quelconque pour le pouvoir. Les choses se détériorant un peu plus chaque jour, Da décide d'envoyer Vieux Os retrouver sa mère, à Port-au-Prince.

Extrait :

Je suis prêt depuis quatre heures du matin. Ma valise, appuyée contre la porte d'entrée. Gros Simon avait dit à Da qu'il passerait me prendre vers six heures. Da ne s'est pas couchée de la nuit. J'ai fait semblant de dormir. De temps en temps, je soulève la pointe du drap pour regarder Da en train de marcher dans toute la maison. Elle mar-

monne quelque chose que je n'arrive pas à comprendre. Est-ce un chant, une prière ou un monologue ? Je tends l'oreille, mais je ne parviens à saisir aucun mot. Elle essuie sans cesse tout (les meubles, les verres sur la panetière, les images saintes, les statuettes) comme si on était en plein jour. Finalement l'aube. Et Marquis qui se met à aboyer sans raison. Se doute-t-il de quelque chose ?

— *Viens ici, Marquis.*

Je le prends par le cou. Il me lèche tout le visage. Da nous regarde, debout dans l'encadrement de la porte. Finalement, on entend le ronflement du camion de Gros Simon.

Et nous entrons dans la période troublée de l'adolescence...

Avec *Le goût des jeunes filles...* Vieux Os vient de quitter la quiétude d'une petite ville de province pour tomber dans la chaudière d'huile bouillante de Port-au-Prince. Il a du mal à comprendre cet univers brutal où surtout les gens semblent impolis, toujours pressés comme des fourmis folles. François Duvalier vient de mourir, et c'est son fils Jean-Claude qui le remplace. Vieux Os vit avec sa mère et ses tantes, qui l'adorent mais le barricadent dans sa chambre. C'est une ville pleine de pièges. Une vraie jungle. Heureusement que dans la maison d'en face niche une grappe de filles magiques. Vieux Os passe son temps à la fenêtre à les observer, rêvant de se trouver un jour là-bas, dans le dortoir des jeunes filles. C'est ce qui arrivera effectivement durant un week-end partagé entre le désir et la peur. Pour passer du monde calfeutré de l'enfance à celui plein de risques de l'adolescence, il lui aura suffi de traverser la rue.

Extrait :

Voix off – *Je regarde par la fenêtre de ma chambre. Une pluie légère. Les voitures passent dans un chuintement. De l'autre côté du trottoir, c'est la maison de Miki. Toujours pleine de rires, de cris, de filles. Miki habite seule ici, mais elle a beaucoup d'amis. Il y a toujours deux ou trois voitures garées devant sa porte, prêtes à partir pour la plage, pour un restaurant à la montagne ou pour le bal. Tous les jours. Et moi, je dois étudier mon algèbre. S'il n'y avait que Miki. Mais voici Pasqualine qui s'étire comme une chatte persane. Marie-Michèle est un peu snob, et Choupette aussi vulgaire qu'une marchande de poissons. La bouche méprisante de Marie-Erna et les fesses dures de Marie-Flore. Les hommes ne sont pas toujours les mêmes. Quant à moi, je ne bouge pas de la fenêtre de ma petite chambre. À l'étage. Je rêve du jour où j'irai au paradis, c'est-à-dire en face. Pour cela, dit-on, il faut mourir. C'est la moindre des choses.*

La chair du maître…

Autant *Le goût des jeunes filles* se passait dans un monde clos (la chambre des jeunes filles), autant *La chair du maître* éclate, littéralement dans tous les sens, pour finalement présenter un portrait en pied de Port-au-Prince. Les histoires se passent à Port-au-Prince surtout, mais aussi à Pétionville, cette banlieue riche de Port-au-Prince. Sexe, races, classes, histoire et politique y sont entremêlés.

Extrait :

Je travaille toujours seul. Comme un ver solitaire. Je ne tue (une façon de parler) que si j'ai faim. Jamais par plaisir. Chaque été, des cargaisons entières de petites bourgeoises pubères débarquent ici, à la source du plaisir. Elles choisissent leur bar, leur discothèque au gré du vent. Nous, on attend qu'elles aient fini de s'établir pour entrer en scène. Les avoir est devenu aussi simple que de pêcher dans un aquarium surpeuplé. On n'a qu'à plonger la main.

Pêche miraculeuse. On comprend aussi que des policiers parmi les plus féroces soient placés dans cette zone rouge pour nous empêcher de dévorer, comme il convient, ces succulentes petites mulâtresses aux lèvres rouges de désirs contenus qui nous viennent de ces massives demeures scandaleusement juchées au flanc de la montagne Noire. Elles arrivent toujours en jeep, une raquette de tennis à la main. C'est que la drogue est un attrape-bourgeoises. On leur refile la coke (au prix fort), et on a, en prime, le droit d'entendre les petits cris aigus de ces exquises petites Nadine, Régine, Stéphanie, Florence, Karine, nymphettes aux longues jambes et aux grands yeux presque verts de peur.

Le cri des oiseaux fous...

Ce livre raconte la dernière nuit de Vieux Os en Haïti. Son meilleur ami, Gasner Raymond, vient de mourir, abattu par les tontons-macoutes. Sa mère, apprenant par un colonel que son fils est en danger de mort, lui demande de quitter le pays, sans rien dire à personne, dès le lendemain. Tout le livre se passe durant cette interminable nuit où le narrateur finira par découvrir le visage nu du pouvoir. Mais ce qu'il veut vraiment, lui, c'est rencontrer Lisa, la jeune fille à qui il n'a jamais pu dire son amour. Et revoir une dernière fois ses amis : Ézéquiel, le fou de Miles Davis, Manu, le génial musicien tout à fait désespéré, Philippe, l'ami si proche de son cœur, les filles du bordel Brise-de-mer... Durant cette odyssée, il rencontrera un homme, un homme ou un dieu du vaudou, qui lui facilitera le passage.

Extrait :

Je serai donc seul pour affronter ce nouveau monde. Comme ça, du jour au lendemain. Un univers avec ses codes, ses symboles. Une ville nouvelle à connaître par cœur. Sans guide. Ni dieu. Les dieux ne m'accompagneront pas. L'ancien monde ne pourra m'être d'aucun secours. Au contraire, il me faut tout oublier de mes dieux, de mes monstres, de mes amis, de mes amours, de mes gloires passées, de mon été éternel, de mes fruits tropicaux, de mes cieux, de ma flore, de ma faune, de mes goûts, de mes appétits, de mes désirs, de tout ce qui a fait jusqu'à présent ma vie, si je veux continuer à vivre dans le présent chaud et non sombrer dans la nostalgie du passé (ce présent que je vis encore et qui deviendra passé dans moins de trente secondes, au moment où l'avion quittera le sol d'Haïti). Et Montréal ne m'attend pas.

Il prend l'avion à l'aube, laissant Haïti, peut-être pour la dernière fois...

Le livre suivant commence dès sa descente d'avion. C'est *Chronique de la dérive douce*, qui raconte sa première année à Montréal. Le livre est écrit en trois cent soixante-six petits textes, disons un texte par jour puisque 1976 est une année bissextile. Le narrateur a vingt-trois ans. L'auteur insistera toujours pour dire qu'il a quitté son pays à vingt-trois ans. D'où cette manie de rappeler son âge dans chacun de ses livres. Comme tous ceux qui vivent en dehors de leur pays, il comptera son temps, de même que l'avare compte son or. On le voit déambuler dans la ville, l'œil vif. Pourtant, ce n'est pas le regard d'un touriste puisqu'il n'oublie jamais qu'il est là pour rester. Vers la fin de l'année, il quitte son job et annonce à son *boss* qu'il veut devenir écrivain.

Extrait :

Je viens de quitter une dictature
tropicale en folie
et suis encore vaguement puceau
quand j'arrive à Montréal
en plein été 76.

•

*Je ne suis pas un
touriste de passage
qui vient voir comment
va le monde,
comment vont les autres
et ce qu'ils font
sur la planète.
Je suis ici pour rester,
que j'aime ça ou pas.*

•

*Quitter son pays pour aller
vivre dans un autre pays
dans cette condition d'infériorité,
c'est-à-dire sans filet
et sans pouvoir retourner
au pays natal,
me paraît la dernière grande
aventure humaine.*

•

*Je dois tout dire dans une langue
qui n'est pas celle de ma mère.
C'est ça, le voyage.*

•

Je suis allé voir le boss,
*après le lunch,
sur un coup de tête,
et je lui ai dit
que je quitte à l'instant
pour devenir écrivain.*

Et c'est pour écrire Comment faire l'amour avec un Nègre sans se fatiguer... *son premier livre...*

Un double premier livre puisque c'est à la fois le premier livre de l'auteur et celui du narrateur. Le narrateur écrit, lui aussi, un livre qui ressemble étrangement à celui de l'auteur. L'histoire de ces deux jeunes Nègres qui passent leur temps à philosopher, à boire du thé, à lire le Coran, à écouter du jazz, et, bien sûr, à faire l'amour.

Extrait :

Je veux baiser son inconscient. C'est un travail délicat qui demande un infini doigté. Vous pensez : « Baiser l'inconscient d'une fille de Westmount ! » Je regarde du coin de l'œil mes cuisses huilées (à la noix de coco) le long de ce corps blanc. Je prends fermement ses seins blancs. Le léger duvet sur le ventre blanc (marbre). Je veux baiser son identité. Pousser le débat racial jusque dans ses entrailles. Es-tu un Nègre ? Es-tu une Blanche ? Je te baise. Tu me baises. Je ne sais pas à quoi tu penses au fond de toi quand tu baises avec un Nègre. Je voudrais te rendre, là, à ma merci.

Éroshima *suit...*

Sur le même thème du sexe, avec un ingrédient nouveau : la bombe atomique. Et c'est l'histoire de ce jeune écrivain nègre qui refuse de quitter l'appartement d'une photographe japonaise. Zen contre vaudou.

Extrait :

Quoi qu'il arrive, je ne bougerai pas du lit. Il n'y a rien de plus neuf que de se réveiller dans un loft *aménagé par une Japonaise. Je dors sur un futon dans une pièce éclairée, brillante et presque nue.*

L'appartement est un peu concave comme si je nichais dans une coupe à cognac.

Il finit par partir à la fin du livre :

Je ne sais rien du zen. J'ai écrit ces récits cet été. Vite, très vite, en tapant avec un seul doigt sur ma vieille Remington.

Je ne sais rien du Japon, et le Japon ne sait rien de moi. J'aime la bombe parce qu'elle explose.

L'apocalypse viendra, c'est sûr, par une magnifique journée d'été. Un de ces jours où les filles sont plus radieuses que jamais. On a dit qu'on ne reconnaîtra plus personne après.

J'aurai une fleur rouge à la main.

Après Éroshima *arrive en trombe* Cette grenade dans la main du jeune Nègre est-elle une arme ou un fruit ?

... qui est une réflexion sur l'Amérique, le succès, l'écriture, une sorte de bilan sur les vingt dernières années du narrateur en terre nord-américaine. En quoi vivre en Amérique du Nord a-t-il changé sa vie ? se demande le narrateur en prenant un ton un peu sceptique. Il remet en question sa posture même d'écrivain en déclarant : « Je ne suis plus un écrivain nègre. »

Extrait :

L'Amérique n'a qu'une exigence : le succès. À n'importe quel prix. Et de n'importe quelle manière. Ce mot, succès, n'a de sens qu'en Amérique. Que veut-il dire ? Que les dieux vous aiment. Alors les humains se rapprochent de vous, vous reniflent (le parfum capiteux du succès), vous frôlent et, finalement, dansent autour de vous. Vous êtes un dieu. Un dieu parmi les maîtres du monde. Il vous sera impossible d'aller plus loin. C'est ici le sommet. Le toit du monde. Surtout : ON VOUS REGARDE. Celui qui regarde en *Amérique est toujours un inférieur, jusqu'à ce qu'un autre se mette à le regarder à son tour. Et c'est un regard furtif, rapide (pas plus de quinze secondes, n'est-ce pas, Warhol!), car il y a toujours quelque chose d'autre à sentir en Amérique. Le nouveau parfum.*

Avec Pays sans chapeau, *on est à la fin de l'aventure...*

Oui, d'une certaine façon, le voyage est terminé. Il ne lui reste qu'à retourner au point de départ pour boucler la boucle. C'est *Pays sans chapeau*. Le livre du retour. Il retrouve un pays méconnaissable, complètement ravagé par la misère, avec un pied dans la réalité et l'autre dans le rêve.

Extrait :

Cette fine poussière sur la peau des gens qui circulent dans les rues entre midi et deux heures de l'après-midi. Cette poussière soulevée par les sandales des marchandes ambulantes, des flâneurs, des chômeurs, des élèves des quartiers populaires, des miséreux, cette poussière danse dans l'air comme un nuage doré avant de se déposer doucement sur les visages des gens. Une sorte de poudre de talc. C'est ainsi que Da me décrivait les gens qui vivaient dans l'au-delà, au pays sans chapeau, exactement comme ceux que je croise en ce moment. Décharnés, de longs doigts secs, les yeux très grands dans des visages osseux, et surtout cette fine poussière sur presque tout le corps. C'est que la route qui mène à l'au-delà est longue et poussiéreuse. Cette oppressante poussière blanche.

L'au-delà. Est-ce ici ou là-bas ? Ici n'est-il pas déjà là-bas ? C'est cette enquête que je mène.

Ce sont les dix tomes qui forment un seul livre. On voit bien la cohérence.

Oui, c'est ce livre, *Une autobiographie américaine*, que j'ai mis quinze ans à écrire.

Tu sembles songeur... As-tu quelque chose d'autre à ajouter ?
Justement, rien.

Dany : piètre danseur et lecteur d'Horace

Après toutes ces questions, il n'en reste qu'une. Mais qui est-il donc, à la fin, ce gros malin, ce rusé de première classe, farouchement indépendant, apparemment timide et capable d'audaces inattendues ? Un vrai menteur ou plutôt un menteur vrai ?

Est-il Vieux Os, l'enfant, compagnon de soirée et petit-fils de Da, l'émouvante grand-mère buveuse de café ?

Est-il l'adolescent troublé par le « goût des jeunes filles » et les frasques de la maison d'en face ?

Est-il l'amoureux silencieux de Lisa, qu'il ne fera qu'apercevoir endormie dans sa chambre la nuit de son départ précipité de Port-au-Prince pour le Québec ?

Est-il Vieux, l'un des deux jeunes Haïtiens, héros de son premier roman qui, entre deux lectures de Henry Miller et du Coran, écrivent (un peu), parlent (beaucoup), font l'amour (plus encore) et vivent ainsi quelques « jours tranquilles » à Montréal ?

Est-il ce journaliste haïtien contraint à l'exil par les sbires duvaliéristes, ou cet ouvrier employé de nettoyage au Canada qui a vu dans la littérature sa « seule chance » d'échapper au destin qui lui était réservé ? Est-il le personnage médiatique, invité-vedette de la télévision québécoise, ou ce père de famille, romancier dans l'anonymat de Miami ?

Est-il cet écrivain refusant les étiquettes mais les acceptant toutes (ou presque) pour mieux les dénoncer dans tous les salons, colloques et autres rassemblements littéraires, tour à tour invité aux titres d'écrivain francophone, caraïbéen, haïtien, québécois, canadien?...

Est-il cet écrivain qui a mis sa vie dans sa littérature, à moins qu'il n'ait mis sa littérature dans sa vie?

Un peu tout cela. Sans oublier l'artificier de quelques propos explosifs et le conteur de tendresse, le provocateur iconoclaste respectueux des bonnes convenances, le piètre danseur et le lecteur d'Horace...

Après tout, qu'importe. On se gardera de tout choix et on retiendra Dany tel qu'en lui-même, fantasque et rigoureux, naïf et roublard, sûr de lui et vulnérable, fragile et déterminé.

BERNARD MAGNIER

Table des matières

Dialogue impromptu avant d'entrer dans le vif du sujet	11
Avant d'écrire	17
D'où viens-tu, Dany ?	21
L'exil du père	25
L'école haïtienne	29
L'ivresse des mots	32
Le voyage à Port-au-Prince	36
Un univers féminin	38
L'écrivain vu par ses personnages	43
Le temps selon tante Raymonde	49
Je vous présente ma sœur	51
Une terrible infirmité	53
Je suis une *rock star*	56
Les premières lectures	60
Les débuts frémissants	64
La culture ambiante	66
Le réalisme merveilleux	78
Borges, Baldwin, Bukowski	81
Au commencement était le titre	89
Fais voir ton moteur	92
J'ai eu les reins brisés à écrire ce livre	99
Le cyclone Duvalier	100
Une bouffée de violence	103
Je suis un écrivain japonais	104

Où Villon rencontre Ice Cube	109
Comment brouiller les pistes	111
Je voyage à l'œil	116
L'image poétique	119
Je n'aime pas la musique	121
C'est le tableau qui nous traverse	125
Matisse, Magritte et Basquiat	129
La haine est une bonne motivation	135
Les années d'usine	138
Mon roman, ma seule chance	140
L'enfance appartient à l'enfant	142
La politique, ce n'est pas ma tasse de thé	145
Faire un truc en apparence *cool*	147
Sur le féminisme	148
Sur la dette de l'esclavage	151
La posture de victime	153
Qu'est-ce qui excite tant les filles chez les Nègres ?	156
Les préparatifs	159
La guerre commence	161
Qui veut d'une petite bombe de cent cinquante pages ?	165
La célébrité : la même question plus de trois mille fois	169
L'accueil	171
Comment doit-on lire Dany Laferrière ?	179
Je suis en Amérique	180
L'Afrique n'existe pas pour moi	183
Retour au pays natal	186
Le grand roman américain	188
La fameuse liste	190
Écrire à distance	191
Temps du livre, temps du passé, temps retrouvé	194
Le livre de l'immobilité	196
Un monde ouvert face à un monde fermé	197
Qui parle en mon nom ?	199
La mort, je ne veux pas la voir	200

La mort haïtienne 200
Et Dieu dans tout ça ? 203
Amoureux de Maria Goretti 205
Saint Jude, patron des causes désespérées 206
Le vaudou 208
Les diables de mon enfance 209
Les démons et le psaume XC 212
Que sont mes amis devenus... 214
Le sang et le pouvoir 218
La langue 223
Le quotidien nous empêche de rêver au-dessus
   de nos moyens 228
Le nom est dit, le masque tombe 229
Une autobiographie américaine 231

Dany : piètre danseur et lecteur d'Horace,
   de Bernard Magnier 243

CET OUVRAGE
COMPOSÉ EN BEMBO CORPS 12 SUR 14
A ÉTÉ ACHEVÉ D'IMPRIMER
LE SEPT NOVEMBRE DE L'AN DEUX MILLE
PAR LES TRAVAILLEURS ET TRAVAILLEUSES
DES PRESSES DE L'IMPRIMERIE MARC VEILLEUX
À BOUCHERVLLE
POUR LE COMPTE DE
LANCTÔT ÉDITEUR.

IMPRIMÉ AU QUÉBEC (CANADA)